西田哲学の仏教と科学

坂本慎一

「場所的論理の立場から、科学を考へ直す」

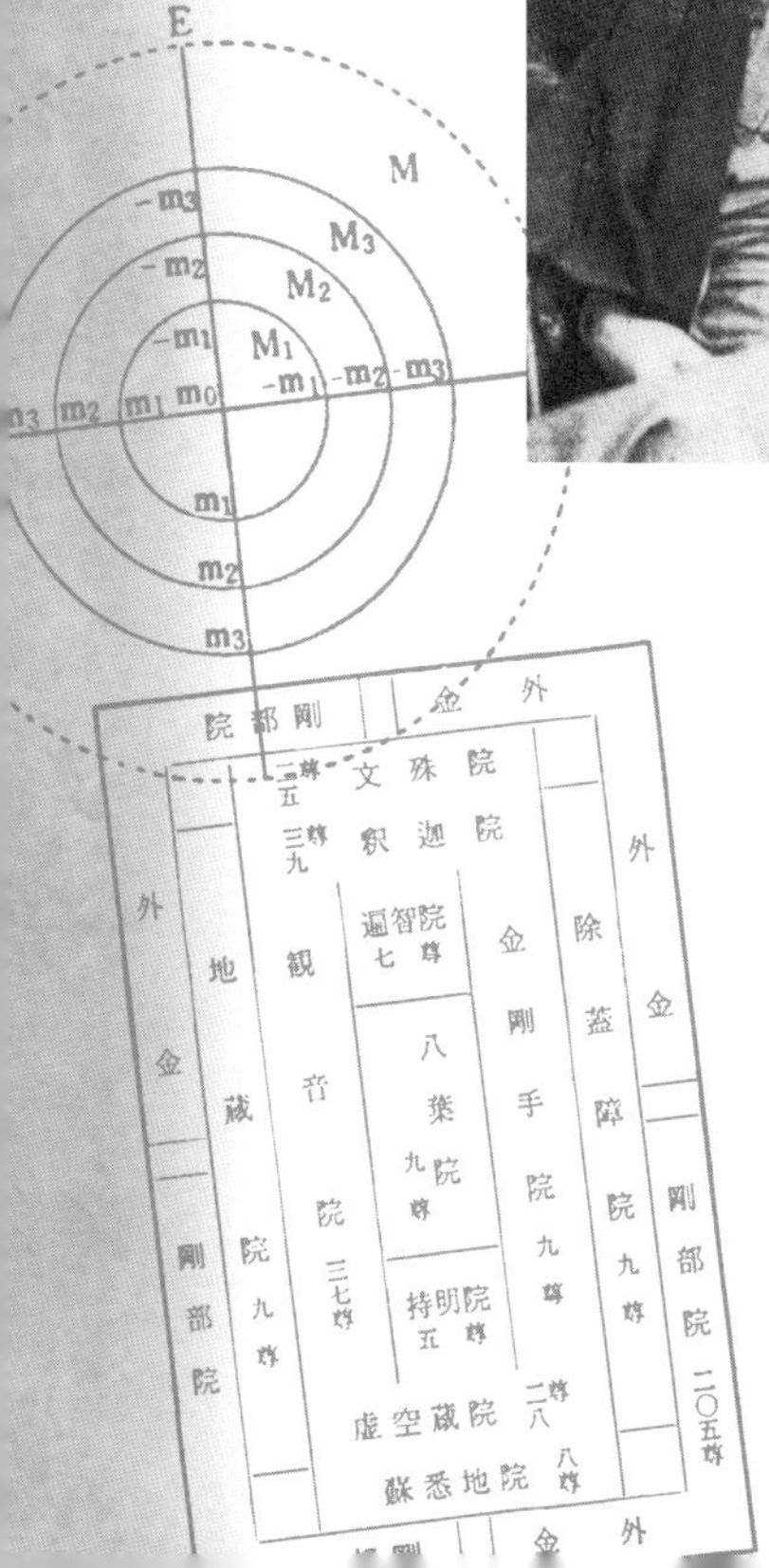

春秋社

西田哲学の仏教と科学——「場所的論理の立場から、科学を考へ直す」　目次

西田哲学の仏教と科学——「場所的論理の立場から、科学を考へ直す」

「弘法大師の日本化した真言宗といふものも、その現実的な所が我民族性に投合したのではないかと思ふ」（NKZ7-451）

（西田『哲学の根本問題 続編（弁証法的世界）』より）

序　章

本書が目指すところ

なるべく簡潔に、本書が目指すところを述べるならば、それは西田自身が述べた次の言葉の意味を理解することである。

私の場所の論理を媒介として仏教思想と科学的近代精神との結合といふことは私の最も念願とする所であり　最終の目的とする所で御座います（NKZ19-249）[1]

一九四三年七月二十七日、西田は弟子の務台理作宛の手紙で以上のように書いた。同年に出版した『哲学論文集　第五』では、「従来の対象論理的な科学の考へ方に反して、場所的論理の立場から、科学を考へ直すといふことは、重要な而も大きな仕事であらう」（NKZ10-468）と主張している。

「場所」の論理により、仏教思想と科学的近代精神とを結合させることが、西田の「念願」であり、「最終の目的」であったとすると、理解すべきことは以下の通りである。それは第一に「場所」の論理とは何か、第二に西田の言う「仏教思想」とは何か、第三に西田の言う「科学的近代精神」とは何か、である。そしてこの「結合」が起こった時、そこに何が生まれるのか。本書のテーマはここにある。

周知の通り、西田の思想は「場所」の論理をもって「西田哲学」と呼ばれるようになった。[2] 従って『善の研究』や『自覚に於ける直観と反省』などの初期西田について、本書は「西田哲学」と呼ばない。本書が主に扱うのは、「場所」を主張し出した中期以降の西田であり、「西田哲学」と呼ばれるようになってからの思想である。

さらに言えば、本書の研究は当初から『哲学の根本問題（行為の世界）』以降の後期西田を重視した。後期西田よりも中期西田の方が分かりやすいという意見もあるが、中期西田はまだまとまりが十分でなく、一定の完成度を持った後期西田の方が理解はしやすいはずである。後期西田の重視という点も、従来の西田研究にあまり見られなかった本書の特徴である。

西田研究に必要な基本的素養

本書が西田をどのように読んでいるのか、その前提について、あらかじめ言及しておきたい。筆者が考えるところ、西田研究に必要な基本的素養は二つあり、一つは近代仏教、もう一つは数学である。

現代日本の各宗派の仏教教団では、教義上、近代における自宗の活動や現代とは異なる近代の教義（つまり明治初期から太平洋戦争までの時期にだけあった教義）について必ずしも重視していない。そのため、各宗派の学僧も特に関心を持って近代仏教を研究するのでなければ、その知識は豊富ではない場合が多い。こうした事情もあって、近代仏教研究は、吉永進一、大谷栄一等、在家の研究者によって牽引されてきた。(3) そもそも仏教研究は、中村元以降、在家の研究者から有意義な成果が多く出るようになっており、近代仏教はこの傾向が特に顕著な分野である。

西田が接した仏教は間違いなく近代仏教であり、例えば古代インドの仏教と西田を比較しても成果は限られる。唯識に詳しい仏教学者でも、西田の分析は十分にはできない。臨済禅一般や浄土思想一般を想定して、そこから西田に迫ろうとしても成果は限られる。仏教思想と一口に言ってもその内容は幅広く、西田と比較しようとするならば、時代と地域を絞り込まなければならない。

本書では、歴史上の事実から、西田哲学を読み解く鍵は近代の真言密教であると考えている。近代仏教の中でも、激動の時代であった明治初期や昭和十年代に比べ、大正時代は必ずしも多くの研究者の関心を集めてこなかったが、西田を読むには、大正から昭和最初期の京都の真言密教、それも西田が接した新義真言宗智山派（現・真言宗智山派）について、一定の把握をすることが重要であると本書は考えている。

従来の近代仏教研究は、浄土真宗に関する研究が最も多く、次いで禅仏教がこれに続いていると言える。(4)実際にも近代はこれらの宗派が教線を伸ばして隆盛であったので、その観点が特別に偏っているとは言えない。上知令で大きな打撃を受けた密教は、勢力を大きく失ったので、近代仏教研究ではあまり考察の対象にならなかった。従って本書の研究は近代仏教の観点に立つが、従来の研究では必ずしも大きく扱われてこなかった近代密教の研究であるとも言える。

西田と近代密教を引き合わせる理解はこれまでになく、かつては西田哲学と言えば臨済禅の影響を受けている、という理解が定番のようになっていた。(5)しかし、西田哲学が臨済禅の強い影響を受けているという仮説は、西田の弟子たちによって一度も本格的に論証されたことはない。(6)時期から言っても、西田の思想が「西田哲学」になっていく過程で、彼が頻繁に通ったのは禅寺ではなく、真言密教の総本山であった。この点は第一章でもう一度論ずる。

西田を理解する上で、もう一つの大切な素養は近代日本数学史である。西田は数学者であった北《ほう》条《じょう》時敬《ときゆき》の家に下宿していたこともあって（NKZ12-257～260）、数学者の生活を目の当たりにしてきた。西田は数学者が育てた哲学者なのである。この事実は西田研究者には周知の事実なのに、これまで重んじられたことがほとんどない。

当時の数学は、物理学とまだ分離していなかった「数物」であり、北条の師匠であった関口《せきぐち》開《ひらき》が和算の良いところを意図的に残したということもあって、(7)一部には和算の価値観や習慣を残した数学であったと考えられる。この場合の数学とは、文化としての数学であると言い換えてもよい

（第六章参照）。

この点は分かりにくいと思うので、一つの例をあげたい。例えば、西田哲学の一つの大きな特徴は、西田が他の哲学者の注釈的研究ではなく、無名の時代から自らの哲学を主張する形で研究をしてきたことである。西田は最初から、今日のアカデミックな哲学研究とは異なる態度を取っていた。西田のこの態度を継承した京都帝国大学の弟子たちが、京都学派という特色あるグループを形成したように、この態度は当時においてもユニークであったと判断すべきである。

これも「数学者が育てた哲学者」という観点から、一つの説明が可能である。北条時敬の師匠であった関口開は、和算を学び、人生の途中で西洋数学を取り入れつつも、先に記したように和算の良いところを意図的に残した。そして現代の数学と比べた場合、和算の著しい特徴の一つは、自分で問題を立てて解いていくことであったと言ってよい。数学史家の小川《おがわ》束《つかね》は次のように言う。

江戸時代には、数学の塾に入門する者は皆、自分で問題を作りそれを解くのが目的であり、問題作りを目指さずに塾に入門する者など皆無だった。彼らは書物や師匠、先輩の門人から学んだ後、いよいよ自分で作る。平面幾何の問題を作るのはまず師匠や門人仲間に見せるためである。さらに機会に恵まれれば、算額として神社に奉納して不特定多数の者に見せるのである(8)

……

今日の大学受験の数学とは異なり、和算は生徒が自ら問題を作ることを重視していた。関口開の数学教授法も「注入主義を排して一種の開発主義を取られたるもの」[9]とか、「和算の長所は之を棄てず、諸生を導くに当り能く之を加味して其智勘を励ます」[10]と評されていた。西田は「私共はこの先生（＝関口開）の高足といふ様な人々に教わつた」（NKZ12-207）と述べている。関口の弟子であった北条時敬は「人ハ有機体ナリ思想ハ霊活ナリ之ヲ使フ所ニ発達シ之ヲ働カセバ刻々生動ス諸会ノ構造ニ改良ヲ加ヘ其機関ノ働キヲ活発ナラシム各自身心ノ発達鍛錬ヲ資スルノ好材料ナリ」[11]と述べている。西田は青年時代、自らの日記に「文章ヲ作リ自分ノ考ヲ養フベシ」（NKZ17-19）と書いていた。つまり関口は「開発主義」で「智勘を励ます」教授法であり、北条は「各自身心ノ発達鍛錬」を促しており、西田も「自分ノ考ヲ養フ」ことを重視した。関口・北条・西田の学統には、自発性を重んじた学風をしばしば読み取ることができる。

そして西田の哲学の記述もまた和算と同様に、自分で問題を立てて、それを解いていくスタイルであったと言える。例えば『善の研究』では「如何なる精神現象が純粋経験の事実であるか」（NKZ1-10）、「純粋経験とは如何なる者であるか」（NKZ1-10）、「真の実在とは如何なる者なるか」（NKZ1-46）、「善とは如何なる者であるか」（NKZ1-102）と、様々な問いを立て、これに答える形で論を進めている。『自覚に於ける直観と反省』では巻頭で「反省は如何にして可能であらうか」（NKZ2-15）、「思惟が思惟するといふことは如何にして可能であらうか」（NKZ2-19）、「自覚といふことは、如何にして可能であらうか」（NKZ2-20）などの問いを立てている。中期西田でも、『働くものから見るものへ』前編では「直接に与へられたものとは如何なるものを云ふのであるか」(NKZ4-9)、後編では「働くものとは如何なるものを云ふのか」(NKZ2-176)と問うている。後期に入っても、『哲学の根本問題』の「一、形而上学序論」では「人格的行動とは如何なるものであるか」(NKZ7-9)と問いを立て、「二、私と世界」では「物が働くといふことは如何なることを意味するか」(NKZ7-92)と問うている。

西田の哲学の論述は、初めに自分で独自の問いを立て、それを解いていくことが一つの定型のようになっている。なぜそれを問うのか、ということ自体はあまり問わず、問いに問いを重ねてひたすら問うだけで終わることもしない。基本的には問いを立てて、後はその答えを追うというスタイルである。これは、和算の研究スタイルを想起させるのである。もっとも、この特徴は、今後さらに各方面から由来について研究されるべきであるが、西田の学問的来歴を考えても和算は無視されるべきではない、ということを強調しておきたい。また、数学を文化として考えるということは、例えば上記のようなことを指していると理解してもらえれば、ここでは十分である。数学の世界とは無機質な非人間的世界ではなく、このように記述の特徴やある種の習慣など、文化と言えるものを含んでいるのである。

日本の和算は、開国前から欧米と比べても水準に大きな差がなかった(12)。西田の時代の日本人数学者は、欧米に対してコンプレックスはほとんどなかったし、この態度は今も日本の数学界に引き継がれていると言ってよい(例えば経済学とは大きく異なる)。西田は最初から欧米と対等な態度で自らの哲学を述べており、彼の欧米に対するコンプレックスのなさは、数学者と類似している。狭い意味での「哲学」が明治以降に初めて日本に入ってきた学問であったなら、西田はもっと欧米に対して追従的な態度や卑屈な態度などを取った可能性もある。しかし西田はそのような態度を取らなかった。

西田は日本の数学文化の中で育ち、哲学と数学を近いものと考えていた（NKZ12-239）。数学と哲学を近いものと見ることは、北条に遡って考えることができ、北条は「数学ヲ学フニ付テノ心得」で、数学を通じて「論理的頭脳ヲ養フコト、推理的能力ノ練習、教育上一般的目的ハ是ニ在ルコト」[13]と述べている。西田哲学は「場所」の論理を述べたように、論理重視の哲学である[14]。

西田には、初期から後期に至るまで、近代文明を特徴づける（としばしば言われる）合理性や論理性、規則性への反発はほとんどなかった。近代文明を否定して、「非合理的な人間主義に還れ」というのが西田哲学のメッセージではない。西田の絶筆が「私の論理について」（NKZ12-265~266）であることが象徴するように、西田は欧米中心主義的な論理ではなく、「日本の論理」（NKZ11-188）を求めたのであった。西田は「関孝和等は成程独特な方法で数学をやり、ニュートンの様なものを成し遂げたと云つても、それだけでは『日本数学』として十分ではない」（NKZ14-400）と述べ、数学や科学の基礎にある日本的な哲学を確立しなければならないと考えていたのである（第八章補遺参照）。その他、自身の後継者として招いたのは、数学に強い関心のある田辺元であったことにも、西田の数学重視の姿勢を見ることができる[15]。

本書の概要

本書は第一部と第二部の二部構成となっている。第一部は西田哲学がいかに真言密教と関わり、それを取り入れたかを論じている。第一章では題の通り、「なぜ西田研究にとって真言宗智山派が重要なのか」を論じる。これは以下の分析の前提となる考察である。西田は「場所」の論理を見出すことで、その思想が「西田哲学」と呼ばれるようになったのであり、その過程で頻繁に通ったのは、京都の智積院にあった智山大学である。ここではその歴史的事実について確認したい。

第二章では智山派における西田の直弟子のうち、最も大成した学僧である那須《なす》政隆《せいりゅう》を取り上げる。西田哲学が那須にどのように取り入れられたのか、栂尾祥雲《とがのおしょううん》と共に論じ、第三章への導入としている。

第三章は本書で最も重要な章であり、近代の智山派で那須と双璧とされた高神覚昇《たかがみかくしょう》を取り上げる。ここでは、西田哲学の肝と言ってよい「場所」の論理は、高神が紹介した胎蔵曼荼羅に由来していることを論証する。

第四章では中期西田と高神の双方向的な影響関係について、時間的な前後関係を意識した分析を行った。西田の「悲哀」についても、従来と異なった解釈をした。

第五章では京都帝国大学と智山大学を比較し、西田哲学が弟子たちにどのように受け入れられたのか、特に後者の特徴について分析した。第五章補遺では、智山大学の野崎廣義を取り上げ、その意義を分析した。

第二部は西田の科学論である。西田哲学の行為的直観に照らし合わせても、その哲学を使用しなければ、西田哲学を直観することはできない。西田哲学を使用することと、西田哲学の理解を深めることは同時に行われるべきだと本書は考えている。

第六章では西田の数学論の一部を取り上げて分析した。「矛盾的自己同一体」の概念や、「数学のための数学」批判など、事実上、西田は仏教から数学を論じており、その主張に如何なる意義があるかを論じた。

第七章では物理学論として湯川秀樹を取り上げる。湯川の物理学的主張は西田哲学から導出しうるものであり、「場所」の論理がどのように科学に応用可能であるか、実例を通じてその理解を深める。

第八章では西田哲学を経済哲学に引き付け、高神と松下幸之助との三者比較を行う。西田が経済活動をどのように見ていたのか、その一部を分析した。第八章補遺では、西田哲学が経済と親和的であるところから、現在の経済科学への批判を展開した。

先行研究について

従来の西田研究は、「場所」の論理を避け、それ以前の初期西田に関心が集中している傾向があった。初期西田については優れた研究も多く、本書が特に参考にしたのはロバート・ワーゴと浅見洋、平山洋であった[16]。また、従来は西田を西洋哲学から理解しようとする試みが多く、大橋良介、井上克人はハイデガーとの比較を試み[17]、小坂国継はB・スピノザやM・ブーバーと比較した[18]。檜垣立哉はH・ベルクソンやG・ドゥルーズと比較している[19]。藤田正勝は、W・ディルタイ、K・フィードラー、G・ヘーゲル、K・マルクスなど様々な思想家と比較し、九鬼周造や和辻哲郎なども取り上げ、全方位的な比較を行った[20]。

臨済禅から西田を読む試みは、あまりうまく行かないようである[21]。この点は第五章で論じるが、やはり西田哲学を臨済禅の哲学だと考えることは、前後関係から言っても辻褄が合わず、当初から誤解であったと思う[22]。

鈴木大拙との比較では井上克人、水野友晴の研究があり[23]、いずれも西田に関しては『善の研究』を重視している。中島優太は新資料を有効活用しており[24]、近現代史研究においては資料が出尽くすということは原則として考えられないので、西田についても今後新資料が出続けると予想される。

これらの他、中期以降の西田を比較的重視している研究として、氣多雅子の著書がある[25]。氣多の研究は独創的であり、多くの研究が西田独特の単語を取り上げることが多い中で、一文だけ取り出したり、一文の部分だけを取り出して吟味したりするなど、西田の言葉の扱い方について、本書は多くを学んだ。

本書のテーマである密教をどのように扱うのかは難しい問題である。筆者は密教の言説面を特に重視して読む手法を知り、本研究に生かすことができた。この方法は、末木文美士から特に多くを学んだ[26]。真言密教の研究書で特に有意義だったのは『新義真言教学の研究』である[27]。また、本文で言及した栂尾祥雲、那須政隆、宮坂宥勝、松長有慶ら近現代の学僧は、考察対象であると同時に学んだ対象でもあった（第二章参照）。

本書で西田の次に重要な人物である高神覚昇は、智山派の中では東大寺に派遣されて華厳の専門家であった。華厳の思想については湯次了栄、齋藤唯信[28]等、高神が読み得た近代の研究を主に参考にした。

従来、いわゆる「哲学」の側の研究は、西田の数学論や物理学論などが含まれる後期西田について、あまり関心が高くはなかった。西田の科学論自体も、西田研究において人気のあるテーマとは言いがたく、村瀬雅俊や村田純一[29]の研究があるが、こうした研究は今後さらに盛んになるべきだと思う。また、日本科学史研究の方がしばしば西田や京都学派を扱っていて、佐々木力、高瀬正仁、伊藤憲二の研究は「哲学」の研究者からもっと注目されてよい[30]。

数学論については、西田の孫弟子であった永井博や、西田との共著もある小倉金之助は、考察対象にしつつ学んでいる（第六章参照）。その他、足立恒雄からも多くを得た[31]。欧米における数学の哲学は、ある程度の調査に留まったが、西田の特徴を理解する上で有意義だったのはF・クラインとO・シュペングラーであった[32]。ただ、筆者の見るところ数学の哲学は数学史と不可分であるべきで、

西田研究のためには、近世和算史と近代日本数学史を踏まえるべきだと思う。(33)

湯川秀樹論について、高内壮介はもっと評価されてよいであろう。(34) 亀淵迪、佐藤文隆、中村誠太郎、山﨑國紀からもそれぞれ手掛かりを得た。(35) また湯川論は続編を予定しているので、先行研究についても併せて参照されることを希望する。(36)

経済学については、筆者の研究者としての出発点が村上泰亮や西部邁の学統にあり、学生時代は両者の弟子であった間宮陽介、佐伯啓思、佐藤光に師事した。(37) アメリカ流の経済学による方法論的個人主義や機械論的世界観が日本の経済活動の実態と乖離しているという指摘は、一九七〇年代からなされているにもかかわらず、その乖離は現在も進む一方である。(38) 第八章と第八章補遺の背景にあるのは、この学統の問題意識である。

先に述べたように、西田の思想は「場所」の論理によって西田哲学と呼ばれるようになった。しかし「場所」は、これまで部分的にいくつかの性質を指摘されることはあっても、総体としてどのような概念と捉えるべきなのか、また、何に由来する思想なのか、筆者の研究以前には、基本的に不明であったと言える。本書は、「場所」とは高神覚昇が説明する胎蔵曼荼羅に由来すると主張している（第三章）。これは覆面査読付き論文に掲載した主張であって、一定の学術的検証がなされていると判断してよいと思う。(39) これについて今のところ有力な反証はないし、全く別系統の他の有力な解釈も見当たらない。この主張を単著に掲載するのは、今回が初めてである。

本書の基本的姿勢

本書を通じて重視される方法は、歴史の記述と言説の分析との往復である。つまり西田の思考だけを分析するような方法はとっていない。例えば西田は同じ時代の誰と交流を持ったのか、その事実から西田を読むのが本書の方法である。この意味では本書は、純然たる歴史学の研究でもないし、純然たる「哲学」の研究でもなく、その両方を往復することで西田に迫っている。

また、それと関係するが、本書の方法は学際的である。特定の学問分野の中だけで分析することを当初から想定していない。これは筆者の個人的嗜好ではなく、西田自身が学際的な思考をしたからである。西田哲学を今日考えられる「哲学」の中に閉じ込めてしまうと、第一に彼の思索の一部分だけをかなり恣意的に取り出すことになり、第二にその方法では結局西田のことが良くわからず、しばしば必要以上に西田を難解な哲学者にしてしまうことが多いようである。

本書は西田を必要以上に天才だと想定していない。例えば、今日の日本におけるヘーゲル研究の成果と西田のヘーゲル理解を比較すれば、前者の方がはるかに広大で重厚なはずである。ドイツの地を踏んだことがない西田が、今日の日本人ヘーゲル研究者をその理解の広さや深さで凌駕することはありえない。M・エックハルトやG・ライプニッツについても、西田の理解は今日の研究水準に比べて、決して高いものではなかったはずである。

むしろ率直に言えば、戦後日本のドイツ哲学研究は、西田の時代とは比べ物にならないほど進んだと考えるのが妥当である。西田の時代は独和辞典一つとっても現代から見れば不満足なものしかなかった[40]。この事実を十分に踏まえるならば、それだけ水準が上がった現代の諸研究から見ても、西田哲学が十分に解明されてこなかったことは重要である。西田哲学の最も基本的な核心とも言える箇所がもしドイツ哲学由来であるならば、西田はもっと早い段階で、その核心が解明されていたはずである。つまり西田哲学は、やはりドイツ哲学を基本とした哲学ではないのだろうと思う。もちろん部分的にドイツ哲学を取り入れていることは間違いなく、「叡智的世界」(NKZ5-123) はE・カントからの転用であろうし、個物、一般者、特殊者という区分はヘーゲル由来であろうし[41]、ノエマ・ノエシスという単語は、E・フッサールから借りたものであろう。しかし、西田は自身の「場所」の論理がライプニッツと一面に於いて類似することを認めつつ、「新なる考を組織するに当つて、既成哲学を利用するに過ぎない」(NKZ10-437) と述べていた。西田は、どのドイツ哲学に対しても「既成哲学を利用する」態度であったはずである[42]。

またアイディアの面白さや思い付きの斬新さ、といったものが西田哲学の肝であるならば、西田哲学は二級の哲学であると言わざるを得ない。そのような思想は目新しいかもしれないが、それだけの価値しかない。今日、分析哲学を中心に、歴史不在の中で周囲の関心をより多く得ようとする哲学研究が見られるが、西田哲学の価値はそうした観点から評価されるべきではないと思う。彼が依拠した思想は、もっと長き歴史に支えられた日本の思想だったはずである。そして、それは真言密教であるというのが本書の主張である。

科学論について言えば、西田は科学自体を問い直しているので、今日我々が想定するような科学を必ずしも考えていない。科学について考えるのに、K・ポパーやT・クーンのように方法の分析から入るのではなく、またI・ハッキングのように現に科学者がどのような研究をしているのかを分析するのでもない。西田は、科学の捉え方自体を問い直している。

科学と哲学に関する西田の基本的関心をよく表しているのが次の言葉である。

> 科学隆盛以来、哲学は科学の下婢となつたといふ感なきを得ない。輓近に至つて、単に認識論的となり、更に実用主義ともなつた。哲学は哲学自身の問題を失つたかと思はれるのである。(NKZ11-173)

あるいはマルクス主義を批判して、「今日のマルクス学派の人々は自然科学的残滓を脱してゐない」(NKZ7-178)と述べる。西田にとって哲学は科学によって基礎づけられるべきなのではなく、科学が哲学によって基礎づけられるべきなのであった。科学が成り立つ根本さえも問うのが哲学であると捉えるのである。西田は「『善の研究』以来、私の目的は、何処までも直接な、最も根本的な立場から物を見、物を考へようと云ふにあつた」(NKZ9-3)と述べている。従って西田が二十一世紀の科学を把握していないことをもって、今日見ると西田の科学論には基本的な限界がある、という指摘は不適当である。

西田哲学は真言密教を取り入れており、西田は密教から科学を問うたのであった。近代的な科学をどう捉えるべきか、密教の立場から初めて本格的に考察したのが西田である。西田は、世界初の考察に挑戦した思想家なのである。西田哲学は、日本的な哲学であるから価値があると述べるのも、ヨーロッパ哲学のような思考方法を日本人で初めて使いこなしたところに価値があるという指摘も、間違っているわけではないが、西田の評価としては不十分である。人類の誰もそれまで考えなかったことをテーマとしているのが西田哲学なのである。そしてそれは、科学が理論の面でも実生活への応用の面でも当時よりはるかに進んでいるという意味で、西田の時代より現代の方がさらに重要さが増しているテーマなのである。本書が第一部と第二部を設けたのは、このような理由からである。

一方で、西田の生命論は、まだ筆者自身十分に理解できてないところもあって本書では扱わなかった[43]。行為的直観を仏教の修行論に引き付けて分析することは、本書では三密の観点から述べるなど一部考察したのみで、まだ研究の余地がある。西田の芸術論、国家論、歴史論も人気の高いテーマであるが、ここでは一部しか取り上げなかった。湯川秀樹論についても、本書第七章と別に姉妹編を用意している。いずれも今回はここで一区切りをつけたというのみであって、今後の課題であり、今回扱わなかったテーマの価値が低いわけではないことは付言しておきたい。

本書で利用される全集、選集等と、その表記は以下の通りである。

『智山学報』東洋文化出版、一九八三〜一九八四年（CGと表記、巻、頁、以下同。この書に限り、巻数は現本ではなく、東洋文化出版による複製版の巻数を示した）
『高山岩男著作集』玉川大学出版部、二〇〇七〜二〇〇九年（KIC）
『松下幸之助発言集』ＰＨＰ研究所、一九九一〜一九九三年（MKH）
『務台理作著作集』こぶし書房、二〇〇〇〜二〇〇二年（MRC）
小笠原秀實編集兼発行『無窓遺稿』一九二〇年（Na）
野崎廣義『懺悔としての哲学』弘文堂書房、一九四二年（Nb）
『西田幾多郎全集』岩波書店、一九六五〜一九六六年（NKZ）
『西谷啓治著作集』創文社、一九八六〜一九九五年（NKC）
『那須政隆著作集』法藏館、一九九七年（NSC）
『小倉金之助著作集』勁草書房、一九七三〜一九七五年（OKC）
『真言宗選書』同朋舎出版、一九八六年（SS）
『下村寅太郎著作集』みすず書房、一九八八〜一九九九年（STC）
『高神覚昇選集』歴史図書社、一九七八年（TKS）
『田辺元全集』筑摩書房、一九六三年（THZ）
『湯川秀樹著作集』岩波書店、一九八九〜一九九〇年（YHC）

なお引用に際し適宜旧字を新字に直しており、文意を変えない範囲で句読点を補記している場合がある。

（注）

（1）西田はこの後に続けて「最終の目的とする所で御座いますが　もうさういふ余力もなくなつた様に思はれます」と弱気なことを述べた（一九四三年七月二十七日）。しかし、同年九月一八日から「物理の世界」を書き始めており（NKZ17-671）、西田の科学論として最も重要な『哲学論文集　第六』は、この発言の後に執筆された。

（2）「余は既に其の学説を呼んで博士の名を冠して『西田哲学』と称するに値する程其の体系を整へたるものありと考へる」。左右田喜一郎「西田哲学の方法に就いて――西田博士の教を乞ふ――」『哲学研究』第一二七号（第一一巻第一〇冊、京都哲学会、一九二六年）二頁（通巻九一四頁）。

以下本書では、書籍で分類すれば『働くものから見るものへ』（一九二七年）とそれ以降は「中期西田」とし、この著作より前を「初期西田」とする。『哲学の根本問題』（一九三三年）とそれ以降は「後期西田」とする。より細かくは、「場所」の概念を最初に提示した一九二四年一〇月一日より前を「初期西田」とし、この日以降を「中期西田」とする。『岩波講座哲学』第一四・一巻に「形而上学序説」を発表した一九三三年二月をもって「後期西田」とする。この場合「中期西田」の開始時期に不統一が生ずるが、どちらかを選択する必要がある場合は、より細かいほうの定義を優先する。

（3）代表的な著書として、大谷栄一、吉永進一、近藤俊太郎編『増補改訂 近代仏教スタディーズ』法藏館、二〇二三年。吉永進一『神智学と仏教』法藏館、二〇二一年。大谷栄一『日蓮主義とはなんだったのか 近代日本の思想水脈』講談社、二〇一九年。

（4）浄土真宗を重視した研究は優れた著作が多く、いくつか例をあげれば、碧海寿広『入門 近代仏教思想』筑摩書房、二〇一六年、大澤絢子『親鸞「六つの顔」はなぜ生まれたのか』筑摩書房、二〇一九年、オリオン・クラウタウ『村上専精と日本近代仏教』法藏館、二〇二一年、近藤俊太郎『親鸞とマルクス主義 闘争・イデオロギー・普遍性』法藏館、二〇二一年など。前掲『近代仏教スタディーズ』の特に第4章第2節参照。

（5）この点は海外での西田研究でも同様であり、例えば Robert Wilkinson, *Nishida and Western Philosophy*, Ashgate Publishing Ltd., 2009.

（6）西田哲学を臨済禅に引き付け、また数学性を全く無視して読むという方向性は西谷啓治によって示され、これが長い間踏襲されてきたものと考えられる。本書は西谷の哲学そのものは批判しないし、西谷をいたずらに糾弾する意図も持たないが、この二つの読み方こそ、西田哲学を不必要に難解にしてきた原因であると考えている。

（7）高瀬正仁『高木貞治とその時代 西欧近代の数学と日本』東京大学出版会、二〇一四年、一五九〜一六〇頁。

（8）小川束『和算』中央公論新社、二〇二一年、二五四頁。

（9）森外三郎「関口先生の教授法」、上山小三郎・田中鉄吉編・発行『関口開先生小伝』一九一九年（現物に頁数なし）。

（10）河合十太郎「関口先生に対する感想」、前掲『関口開先生小伝』。

(11) 西田幾多郎編『廓堂片影』教育研究会、一九三一年、二二頁。北条は教師として厳しい面もあったようだが、住み込みの書生に対しては「先生は多くの先生と異なつて嘗て一回でも教訓めいたことを仰せられたことのなかつた」(同書八九四頁)という証言もある。学生時代の西田が落第した後の手紙には「課業ヲ先ニシ自修ヲ後ニシ」とか「自家ノ臆見ヲ準尺トシ敢テ学校ノ威規ニ乖ク固ヨリ其義ニ非ズ純良寛温法ニ循ヒ学ニ勤ム学生ノ徳之ヨリ大ナルハ莫シ」(同書三一〇頁)と北条は書いており、自由過ぎた青年西田には規則に従うように戒めている。

(12)「日本の数学一〇〇年史」編纂委員会編『日本の数学一〇〇年史』上巻、岩波書店、一九八三年、二〇一〜二〇二頁。

(13) 前掲『廓堂片影』六三頁。

(14) その他、西田哲学と和算の類似性として、西田哲学は「図式的説明」(NKZ8-220他)等で円を重視し、和算もまた円の面積を求めるなど円を重視したことが指摘できる。また、第三章で詳述するように西田哲学は図を描きながら説明するイメージ学的思考を持ち、和算もまた図形を尊重する傾向にあった。直観(直感)を重視する点や、緻密に数理や論理を記述するとは限らず大まかな筋道や結論だけを書くこともある記述形式、論理と数理をあまり区別しない思考のあり方、政治から一定の距離をとる生活態度なども共通点である。日本学士院日本科学史刊行会編『明治前日本数学史』第四巻(岩波書店、一九五九年)一七六頁以下の「和算の性格とその地位」を参照。もっとも和算家の思想や行動様式についてはまだまだ不明なところが多い。

(15) 西田と科学の関係について、次のような佐々木力の証言もある。「かつて下村(寅太郎)先生にうかがったところでは、戦前の京都大学の哲学教室では、哲学専攻の学生は必ず個別科学を最低一つはマスターすることを要求されたのだそうです。それが西田幾多郎の考えだったというので

す」。川喜田愛郎・佐々木力『医学史と数学史の対話』中央公論社、一九九二年、九一頁。

(16) Robert J. Wargo, *The Logic of Nothingness; A Study of Nishida Kitaro*, University of Hawai'i Press, Honolulu, 2004、浅見洋『西田幾多郎――生命と宗教に深まりゆく思索』春風社、二〇〇九年、平山洋『西田哲学の再構築――その成立過程と比較思想――』ミネルヴァ書房、一九九七年。

(17) 大橋良介『西田哲学の世界――あるいは哲学の転回』筑摩書房、一九九五年、井上克人『〈時〉と〈鏡〉超越的覆蔵性の哲学――道元・西田・大拙・ハイデガーの思索をめぐって――』関西大学出版部、二〇一五年。

(18) 小坂国継『西田哲学の基層――宗教的自覚の論理』岩波書店、二〇一一年。

(19) 檜垣立哉『西田幾多郎の生命哲学』講談社、二〇一一年。

(20) 藤田正勝『西田幾多郎の思索世界――純粋経験から世界認識へ』岩波書店、二〇一一年。

(21) 西田哲学を臨済禅に引き付ける研究は、古くは秋月龍珉『絶対無と場所　鈴木禅学と西田哲学』青土社、一九九六年（原版の「あとがき」が一九七〇年）があり、近年は岡廣二『西田哲学と禅』（22世紀アート、二〇二二年）もある。後者は出版こそ最近だが、一～三章が一九八〇年代の論文であり、基本的な立脚点もこの時代のものと言える。また上田閑照「自己の現象学――禅の十牛図を手引きとして――」上田閑照・柳田聖山『十牛図』（筑摩書房、一九九二年）もあるが、これは西田哲学から十牛図を読むことが可能だとする論考と考えられ、西田哲学の汎用性や普遍性を例示したことにはなるが、西田を臨済禅で基礎付けた論考ではないと判断した。西田と浄土思想を引き付ける解釈も、古くは岸興詳『西田哲学と念仏』（百華苑、一九六六年）があるが、このアプローチもその後発展させることは困難だったと考えられる。

(22)西田幾多郎遺墨集編集委員会編『西田幾多郎遺墨集』(燈影舎、一九七七年)掲載の西田の遺墨では、「この達磨話にならん」と書いて達磨の絵を描いたり(掲載№一〇三)、円相と「心月孤円呑万象」を書いたり(同一二六、一七八)、禅の公案である「廓然無聖」を書いたりしている(同二〇八)。これらは求められて書いたものか詳細は不明であるが、西田哲学が臨済禅の哲学であるとする誤解は、西田自身が一部関与していた(あるいは関与せざるを得なかった)と推察してよいであろう。この誤解は、どのようにして発生して補強されていったのかは重要なテーマになり得る。

(23)井上前掲書、水野友晴『「世界的自覚」と「東洋」――西田幾多郎と鈴木大拙』こぶし書房、二〇一九年。

(24)中島優太「西田の新資料『倫理学講義ノート』における至誠とリップス倫理学」『比較思想研究』第四八号、比較思想学会、二〇二二年。

(25)氣多雅子『西田幾多郎　生成する論理』慶應義塾大学出版会、二〇二〇年。

(26)本書が末木から影響を受けた面は多いが、あえて絞るなら特に参照したのは、末木文美士『平安初期仏教思想の研究――安然の思想形成を中心として』春秋社、一九九五年、同『冥顕の哲学I　死者と菩薩の倫理学』ぷねうま舎、二〇一八年、同『冥顕の哲学II　いま日本から興す哲学』ぷねうま舎、二〇一九年。

(27)三派合同記念論集編集委員会編『頼瑜僧正七百年御遠忌記念論集　新義真言教学の研究』大蔵出版、二〇〇二年。

(28)湯次了栄『華厳五教章講義』百華苑、一九七五年(原版は龍谷大学出版部、一九二七年)、齋藤唯信著・高島米峰編『華厳五教章講話』丙午出版社、一九二七年。

(29) 村瀬雅俊『歴史としての生命――自己・非自己循環理論の構築』京都大学学術出版会、二〇〇〇年、村田純一『技術の哲学 古代ギリシャから現代まで』講談社、二〇二三年。

(30) 佐々木力『日本数学史』岩波書店、二〇二二年、前掲、高瀬『高木貞治とその時代』、伊藤憲二『励起 仁科芳雄と日本の現代物理学』上下巻、みすず書房、二〇二三年。いずれも西田や京都学派について様々言及がある。中島優太「西田哲学とヴントの心理学の『直接経験』」『比較思想研究』第四六号(比較思想学会、二〇二〇年)は、心理学を取り上げて西田研究が学際的であるべきことを主張している。

その他、西田哲学から出発し、独自の科学哲学を主張する研究として注目すべきなのは、永井博『人間と世界の形而上学』創文社、一九八五年、山形頼洋・三島正明『西田哲学の二つの風光――科学とフランス哲学』萌書房、二〇〇九年。いずれも、西田をどのように解釈すべきか、という本書のテーマとは異なるが、得るところ多大であった。

(31) 足立恒雄『数とは何か そしてまた何であったか』共立出版、二〇一一年。

(32) Felix Klein, *Vorlesung über die Entwicklung der Mathematik im 19. Jahrhundert, Ausgabe in einem Band*, Springer-Verlag, 1926, Oswald Spengler, *Der Untergang des Abendlandes*, Deutscher Taschenbuch Verlag GmbH & Co. KG, 1972. 西田はシュペングラーについては何度か言及しているが(NKZ8-29、333)、クラインについて直接の言及は見当たらない。小倉金之助からの間接的な影響は想像できるが、今後の資料発掘が待たれる。

(33) 明治前日本数学史としては、遠藤利貞『増修日本数学史』恒星社厚生閣、一九六〇年、日本学士院編『明治前日本数学史』全五巻、岩波書店、一九五四〜六〇年など。数学を文化として見るならば、数学教育史も重要であるが、本書の研究は十分に網羅していない。日本数学教育史については、上垣渉『日本数学教育史研究』上下二巻、風間書房、二〇二一〜二二年が詳しい。西田が青年時代にどのような数学教育を受けたのか、その詳細についてはまだ研究の余地がある。
(34) 高内壮介『湯川秀樹論』工作舎、一九七四年、同『詩人の科学論――湯川秀樹の創造とゲージ場の地平』現代数学社、一九八七年。
(35) 亀淵迪『素粒子論の始まり――湯川・朝永・坂田を中心に』日本評論社、二〇一八年、佐藤文隆『量子力学のイデオロギー』青土社、一九九七年、同『量子力学の一〇〇年』青土社、二〇二四年、中村誠太郎『湯川秀樹と朝永振一郎』読売新聞社、一九九二年、山﨑國紀『思索する湯川秀樹――日本人初のノーベル賞受賞者の天才論――』世界思想社、二〇〇九年。日本物理学史は必ずしも研究が多くないが、他に日本物理学会編『日本の物理学史』上下巻、東海大学出版会、一九七八年。
(36) 第五十一回比較思想学会（於・天理大学）で、二〇二四年六月二十九日に発表。
(37) 代表的な著作だけあげると、村上泰亮ほか『文明としてのイエ社会』中央公論社、一九七九年、村上泰亮『反古典の政治経済学』上下巻、中央公論社、一九九二年、西部邁『経済倫理学序説』中央公論社、一九八三年、間宮陽介『モラル・サイエンスとしての経済学』ミネルヴァ書房、一九八六年、佐伯啓思『隠された思考――市場経済のメタフィジックス』筑摩書房、一九八五年、同『「アメリカニズム」の終焉――シヴィック・リベラリズム精神の再発見へ』TBSブリタニカ、一九九三年、佐藤光『市場社会のブラックホール――宗教経済学序説』東洋経済新報社、一九九〇年、同『ポラニーとベルグソン――世紀末の社会哲学』ミネルヴァ書房、一九九四年。
(38) バブル期以降の日本経済の低迷の大きな要因としてこの乖離を無視した経済政策を指摘できるが、本書の話題からそれるので、ここでは立ち入らない。しかし基本的には、西田の言う「日本の論理」と大いに関係している問題と言える。

(39) 坂本慎一「西田哲学の『場所』と高神覚昇――野崎廣義と共に――」『比較思想研究』第四七号、比較思想学会、二〇二一年。本書第三章に該当。

(40) 独和辞典の一つの到達点は、一九六四年から二〇年がかりで編纂された『小学館 独和大辞典』(小学館、一九八五年)であると言え、「緒言」Ⅳ頁には、「独和辞典は独英辞典などとは比較にならないほど、事典としての役割が辞典の利用者によって要求されるのである。総じて、利用者である日本人の多くがドイツのこと、さらに広くヨーロッパのことに疎いのであるから、この要求は十分納得がいくだろう」と述べている。この点を重視するならば、西田はドイツ語やドイツ哲学の社会的・歴史的背景をどこまで把握し得たのか、という問題も提起できる。この辞書の参考文献であげられている最も古い独和辞典は、佐藤通次『独和語林』(白水社、一九三六年)である。ちなみに佐藤は西田に批判的で、西田も佐藤に批判的であった(NKZ19-221)。

(41)「私の今日の考が多くのものをヘーゲルから教へられ、又何人よりもヘーゲルに最も近いと考へると共に、私はヘーゲルに対して多くの云ふべきものを有つて居るのである」(NKZ12-84)。

(42) この態度は時に日本思想に対しても同様であり、本居宣長の「物にゆく道」(NKZ12-279)について、西田は「『物に行く』といふ宣長の語は無論私も宣長が私の如き意味にて云つたなどとは思はない」(NKZ19-128)と述べている。

(43) 西田の生命論は生物学から分析されることが多いが、あまり成功しているとは言えない。医師の武見太郎によれば、西田の『哲学論文集第三』「四 経験科学」は武見との議論に触発されたものであるという。武見太郎『武見太郎回想録』日本経済新聞社、一九六八年、一〇一～一〇二頁。従ってこの部分における物理学論は、本書第七章では取り上げなかった。西田の生命論を読み解く上で、武見の医学思想との比較が手掛かりになる可能性がある。

第一部　真言宗智山派と西田哲学

第一章　なぜ西田研究にとって真言宗智山派が重要なのか

「午前高工に行く。午後始めて智積院に行く」(NKZ17-325)
(一九一三年十一月十一日の西田の日記。午前中は京都高等工芸学校へ行き、午後は智積院を初めて訪れた。以後、一九二二年まで西田は智積院に通うことになる)

初めに

一九九〇年代以降、海外でも急に盛んになった西田哲学に関する研究状況は「西田研究のビッグバン現象[1]」とも呼ばれる。西田幾多郎が論文中に明言している西洋思想からその哲学を読み解く研究は以後も続けられ、最近では鈴木大拙との比較も盛んである。ただ、今のところ、いずれのアプローチも特に画期的な成果が出ているとは言えないようである[2]。西田哲学は、丁寧に時間をかけて読み解いた人には、何を言っているのかよく分からなくとも、不思議な魅力と普遍性を持っているように見える。それでいて、どのように筋道をつけて理解すればよいか、まだ十分な解明がなされていない思想であると言ってよい。

一方で、日本思想を読み解くのに密教の再評価が進んでいる。かつて主流だった神道中心観は近代仏教や中世の研究が進むにつれて魅力が薄れてきた。日本思想の中心は禅宗だと言われていた時代もあったが、これも過去のものとなった。近年では密教、それも弘法大師空海の再評価が日本思想（日本哲学）で進んでいるように見える。(3)

本書は、西田哲学が真言密教から大きな影響を受けた思想であると主張する。これに対しては、西田哲学とは臨済禅の哲学ではないかという批判が出ることが予想される。以下ではこの点について配慮しながら、従来の西田研究が如何に真言密教を見落としてきたのか、本書の前提となる議論をしておきたい。

一、西田研究のある種の難しさ

西田研究を進めてきた過程で、筆者には強く印象に残っている出来事がある。それは、二〇一七年六月三日に京都大学で開催された西田・田辺記念講演会における森哲郎（京都産業大学教授）の講演とその質疑応答である。

この日の講演で森は、西田哲学が臨済禅の思想から如何に読み取れるかを説明していた。以前から森は同様のテーマを追ってきたが、これまでの論文もこの日の講演も、あまり説得力のある説明には見受けられなかった。

そして、驚いたのは質疑応答の時である。次々に手が上がり、西田哲学を臨済禅から読んでも成果は乏しいというのがもはや通説ではないか、と述べる人もいて、批判的質問が相次いだのである。西田哲学を臨済禅から読もうとする研究の最大の根拠は、西田幾多郎が一九四三年二月十九日、西谷啓治にあてた次の手紙とされることが多い。

『思想』の論文をおよみ下され御理解を忝うせしこと私としてはこの上なくうれしく存じます。少しでも諸君に理解せられだん〳〵発展して行つてもらへれば私も実に生きがひがあつたとおもひます。背後に禅的なるものと云はれるのは全くさうであります。私は固より禅を知るものではないが元来人は禅といふものを全く誤解して居るので、禅といふものは実に現実把握を生命とするものではないかとおもひます。私はこんなこと不可能ではあるが何とかして哲学と結合したい。これが私の三十代からの念願で御座います。併し君だからよいが普通無識の徒が私を禅などと云ふ場合、私は極力反対いたします。そんな人は禅も知らず、私の哲学も分らず、XとYが同じいと云つて居るにすぎぬ。（NKZ19-224～225）

森もこの日、西田のこの手紙をレジュメに引用した。しかし質疑応答では、西田がここで言っている「禅」は「禅定」のことであり、三昧境のことであって、「臨済禅の教義」という意味ではないであろうという指摘が当然の如く出された。周囲の方々も深くうなずいていて、森からこれに対する有効な反論はなかったように見受けられた。確かに『善の研究』は三昧境を「純粋経験」と言い換えて哲学化したものだと言えるが[4]、臨済禅の教義を哲学化したものであることが一読して明白だとは言えない。しかし、上記の資料を一読しただけでは、「禅」が「禅定」のことであるとは、なかなかすぐには気づかないであろう[5]。

「西田哲学を臨済禅から読んでも成果は限られる」という考えが「通説」になっていることに驚いたのには、二つの理由がある。

一つは、筆者も西田哲学を臨済禅から読むのは、相当に困難ではないかと以前から思っていたからである。哲学という営みが、言葉を費やして奥へ奥へと思考を深めていくのに対し、禅宗はしばしば言葉を切り詰めていく方向を持ち、四文字熟語に意味を集約したり、もっと切り詰めて円相、つまり「〇」と書いて「言語化不可能」という意味を記号で表現したりする。禅宗と哲学は、何かしらの真理を追究するという意味では同様だとしても、言語の使い方は向いている方向が真逆だと感じていたのである。

もう一つの理由は、西田研究では、「論文になっていないが通説になっている」とも言うべき内容が、いかに重要か改めて痛感したからである。これ以前から筆者は京都大学文学部の「日本哲学史フォーラム」などに通っていて、京都大学文学部出身者による西田研究ではこの種の通説が多いことは気づいていた。通説なのに論文がないのは、例えば「西田哲学を臨済禅から読んでも成果は限られる」というテーマで論文を書こうとしても、論証するのが技術的に難しく、それでいて仮に論文が書けたとしてもあまり生産的な内容とは言えないからだろう。しかし、口頭で共有される「論文未満の通説」は、内容をよく吟味すると確かに首肯できることが多いのも事実なのである。

西田研究では、この「論文未満の通説」をある程度把握していないと、そもそも研究のスタートラインにすら立っていないように見られてしまうこともある。筆者もまた「論文未満の通説」を全て把握しているとは言えないが、把握できた範囲でこれを前提としていることをお断りしておきたい。

二、「悪戦苦闘のドッキュメント」とは

西田の最初の著作である『善の研究』は一九一一年一月の序文をつけている。その序文によれば、この書は「多年、金沢なる第四高等学校に於て教鞭を執つてゐた間に書いた」(NKZ1-3)という。京都帝国大学に赴任し、「かくして数年を過して居る中に、いくらか自分の思想も変り来り、従つて余が志す所の容易に完成し難きを感ずる様になり、此書は此書として一先づ世に出して見たいといふ考になつたのである」と書いている。

ここでの大事な点は、西田には「志す所」があって、それが容易に完成しない見通しであったと言っていることである。

このテーマを扱ったのが『自覚に於ける直観と反省』（一九一七年）であり、西田は「余が此論文の稿を起した目的は余の所謂自覚的体系の形式に従つてすべての実在を考へ、之に依つて現今哲学の重要なる問題と思はれる価値と存在、意味と事実との結合を説明して見ようといふのであつた」（NKZ2-3）と述べている。もう少し短縮して言えば「自覚といふことは、如何にして可能であらうか」（NKZ2-20）というテーマであった。西田はこの問題を「甲は甲である」（NKZ2-27）という論理形式から考え始め、その結果「現今のカント学派とベルグソンとを深き根柢から結合する」（NKZ2-3～4）ことが可能になるという見通しを立てていたのである。

しかし、このテーマは思うように解決しなかった。西田は数学の「円錐曲線」（NKZ2-159）や「微積分」（NKZ2-162）まで援用して様々に考えるが、最後に白旗を掲げて、次のように書いた。

此書は余の思索に於ける悪戦苦闘のドッキュメントである。幾多の紆余曲折の後、余は遂に何等の新らしい思想も解決も得なかつたと言はなければならない。刀折れ矢竭きて降を神秘の軍門に請うたといふ譏を免れないかもしれない。（NKZ2-11）

その後、『意識の問題』（一九二〇年）、『芸術と道徳』（一九二三年）を経て、この問題に一定の解決を得たのが一九二六年六月『哲学研究』第一二三号の「場所」の論文であり、これが掲載された一九二七年刊行の著作である『働くものから見るものへ』であった。解決の鍵となった概念は「場所」の論理であり、これ以降、西田の思想は「西田哲学」と呼ばれるようになる。西田自身も当時ドイツ・ハイデルベルクに滞在していた務台理作宛に「場所」の論文を送り、「私は之によつて私の最終の立場に達した様な心持がいたします」（NKZ18-303）と書いた。「自覚といふことは、如何にして可能であらうか」（NKZ2-20）という問題は「場所」の概念を得ることによって、「私が私であるといふ自覚は既に場所の意義を有する。私が私に於てあることを意味するのである」（NKZ5-62）という主張になり、一定の解決を得たのである。

以上で重要なのは「悪戦苦闘のドッキュメント」を経て解決を得た一九一一年から一九二六年の頃、西田の生活には、哲学・思想に明確に影響を及ぼし得る継続的な学びの契機はあったのかという点である。それは、明白にあった。真言密教との濃厚かつ継続的な接触であり、西田は真言密教の総本山に足掛け十年（一九一三〜一九二二年）通ったのである。この事実はこれまでの西田研究で、見落とされてきたのであった。

三、「新義真言宗智山派私立大学智山勧学院」

1、存在すら見落とされてきた大学

西田に関する伝記として、定評がある書は次の四点（五冊）であろう。

・上田久『祖父西田幾多郎』南窓社、一九七八年、同『続祖父西田幾多郎』南窓社、一九八三年
・遊佐道子『伝記　西田幾多郎』灯影舎、一九九八年
・大橋良介『西田幾多郎――本当の日本はこれからと存じます』ミネルヴァ書房、二〇一三年
・藤田正勝『人間・西田幾多郎――未完の哲学』岩波書店、二〇二〇年

西田に関する伝記的研究は詳細を究めており、学術的内容から生活上の出来事まで事細かに調べ上げられている。しかしこれらの伝記で西田が新義真言宗智山派（現・真言宗智山派）の総本山である五百佛山根来寺智積院の境内にあった「新義真言宗智山派私立大学智山勧学院」（智山大学）に足掛け十年通った事実を指摘しているのは、遊佐が注釈に書いた次の記述のみである。

幾多郎は大谷大学の外にも工業高校や知恩院関係の智山勧学院大学でも教えた。(6)

もちろん「知恩院」は「智積院」の間違いである。

智山大学で教えた高神覚昇の最初の本格的著作『価値生活の体験』（一九二二年）に、西田は序文を寄せた（TKS1-11）。この序文は、これまで出版されたいかなる『西田幾多郎全集』にも掲載されていない。同様に智山大学で西田に教わった那須政隆は、智山派管長や真言宗長者を歴任し、当代では代表的な真言僧であり、西田に強い学恩を感じていた旨を何度も公の場で述べていたが、西

田研究で取り上げられたことはなかった（本書第二章参照）。

西田と智山派の接点が見落とされてきた理由はいくつかある。三つだけあげるとすれば、第一に近代以降、仏教に対する見方は鎌倉新仏教中心観が支配的であり、密教は遅れた迷信のようなものと見なされてきたことである。そのため、西田の日記に足掛け十年にわたって「智積院に行く」という記述が頻繁にあるにもかかわらず、重視されてこなかったと言える。

第二に、好ましくない意味で「論文未満の通説」になっていることとして、西田研究が京都帝大中心観になりすぎている点である。例えば西田の弟子で東京教育大学教授となった下村寅太郎は、名伯楽であり、永井博、沢口昭聿、高木勘弌など、優秀な弟子を幾人も育てた。このうち永井は優れた著作をいくつも残し、西田哲学に対する敬意も非常に強い研究者であったが、京都大学とは学生としても教員としても縁はないので、西田研究では全く扱われない（第六章参照）。こうした見方は改善されるべきであり、京都帝大以外の範囲も、もっと注意が払われるべきである。

第三の理由は、この大学は「新義真言宗智山派私立大学智山勧学院」という当時日本一長い名前の大学であり、正式略称がなかったことである。西田も日記や手紙で「智山派の学校」（NKZ17-325）、「智積院」（NKZ17-325）、「智山」（NKZ17-390）、「勧学院大学」（NKZ19-625）、「私立大学智山勧学院」（TKS1-11）と様々な書き方をしている。そのため、予備知識がないまま西田の資料を読むと、表記に揺れがあるだけ存在感が薄くなってしまう。しかも十五年間だけ（一九一四〜一九二九年）存在した大学なので、研究者がその存在すら見落としてきたのであった。

2、智山大学の略史

智山大学の設立の経緯については、『智山学報』新第四巻に掲載された大槻快尊「智山回顧史」（CG5-284～292）が詳しい。一八八〇年以降、時の政策によって真言宗は新古すべての宗派が統一されていて、智山派は豊山派と協力して東京音羽の護国寺に新義派大学林を建てていたという。一九〇〇年、国の宗教政策が変わり、真言宗各派が分裂すると新義派大学林も解散してしまった。一時期智積院に智山派大学林を設けていたが、一九〇四年、智山大学を設立しようという方針が決まり、まず智山派大学林を改組した智山勧学院が設立された。当時は専門学校令による学校は大学と称しても良い規則であったので、一九一四年に智山大学は設立されたのである。

日記を見ると、西田は設立の前年から智積院に通っている（NKZ17-325）。当時の地図から、智積院の境内の南西の角（現在の宿坊智積院会館の場所）に智山大学の校舎があったことが分かる。(7) 智山大学の教職員は、ほぼ全員が出家僧であり、この年代の真言僧は肉食妻帯をしないのが普通であった。(8) 学生は全員が出家僧であって、全寮制であり、智山大学は男子修道院のような大学であった。

智山大学の設立・運営に際し、顧問の筆頭に名をあげられたのは成田山新勝寺の住職であった石川照勤である。(9) 井上円了が設立した哲学館（現・東洋大学）で学び、学業を終えると欧米漫遊の旅に出て、各国の学校を数多く視察した。帰国後は学校づくりの専門家として、幼稚園、中学校、高等女学校の設立を手掛けている。石川にとっても智山大学設立は、学校づくりの集大成であったと見受けられる。井上円了の「諸学の基礎は哲学にあり」という思想は、石川によって智山大学で活かされた。西田を講師に招いたのもこのためであり、西田の授業は全学生の出席が義務づけられていた。[10]

智山大学では、谷本富も講師と顧問を務めていた。[11]谷本は京都帝大教授であったが乃木希典の自刃に対して不適切な内容をメディアに書いたことで京大を追われ、後年は智山大学や龍谷大学で講師をしていた。「社会教育」つまり啓蒙が専門であり、ヨーロッパで演説法を学び、智山大学では近代的な弁論術を僧侶に教えた。高神が一九三四年NHKのラジオ番組『聖典講義』で「般若心経講義」を放送し、全国的な人気を博したのも、谷本による指導の成果と言ってよい。[12]

西田が第四高等学校と京都帝大で教えた野崎廣義も、智山大学で専任講師（後に教授）を務めた。[13]将来を嘱望されながら、二十八歳で心臓麻痺により突然死している。野崎に対して高神は生涯強い学恩を感じており、野崎の号「無窓」をとって、自宅を「無窓庵」、主宰する全寮制の私塾を「無窓塾」と号した。高神は「幸いにして、西田博士及野崎先生を哲学の教授として居た、智山大学は奇しき因縁とも云うべきであろう」（TKS1-243～244）と述べ、西田と野崎、そしてその生徒である自分たちに学派的なまとまりを意識していた。

その他重要な人物として、創立当初の筆頭教授であった木村政覚があげられる。[14]那須の師匠であり、智山大学の設立にも尽力した。いつも笑顔で絶対に怒らない律僧であり、蚊が手に止まっても吹き飛ばすだけで殺さなかった。もちろん肉食妻帯はしない。智山派では教授になる前から著名な高僧であり、その出身から「尾張の生き仏」と呼ばれていた。木村は一九一九年三月まで智山大学教授だったので、西田と面識があったと考えられる。
智山大学で三年間教えた天野貞祐は、次の話を紹介している。

（西田）先生がある学校に永く講義に行かれますので私は先生に向って、何故そんなに講義にお出になるのです、年を取って来られて、面倒な講義はなさらんでよいじゃありませんかというと、そうじゃないんだ、自分は実は平常心配している者のために何か途はないか、その学校の様子をよく知って、その学校の人達とも親しくしたいんだと。先生はその講義をすると一緒に自分の愛している弟子のために何か所を得させてやりたいといううちあけたお話だったのです。……先生が人を愛されるのは親のようでした。否、或は親以上のものがあることを感じました。(15)

この「ある学校」は天野もよく知る智山大学だった可能性が高いと考えられる。その通りだとすれば、西田は若き僧侶たちの将来を案じていて、できるだけのことはしてあげたいと考えていたことになる。例えば、当時の智山大学の教授陣は、僧侶としては一流であっても必ずしも大学で教育を受けておらず、講義の仕方も散漫であったという。(16) こうした事態を踏まえた上で、大学での教育とそのあり方を学生たちに授け、彼等が教壇に立って大学が独り立ちできるところまで、西田は面倒を見てあげたいと考えたのではないか。事実、一九一九年に弟子の若木快信（CG2-411）、一九二〇年に高神（CG2-570）が智山大学助教授になり、一九二二年十月に三人目の那須が助教授に着任するのと入れ替わりのような形で[17]、西田は智山大学を辞したのであった[18]。

智山大学は一九二九年四月、東京へ移転して智山専門学校となった[19]。西田が京都の他に鎌倉にも家を持つようになったのは、この少し前であり、智山大学の東京移転が決まった頃と重なっている。西田は一九三三年十月九日に智山専門学校で「行為の哲学」と題する講演を行っており（CG5-301）、東京移転後も交流があった。

終わりに

従来の西田研究で真言宗智山派を重視する考察は、筆者の研究以外にはなかった。しかしより正確に言えば、第五章で述べるように、真言宗智山派の内部ではこれまでも西田哲学に関する様々な言及があった。アカデミックな哲学研究者は、これに気づかなかったか、あるいは無視してきたのである。

歴史上の前後関係を考えても、西田が「悪戦苦闘のドッキュメント」を経て、「場所」の論理を確立する、つまり「西田哲学」を確立していく過程に於いて、彼が頻繁に通ったのは智積院である。西田が金沢の卯辰山にあった洗心庵に通って雪門禅師の指導の下に臨済禅の座禅に打ち込んだのは、それよりはるかに前であり、洗心庵に関する日記の記述は一九〇六年四月二日が最後である（NKZ17-168）。同年三月二十一日、堀維孝宛の手紙で「雪門老師は終始和歌山もしくは越後にあり洗心庵は荒廃の状態に御座候」（NKZ18-75）と書いており、雪門禅師が金沢を去ったことで、西田も臨済禅の座禅から足が遠のいたと考えられる。西田が「場所」という単語を初めて特別な意味で用いたのは一九二四年であり（第三章参照）、一八年も間隔が空いている。臨済禅から西田哲学が生まれたと考えるのは、時期的にも全く合わないのである。

智山派で双璧とされた那須政隆と高神覚昇は、いずれも西田本人や西田哲学に対する敬意が非常に強い学僧であった。以下、西田と智山派の濃厚な関係から本書の記述を始めたい。

（注）

（1）大橋良介『西田幾多郎――本当の日本はこれからと存じます――』ミネルヴァ書房、二〇一三年、三〇三頁。

（2）これらとは別に、西田の論述を要約することに力点を置く研究があり、田中久文『西田幾多郎』作品社、二〇二〇年、櫻井歓『今を生きる思想　西田幾多郎　分断された世界を乗り越える』講談社、二〇二三年がある。

（3）例えば中島隆博「世界哲学としての日本哲学」伊藤邦武他編『世界哲学史』別巻、筑摩書房、二〇二〇年。

（4）西田は純粋経験の例として「一生懸命に断岸を攀づる場合の如き、音楽家が熟練した曲を奏する時」(NKZ1-11)を挙げている。

(5)その他、西田哲学が臨済禅と関係が薄い証拠としてしばしば挙げられるのは、一九〇三年八月三日、臨済禅の「無字」の公案を透過した西田は日記に「されとも余甚悦はす」(NKZ17-119)と書いたことである。「甚だしくは喜ばない」の意味なのか、「喜ばないこと甚だし」なのか、意味がとりにくいが、いずれにせよ臨済禅の公案を透過しても西田には悟るものがなかった様子である。

(6)遊佐道子『伝記　西田幾多郎』灯影舎、一九九八年、二七六頁。

(7)大正天皇即位記念の地図であった『京都近傍図』陸地測量部発行、一九一五年等。

(8)智山派で肉食妻帯を始めたのが高神覚昇や那須政隆の年代であった。那須の入寺得度・晋山住職寺である龍照院(愛知県海部郡蟹江町)には二〇一九年四月三〇日に訪問し、筆者は生前の那須をよく知る静顕長老(前住職)にインタビューできた。

(9)石川照勤について研究は多くないが、例えば太田次男『近代成田の礎を築いた先師』成田山新勝寺、一九九八年。

(10)那須政隆「わが懺悔録」『大正大学学報』第五号、大正大学、一九五四年、二～五頁。

(11)谷本富については滝内大三『未完の教育学者:谷本富の伝記的研究』晃洋書房、二〇一四年。しかし智山大学については一切触れておらず、京都帝国大学退任後は龍谷大学の講師としての活動を中心に描いている。

(12)那須政隆は「雄弁ということを高神君は覚えて、谷本さんに私淑してああいう講演なんかやるようになった」と述べている。那須政隆博士賀頌編輯事務局編・発行『那須政隆博士米寿賀頌』一九八二年、九五頁。

（13）野崎廣義に関しては第五章補遺参照。
（14）無署名記事「木村政覚先生の追慕」（CG2-389～391）の他、既出の静顕長老の教示による。
（15）天野貞祐「西田哲学に学ぶべきもの」天野貞祐他著『西田幾多郎とその哲学』一燈園燈影舎、一九八五年、一〇頁。
（16）前掲、那須「わが懺悔録」には、「老教授が眼を閉じながら得意の長広舌を振うという状態であったから解ろう筈もなかった」とある。
（17）大正大学真言学智山研究室編『那須政隆博士米寿記念佛教思想論集』成田山新勝寺、一九八四年、序文四頁。
（18）西田の日記における智山大学についての最後の記述は一九二二年五月二日である（NKZ17-390）。
（19）一九二九年四月に東京府北豊島郡石神井村（現・練馬区上石神井）に移転して智山専門学校となり（文部省告示第一九三号）、一九四三年に大正大学に合流した（官報上は一九四四年九月、文部省告示第六四五号）。

第二章　那須政隆の真言教学との比較

「私は仏教哲学にはそれ自身に独特の物の見方考へ方があり、それを矛盾的自己同一的な場所の論理、心の論理と考へたいと思ふ」(NKZ12-365)

(西田『日本文化の問題』より)

初めに

西田幾多郎について、近代仏教の観点からは、まだ大いに研究の余地がある。西田哲学を仏教思想に引き付ける研究は、竹村牧男『西田幾多郎と仏教　禅と真宗の根底を究める』(大東出版社、二〇〇二年)などがあったが、これまでは第一に臨済禅一般や浄土真宗一般を想定していて、近代日本という社会性と歴史性(あるいは時空間)を限定した視点が乏しかった。第二に、西田を密教から見るという観点はこれまでの西田研究にはほとんどなかった。

また学術的な指摘ではないかもしれないが、西田哲学が同時代の仏教各宗派に於いて本格的に取り入れられた事実が見当たらないと主張し、西田の仏教的側面は出家僧から見ると評価に値しないという考えがある。しかし、これは調査不足に基づく誤解でしかなく、西田は近代の真言宗に明確な影響を与えている。

末木文美士は同編『比較思想から見た日本仏教』（山喜房佛書林、二〇一五年）で従来の日本仏教研究が鎌倉新仏教中心観になっていたことを批判した（同書四頁）。ここで西田と真言密教の交流を取りあげることは、第一に西田研究を鎌倉新仏教中心観から解放することを目指し、第二に近代という密教不遇の時代に於いて、密教がどのような営みをしていたのかその一部を提示して、近代仏教研究に厚みを加えられると考える。

本章では、西田が教えた真言僧の中で学僧として最も大成した那須政隆を取り上げる。まずは那須の思想との類似性から、西田哲学の分析を始めたい。

一、那須政隆とその思想の概要

那須政隆（一八九四〜一九八七）は真言宗智山派の学僧であり、大正大学学長（一九五七〜六〇）、智山派管長（一九六七〜七二）、真言宗長者（一九六九）などを歴任した。『那須政隆著作集』全八巻（法藏館、一九九七年）があり、第八巻末所収の「主要著作・論文目録」には著作二四冊、論文三八本が紹介されている。(1) 那須は、真言宗智山派総本山・五百佛山根来寺智積院（京都市東山区）の境内にかつてあった「新義真言宗智山派私立大学智山勧学院[2]」（一九一四〜二九、通称智山大学、後に大正大学に合流）に於いて西田幾多郎に師事した。

那須は智山大学における西田との関係について、「私は西田幾多郎先生の講義を四年間、松本文三郎先生の印哲講義を三年間も聴くことが出来た」とか「二年から三年の頃にはどうにか仏書がこなせるように成り、西田哲学や天野博士（当時は学士―原文）のカント哲学も多少とも解るように成って来た」と述べ、さらに次のように言う。

私は西田先生には深く心を引かれていたから先生には時折り哲学の指導を受けた、そして私は智山を卒業したら京大の選科へ入学する心算でいた。西田先生もそれを勧められ、入学についての好意的指示までして下さった。[3]

しかし師匠であった木村政覚の指示によって、京都帝国大学には進学せず、徴兵の後、高野山と東寺（教王護国寺）に二年間留学した。また、その思想的影響について次のように述べる。

私はとにかく一応真言宗の、そういう教義の中で哲学的な解釈をするといういくらかでも芽がはえたということは、西田さんのおかげだとこう思っている。それは高神君もそう言ってましたね。西田哲学のおかげだということをね。だから、西田さんという人は今日で見る場合、いろいろ批判もあるが、しかし何といっても、智山派よりあの人を雇って教えを受けた。あれは、大変われわれの教育上よかったね。だから私ども四年間西田さんに教わった。その四年間の間の西田さんの講義を聞いて、われわれの目を開いた。だから私、今日いくらかでも真言宗の教えというものの理解ができるようになったのは、ひとつには西田哲学のおかげだと思ってますね。(4)

那須の弟子であった宮坂宥勝は、同じく西田哲学を受容した智山派の学僧でも高神覚昇（一八九四〜一九四八）と那須は対照的としている。(5) 高神が雑密的立場で啓蒙家として活動したのに対し、那須は純密的立場で真言教学の確立に尽力した。那須は、古義新義の真言宗で伝統教学最後の継承者と言われる（NSC6-427）(6)。

次に那須の思想の基本を紹介したい。那須は真言宗の基本が本不生と三摩地（三昧）にあると考える。

真言教学の根本的立場は本不生際と三摩地とである。本不生際は客観的に万物の実相を究めて到達した法界縁起の境地であり、三摩地は主観的に内面へ掘りさげて逮達した自心の実相の境地である（NSC1-495〜496、SS10-119）

私たちは第一に「密教的」「真言的」ということの深い意義を味得しなければなりません。もちろんそのためには根本仏教の精神から本不生際への思想的歩みをたどり、また三摩地への精進を成し遂げ、その上で世界を再認識するところに初めて真言的なるものを頷くようにしなければならぬことを忘れてはなりません。(NSC3-323)

凡夫は人法の二執のために万物を実在とするから、矛盾や衝突があるが、本不生際に入りて諸法平等の三摩地を覚れれば、障礙する何物もなく自由自在となる。(NSC6-60)

那須は本不生と三摩地の二つについて、「考察上の相違でありまして、実践的には両者はまったく一に帰する」(NSC3-319)とか、「この両者はどこまでも別個のものではなく、その究極において同一に帰する」(NSC3-363)と主張する。また、下記の様に本不生際、三摩地は、「自然法爾の境地」、「主客未分の境」とも言っている。

自然法爾の境地に証入するには、人間のすべての計らいを捨てて空拳無手にならなくてはならない。しばしば述べるように本不生の世界は自然法爾の当処をいったのであって、そのところは主観もなく客観もない、いわゆる主客泯亡《びんぼう》の境地である。もし認識論的な表現をもってするならば、そこは認識以前の世界であり、主客未分の境地である。(NSC6-111)

この本不生、三摩地について一般向けに説明する際、那須は時に西田の名を挙げている。

西洋哲学の西田先生は、それを純粋経験とよく言われておった。この純粋経験というものは、経験そのもの、そこには自分も外の客観も何もない、ただ経験それ自体という意味から純粋経験と言われたのでしょう。(7)

あるいは「経験のなかに没入して純粋経験が続いている間は何事もない」(NSC3-403)と西田の名前を出さずに説いたりする。

真言宗の学僧として那須の著しい特徴は、理具の成仏重視である。新義には珍しい本有家であり、「人間は最初から仏である」という思想である。なぜ那須が修行無用論のような「易行中の易行」(NSC4-7)を述べるのか、これには真言宗の歴史を少し遡る必要がある。

真言宗では江戸中期以降、浄土真宗的な「安心」の議論が行われたが、宗派内での意見の統一を見なかった。(8) 廃仏毀釈、特に上知令によって、古義真言宗と根来寺は壊滅的となり、智山派、豊山派が比較的軽傷で済んだ。醍醐寺も大きな被害を受け、末寺約三〇〇〇が智山派、豊山派の傘下に入った。(9) 一八七九年に東京の眞福寺で大成会議が開かれ、古義新義の宗義をまとめることになる。(10) この際、任に当たった雲照が『大日経』の「如実知自心」を基調とすることにしたという。

これを受けて執筆されたのが、近代真言宗の起点となった別処栄厳『密宗安心教示章』（服部鑁海、一八八四年）である。この書は、「木樵り水汲む其間《ひま》も唯光明真言を唱ふれば如来の本誓空《むな》しからざる」とし、世俗的な行動によって即身成仏が可能であると主張した。那須の「易行中の易行」（NSC4-7）はこれを踏まえ、一歩進めたものと言える。

『密宗安心教示章』は「凡聖不二」を強調しており、覚鑁《かくばん》について何度も触れている。つまり新義を重視し、教相を重視していると言える。明治日本の仏教の中で、宗派をあげて理論を強化したことは、真言宗の著しい特徴である。またこの書は書き下し文、楷書体で書かれており、変体仮名も少なく梵字は一文字もない。従来こうした書き方は、宗義の中心的な経典では採用されてこなかったものであったが、現代語の積極的な採用によって哲学的言説へ大きく踏み出した形となった。

廃仏毀釈の際もほとんど軽傷であった浄土真宗は、教線を拡大し、浄土真宗こそ仏教の最も進化した形態であるという解釈が生れた。真言宗ではこれに対抗しつつ見習う形で、専門の説法師など啓蒙家を養成したり（代表例として、野澤密全〔一八九八〜一九七一〕、服部如実〔一八九九〜一九七一〕等）[11]、光明真言を推奨したり、仏を大日如来に統一するようになる。[12]南都仏教への対抗意識は後退し、また、大日如来を直接考究することで弘法大師の存在は相対的に後退して、宇宙論や人間存在論の色彩がより強くなった。

昭和の真言宗では次第に人間中心主義、ヒューマニズムが強調される傾向となり、高神覚昇は『仏教人間学』（甲子社書房、一九三三年）を世に問うた（TKS10-1〜104）。那須による理具の成仏重視は、こうした情勢の下で、伝統教学の基本である即身成仏をヒューマニズムの文脈に載せようとしたと言える。[13]

二、那須における西田の影響

智山派は豊山派と比較した際、古典の注釈により力を入れることが特徴とされる。那須にも多くの注釈書があり、最初の著書『五輪九字秘釈の研究』（大東出版社、一九三六年）、博士論文の「五輪九字秘釈に於ける諸問題」（一九五九年、改題して『真言密教の研究』として『那須政隆著作集』第一巻所収）、晩年の集大成『釈摩訶衍論講義』（成田山新勝寺、一九九二年）などがある。こうした書には、時々西田の影響と思われる表現があり、例えば以下の如くである。

> 真如の認識は主客一体で、認識する働と認識される対象《もの》との対立がないので、真如の認識は念の境界を離れて認識それ自身が全存在である。主客のない認識は即ち証《さとり》の境地である[14]

「主客一体」や「主客のない認識」という表現は西田の影響を想起させる。また、「対象」と書いて「もの」と読ませるルビは那須の書にしばしば見られる。西田の「物となつて働く」（NKZ10-31）を意識した表現と考えられる。

古典注釈以外にも西田の影響を見ることができ、最も典型的なものとして、例えば「真言の哲学」(『講座仏教』第二巻、大蔵出版、一九五八年)で三摩地について次のように説明する。

仮に「花を見る」という働きに例をとってみよう。我々が「花を見る」というとき、「花」と「私」と、そして「見る」という働きとが、区別して意識されているであろうか。我々が花を見るということの実際についてみると、そこでは「私」も「花」も、「見る」という働きのうちに一体となっていて、ただ「見る」という働き以外にはなにもない。生のすべてが「花を見ている」という一事に結集されている。「見る」という働きのうちに身を没し、ひたすらに「見る」を生きているのである。「私が見ている」というのではなく、ただ「見ている」という働きのなかに「私」があるのである。「私」は「見る」という働きのほかにはない。働きのなかに「私」があるというよりは、むしろ「見る」という働きそのものが実の「私」なのである。生は常に働きつつあるもので、一瞬たりとも停止することがないのだから、「私」というものは「見る」という生の働きそのもの以外にはあり得ない。それで普通に「私が花を見る」というときには、すでに「私」と「花」と「見る」の三者が区別して考えられている。これは「見る」という生の働きを反省の立場でいっているのである。そうした反省の立場に立ったとき、すでに「見る」という生の現実はそこにはない。(NSC2-236)

これは行為的直観を意識した内容であると思われるが、この前後で那須は「西田」とか「行為的直観」などとは一言も述べていない。むしろ典拠として挙げるのは空海『般若心経秘鍵』の「忽証」（忽ちにして証る）「即到」（即かに到る）である（NSC2-239）。この「花を見る」の例示は、那須の言説の中に繰り返し現れる（NSC2-251、3-361など）。

これと同様の西田の言として、以下の言葉がある。

我花を見る。此時花は我、我は花である。見る我と見られる物と別に存立するものとすれば、外物は我が精神の外に存在し、外物が其裡面の独立の精神的本体を蔵すともいはねばならぬ。併し此の思想の根本にVorurteil（先入観―引用者）がある。外に固定せる花なる者が実在すと考ふるより右の如き考が起る。（NKZ16-430）

これはどのような資料なのか不明であるが、『善の研究』にも「花を見た時は即ち自己が花となって居るのである」（NKZ1-93～94）という表現があるので初期西田の可能性がある。時期的に智山大学での講義内容の可能性、つまり那須が学生時代に西田から教わった授業内容だった可能性もある。先の那須の言と比べると、那須は「働き」について述べており、『働くものから見るものへ』以降の西田の思想を上乗せして述べていると言える。

また『哲学の根本問題』以降の西田は「今、『私が働く』といふことについて考へて見よう」

(NKZ7-110) とか「すべて物と云ふものを考へるにも、働く世界から出立せなければならない。……働くと云ふことから、個物と云ふものが考へられるのである」(NKZ11-114) と述べ、「働く」から説明を開始する例が見られるのに対し、ここでの那須は「見る」から入って「見るという働き」に思考が及んでいる。

あるいは那須のように「見る」から入ると、身体性が弱くなるという批判がありうる。後期の西田が「ギリシヤ人の世界は行為の世界ではなかつた。それは見られたものの世界であつて、働くものの世界ではなかつた。アリストテレスの哲学についても爾云ふことができる」(NKZ7-177) と述べるように、ただ「見られたものの世界」は行為的直観の世界ではない。

那須は別の所で「坊やはかわいいな」と言って子供の頭をなでる例を挙げている[15]。この場合は、かわいいと思うのが意密、頭をなでるのが身密、「かわいい」と言うのが口密であり、そこには三密加持が行じられ、かわいがるという「そのことに成りきる」境地の三昧であると説明する。そしてこの境地に於いて即身成仏が成立しているとする。

別な角度からの那須の説明では「人間が全人格的に生きるのは、人間が行為の立場に立つときである。行為に没頭するとき、その生は最も充実している。行為は身口意の三密行に外ならない[16]」と述べており、見る行為に没頭すれば三密行になり、身密も含意する。また、「宇宙法界における万物の形色や顕色が法身の身密であり、その身密はすなわち法身如来の印契(三昧耶身・象徴―原文)である。また宇宙におけるあらゆる音声は法身の口密であってそのまま真言陀羅尼である。また宇宙におけるすべての真理は法身の意密であって、それは一切万物の実相を表わしている。法身如来はこうした三密をもって常に活動されている」(NSC1-496) と主張する。そして「本不生際をみるものは……自己本有の万徳を開顕して、大日法身の普門三昧に等同となる」(NSC1-480) とする。つまり三摩地・本不生の境地に入ることで法身の普門三昧と「等同」となり、三密行が行じられるのである。

「花を見る」の場合、一見すると不明瞭なのは口密だが、那須は「本不生の立場に立って宇宙法界の万象ことごとくが法身の実相を象徴する真言であることを覚知するのが真言の真実義である」(NSC3-372 ~ 373) と主張する。この主張からすれば、「坊やはかわいいな」の例は、あくまで導入的な方便と考えられる。

西田は「行為は物を見るといふことから起る」(NKZ7-409) と述べることもあり、「見る」から説き起こして行為的直観を説明することもある。「物を見るといふことは、自己が世界の中に没することである、自己がなくなることである、同時にそこから自己が生れることである」(NKZ8-165) とも述べる。先の那須による「花を見る」の説明は、「『見る』という働きのうちに身を没し」「『見る』という働きそのものが実の『私』」と述べており、西田の説明と重ねて理解することができる。

行為的直観の説明において、西田は言語を必ずしも強調しない。しかし『哲学の根本問題 続編』では「何等かの言語といふものなくして、意識といふものはないとすら考へることができる。思惟といふものも内的会話と考へることができる」（NKZ7-302）とし、三密行で考えれば、意密が行じられれば口密も成立していることになる。『哲学論文集 第五』では、「実は言語的表現と云ふものなくして、意識界と云ふものは成立せないであらう」（NKZ10-430）と言っている。

また、「個物は何処までも意志的であり、形成的であり、身体的であるのである」（NKZ11-194）という主張は、意志、形成、身体について述べ、三密と類似の内容である。「意志は、何処までも個物的なる歴史的身体的作用の尖端に現れるのである」（NKZ11-203）」という主張は意志と身体の二密を連想させる。また、次のように言う。

> 我々は我々の世界の自己表現的要素として言語を有つのである。かゝる関係の極限に於て、表現するものがせられるものとして、我々の自己が自覚するのである。かゝる極限点に於て矛盾的自己同一的に我々の世界が主客合一するのである。（NKZ11-308）

言語に関する何らかの「極限」において「自己が自覚」し、「極限点」において「世界が主客合一」する。言語に関する極限（点）において「自覚」「主客合一」を想定しているということは、口密による一密成仏の説明を想起させる。このように西田には、三密を想定していると思われる表現が散見されるのである。

那須は他にも行為的直観を思わせる内容で、三摩地を次のようにも説明する。

三摩地法とは、仏の境地、法そのものの境地に証入し得るようになっているから、三摩地を修行すれば、その修行のままが仏の境地であり、法の世界である。普通には、修行は手段であり、目的は手段によって獲得せられる結果であると考え、手段と目的とを対立的にみるのであるが、我が真言密教、即ち法身大日如来の教は、手段なる三摩地法を修行するその修行そのままが、目的の証《さとり》である。これが真言密教の特質なる〝修即証〟、または〝修証一体〟の思想である。(17)

那須は「修即証」「修証一体」が「即身成仏」を説明する上で最重要の言葉であるとする。修行した結果として悟るのではなく修行がそのまま悟りであるという思想は、行為的直観と同一性がある。行為的直観を真言宗の用語で言えば「修即証」「修証一体」になるとも言え、これは真言宗の「特質」であると那須は言う。この意味では、那須は西田哲学について、真言密教の重要な点を共有している思想と見なしていたようである。

ただ、那須の場合は「自分の日々の生活というものが、真実そのもので、それ以外に真実の世界はどこにもない、というところまでいったときに、それを、宇宙といっても、即身成仏といってもおなじこと」(18)と述べる。「易行中の易行」(NSC4-7)を説くと同時に「……というところまで」いかないと、これは成立しない。三摩地の境地に入らないと成立しないのである。あくまで三摩地が容易であって、我々の日常生活の中で普通に行じられるとするも、それは一定の境地でないといけないという必要条件が課されるのである。

さらに言えば、三摩地なら何の行為でもよいわけではなく、「心ある真言教徒はすべからく明師について教示を仰ぐべきである」（NSC2-285）とくぎを刺している。那須の言説は、基本的に真言宗の行者や信者に向けたものであり、この点は注意を要する。

西田の場合は、「真の日常性の世界といふものは、私の所謂行為的直観の世界でなければならぬ。そこにいつも歴史的世界の中心があるのである」（NKZ8-69）と言っており、何か特別な努力をしないと行為的直観が成立しないという意味合いは必ずしもないようである。それでいて、「世界が絶対否定の肯定といふ時、否定の底に単なる了解の世界が成立し、肯定の底に自由意志の世界が成立するのである。そして行為的直観の世界は神的表現の世界となる、神の創造の世界となる」（NKZ8-153）と述べるように、「行為的直観の世界」が「否定」「肯定」を通じて、「神」と関連する状態に変化するという考えを示すこともある。[19]

西田は仏教性の高い哲学者であり、那須は哲学性の高い僧侶であった。両者は同じ行為的直観の概念を持っていたとしても、基本的立場に於いて一線を画している。那須の弟子であった福田亮成は「（那須）先生は学者とよばれるより、真言行者を自認しておられた」（NSC6-427）と述べており、学問を「行」として行なっていた。一方、「私はいつまでも一介の坑夫である」（NKZ13-221）と自認する西田は、行者の如き学者であった。

三、栂尾祥雲との三者比較

既に述べたように、近代の真言宗では、宗義の不統一を反省し、古義新義双方が集まって明治初期の宗政会議で『大日経』住心品の「如実知自心」を重視することになった。この「如実知自心」を、那須はしばしばデカルトに引き付けて解釈している（NSC2-275、281）。そして、それは既に密教で論じられていたとする。

この解釈は、栂尾祥雲（一八八一〜一九五三）と同じである。栂尾は一九二一年から足掛け四年にわたってヨーロッパやインドに留学しており、近代高野山を代表する学僧である。高野山大学教授、高野山密教研究所所長を歴任しており、近代真言教学における最も重要な人物の一人と言ってよい。栂尾は「如実知自心」について以下のように言う。

かのデカルトが「われ思う故にわれあり」としてつねに閑却せられ勝ちの「われ」を発見したことが、近世哲学の出発点となったとおなじく、本当の我の発見ということが、また大師の宗教たる真言宗の起点となっているのである。……「われ」の存在は、これをいかにするも、疑うことの出来ない事実である。そこで善無畏三蔵（六三七〜七三五）は「一事の真実にして、虚しからざるものがある。我れすなわちこれなり」といっている。……「われ」は一面からすると、考えるものであり、心的の存在であるとともに、その「われ」の存在を認識する心そのものの本体を覚知することが、本当の我の発見である。それが仏の悟り、すなわち菩提（Bodhi）であるとの立場から、『大日経』には、「いかんが菩提（Bodhi）とならば、いわく、実の如くに自心を知ることなり」と説いている。[20]

栂尾は「われ思う故にわれあり」と「如実知自心」を重ね、これは善無畏において既に展開されていると主張する。栂尾は基本的に、ヨーロッパ哲学の主要な問題は、密教では既に議論されていると主張することが多い。[21]

西田もまた、「哲学に入るものに、彼の『省察録』の熟読を勧めたい」（NKZ11-158）とか「私はデカルト哲学へ返れと云ふのではない。唯、尚一度デカルトの問題と方法に返つて考へて見よと云ふのである。……哲学の方法は何処までもデカルト的でなければならない」（NKZ11-173）と述べるなど、「われ思う故にわれあり」に強い関心を持った。

那須は「『自心』といっているのも、物心一体の立場でいっているのであって、人間的存在の全部を指した語である」とする（NSC2-233）。栂尾は「自心」を「自分」とか「自我」と言い換える。[22]両者とも「自心」を精神の問題に限定せず、「自心」も「自身」も同様に考えているので、この意味では西田の言う「自己」と同様と言える。西田は『働くものから見るものへ』で「自己の中に自己を映す」（NKZ4-5、215）を前面に押し出した。その後も「世界が自己の内に自己を映す」

（NKZ10-438）、「推論式的一般者と云ふのは、自己の内に自己を映すもの」（NKZ11-101）と述べ、この考えを重視している。またこの視点から、「先づ考へる自己そのもの、主観そのものが、深く反省せられなければならない。これが従来の哲学に欠けて居るのである」（NKZ11-74〜75）と述べ、これまでの西洋哲学全般を根底から批判したこともあった。

他にも栂尾には西田と類似する思想が見られる。例えば西田の「弁証法的世界」と「デモーニッシュなるもの」に類似する内容として、栂尾は次のようにも言う。

思うに、本当の我の姿たる「生」そのものの本質は、次から次に、創造し進展しで、動くことであり、働くことである。この動きや働きを離れては、「生」そのものの実相を認識することも、把握することも出来ないのである。しかるに、動いたり働いたりするためには、矛盾、対立ということが必須条件になってくる。あたかも河の水が流動するためには、上下高低の対立が必要であり、人間が動作し歩行するためには、足の進行と大地の抵抗との矛盾がなくてはならぬようなものである。……すなわち、この矛盾対立があればこそ、一切のものは生きて働くことが出来るのである。されば「生」そのものの内容として、この天地間にありとあらゆる一切のものは、何一つとして、この矛盾対立を包蔵して居らぬものはないのである。(23)

そして「この矛盾対立の差別をそのまゝにして、その見方、うけとり方、扱ひ方の上から、これを生かし、これを更新し、これを一段高き次面に於て、包容し総合することを、密教では、二而不二（Dvaita-advaita）とか、差別即平等とかいふのである」[24]と述べる。

西田は対立に関する説明として「私が働くといふには、私に抵抗するものがなければならぬ。……私が物を押す時、物が私に抵抗すると考へる」（NKZ7-110〜111）とか、「自己自身を限定する特殊者は何処までも他と対立的意義を有ったものである。……現実の世界はかかる特殊者と特殊者との対立の世界である」（NKZ7-205）と言う。

那須もまた「無限と有限、心と物、仏と凡夫との対立ほど普遍的なものはない。そしてそれと同時に、その対立を溶融しようとする努力ほど激しくて深刻なものはないであろう。それはじつに宗教的意識の出発点である。宗教はこの矛盾から出発する」（NSC1-215）と述べており、基本的な認識は類似する。しかし、対立する世界は凡夫の見ている仮の世界であって、本来は一体化された世界であり、如来の世界であると説く。例えば那須は次のように言う。

造るものと造られるものとの対立のないところ、考える私と考えられる外の世界との相対観念のない境地、そうしたところに本不生際が開けてくる。そしてその方向に如来の心境が息づいてある。「ある」と云っても、普通の「在る」ではない。「在る、無い」を越えた「在る」である。つまり有無とか内外とか能所とか、一切の分別を超えて、無分別の当所に如来の心がある。[25]

西田の言う「現実の世界」は対立の世界である。西田は対立の状態やその先の働きを見ているのに対し、那須は「その方向」にある「如来の心境」を重視していると言える。

また、西田は「デモーニッシュとは広義に於て何処までも深い歴史的形成的なるものを意味するのである」(NKZ10-111)、「我々の自己を動かすものがデモーニッシュと考へられるものである。それは単に我々の自己を否定するのではない、之を否定すると共に之を包み之を活かす力を有つたものである。……歴史的世界に於ては、いつもかゝるデモーニッシュな力が働いて居る」(NKZ10-108)と述べる。ゲーテの言うデモーニッシュなるものとの違いについては、「ゲーテも、デモーニッシュなるものは、矛盾に於てのみ現れ、如何なる概念、如何なる言葉を以つてしても捉へることはできない、それは神的でもなければ人間的でもない、悪魔的でもなければ天使的でもない、偶然に似て居るが摂理的でもあると云ひ……特に不可思議な事件の中に現れると云つて居る。……私はそれは歴史的形成作用の根柢に於て云はれなければならないと考へるのである」(NKZ10-126～127)と述べている。この意味では、西田の言うデモーニッシュなるものとは、ゲーテから表現を借りつつも、栂尾の言う「生」そのもの、つまり「次から次に、創造し進展しで、動くことであり、働くこと」のほうが近いようである。同様の意味で西田は、「我々が生れるといふことが既に宇宙的衝動によつて生れると考へることができる」(NKZ7-373)、「我々の行為と考へられるものは宇宙的衝動によつて基礎附けられると考へられねばならない」(NKZ7-374)と述べ、「宇宙的衝動」という概念を提示することもある。

栂尾の言う「生」に該当するものとして那須は次のように言う。

元来世界は万物を総括的に表現したものにほかならないのであるから、世界というものが現実の当体を離れて別個に存在しているのでないことは言を俟たない。個々の存在そのままが世界なのである。だから我々人間の生命を始め万物の生命というものは、そのじつ世界生命なのである。生命的世界が縁起的創造を進めてゆくその過程がすなわち万物の流転なのだから、万物の生命はいずれも万物固有のものではなく、宇宙自体の生命的発展がすなわち万物の現象となっているにすぎない。(NSC2-43～44)

その他にも「もし我々が本不生際に入って自己及び一切万物の如実相を覚知し、絶対無所有に住することになれば……そこにはただ全個一体の絶対生命が活動するのみ」(NSC6-78)と述べることもある。那須の場合は、やはり本不生際の「全個一体」を強調する。

栂尾は次のようにも言う。

この全一としての本当の我が、現在の一瞬に、過去の一切時を宿し、未来の一切時を孕んで、その一瞬一瞬を永遠に生きている。その本当の我の心神いかんといえば、それは宇宙の一切の心に連りて一体をなし、その本当の我の身体いかんといえば、これまた一切に連りてその数量に限りなく、単に人体のみでなく、山も河も草も木も、いやしくも、天地間に存在する、ありとあらゆる形象は、一としてこの本当の我の姿にあらざるはなく、また、身体でないものはないのである。

かくて、本当の我の身心が、その内容としての宇宙一切を網羅し、その一事一物が、各々に、無限を絶対に生きているとともに、その各々が、独自の立場から、各々にその表現を異にして、たがいにその妍を競いつつ、全一としての本当の我の内容を、充実し荘厳しているのである。この内容としての各々がたがいに荘厳し荘厳されつつ、一瞬一瞬を、無限に絶対に生きている本当の我の実相をば、大師は秘密荘厳とも、「無尽荘厳、恒沙の己有」とも説かれているのである。[26]

上記のうち「過去の一切時を宿し、未来の一切時を孕んで、その一瞬一瞬を永遠に生きている」は西田がエックハルトやアウグスティヌスから手掛かりを得たとされる「永遠の今」(NKZ6-182)と類似する(第四章参照)。那須は、これについては「永遠の今」(NSC2-253)とそのまま述べたり、「常恒現在時」(NSC6-158)と同じだと考えたりしている。

栂尾が述べた「山も河も草も木も、いやしくも、天地間に存在する、ありとあらゆる形象は……各々にその表現を異にして、たがいにその妍を競いつつ」の部分は、「山も川も表現的でなければならない」(NKZ7-71)と考える西田の「表現的世界」(NKZ7-119)と言い回しまで類似する。那須も同様に、「大自然を概観すると、万物はそれぞれ固有の相をなし、その相の上に、そのもの特有の意味や価値を表示している[27]」と述べる。この栂尾と那須の思想の原型は、空海が述べた「乾坤は経籍の箱なり」であろう。

「全一としての本当の我」があるとする栂尾の思想は、時に「物我一如の遊戯三昧[28]」と表現されることもある。この言い換えを意識すると、西田の言う「我々は物に於て自己を見、物を自己と考へる、我と物と一と考へる。……併しさういふ場合、普通考へられる如く、自己といふものがなくなるのではない、自己が単に物となるのではない。却つて自己が真の自己となることである」(NKZ8-343)、「私の所謂物となつて考へ、物となつて行ふ所に、我々の真の自己があるのである」(NKZ10-289～290)など、西田の述べる「真の自己」と通ずるようである。栂尾の場合は「宇宙の一切」と一体になって「本当の我」になることを強調しており、「物我一如」はその一様相に過ぎないが、西田は「物と一」になって「真の自己」になる様相を特に重視しているようである。あるいはより晩年に近づくと、働くとは「自己自身を否定して自己が世界の自己形成力となることである。内が外となることである。かゝる意味に於て、私はいつも物となつて働くと云ふのである」(NKZ11-195)とか、「我々が働くと云ふことは、我々の自己を要素として、世界が自己自身を形成することであり、世界は何処までも矛盾的自己同一的に、作られたものから作るものへとして、我々の自己は作られて作るものであるのである」(NKZ11-195)など、働くことを世界の自己形成力と関連づけて説明し、「我々の自己」を世界の自己形成力と重ね合わせる傾向にある。
那須が述べる「本当の私」は以下の通りである。

私たちの食事中のことを例にとって見るに、普通私たちは食事する時、何も考えず、ただひたすらに食事することに成りきっている。私が食事をしているとも考えないで食事している。食事する私と、食されている食物とが、混然一体となって、食事するという行為に成りきっているのである。自宅を出て電車の停留場へ歩いてゆく時、私たちは何等格別の考もなく、ただ歩いてゆく、私もなく、道路もなく、ただ歩くことの事実があるばかりである。自転車に乗って走るときもそうである。今自転車に乗っている私を意識することもなく、ハンドルをどうするとか、ペダルをどう踏むとかなどを意識するでもなく、ただ走ることにすべてが集中して走る現実のみがある。

このように私たちの生活において、私が無い場合が多い、ただ無心に生きている。こうした時は、私と外の世界とが一体となっている。そしてその場合私の生は最も能く統一せられ、私が苦楽を越えて生きているのである。今の証金剛身の場合も同じであるが、ただ溶け込む境地が、本尊という無限絶対者である点が異なるだけである。その無限絶対者は宇宙の根本原理であり、また宇宙に普遍する遍照尊である。そしてその本尊は、この私の実体なのである。

今この私が本尊と一体となるのは、つまり私が本当の私になることである。本当の私は永遠に変わらぬ金剛身である。その金剛身は私（常識上の私―原文）の無い私（本当の私）である。[29]

あるいは同様に「本不生の道理に徹すれば、常識的自己は解消して本当の自己が現われてくる」（NSC4-167）とか「真実の自我というのは相対的自我を乗り越え、無限絶対の当体そのものである。つまり普通にいう自我のないところに活動している無体の自我こそが、真実の自我である[30]」と述べる。

西田と両者の大きな相違点として一つだけ挙げるなら、『哲学の根本問題』以降の西田は、近代的な科学をこうした立場から説明しようとしたことである。経験科学全般（NKZ9-223～304）、物理学（NKZ11-5～59）、数学（NKZ11-237～284）を自分の立場から解説しようとしたことは、西田による最も興味深い試みと言える。栂尾や那須は、こうした論証を本格的に試みたことはないようである。つまり、このように近代の真言密教と類似ないし一致した立場から本書の第二部に該当する考察をしたことにこそ、西田哲学の最大の特徴があると言えるのである。

四、近代に於いて一時的に存在した思想

次に、西田と類似する思想が、栂尾や那須のどこに主に出てくるかを問題にしたい。真言宗は、在家への働きかけが弱かったという反省が近代以降に起こった（SS17-427等）。そのため、栂尾は

「凡聖不二」を前提とし、在家に向けた教相を言説において固め、その次に下化衆生が行なわれる過程を考えていたようである。

那須も同様の作業をしており、その哲学的な言説を形成するのに、西田を補助線として利用した。那須の弟子に当たる小室裕充は近代真言宗の信仰として、「在家信仰」「教師信仰」「学者信仰」の三種類があるとしており、昭和初期まで「在家信仰」が広く行われたが、戦後は衰退したという(31)。「学者信仰」は仏教学者の信仰であり、「教師信仰」は出家僧の信仰である。栂尾や那須が「生活」や「安心」をキーワードにしてその理論を形成しようとした内容が「在家信仰」と呼ばれるものと考えられる。

栂尾と那須における「在家信仰」の教相の書としては、以下をあげられる。

栂尾祥雲『密教思想と生活』一九三九年、『真言宗読本 教義篇』一九四八年、『弘法大師の宗教 生きぬく宗教』一九八三年（序文は一九四八年）

那須政隆『真言宗安心大意』一九三八年、「真言の哲学」一九五八年、『真言道を往く』一九七一年、『本覚より帰命へ』一九七五年、「真言宗の教理」一九七六年

この他、西田が序文を寄せた高神覚昇『価値生活の体験』（紀元社書房、一九二二年）もある程度類似した書である。高神は「世間をすててさとりすました聖者の生活は、少くとも私どもの目的で

はない」(TKS1-85)と述べ、同一の文脈で智山大学の恩師であった野崎廣義と「我等の恩師西田博士」(TKS1-94)について言及している。

西田の立場は、間違いなく在家である。例えば「現実の世界とは如何なるものであるか。現実の世界とは……我々が之に於て生れ之に於て働き之に於て死にゆく世界でなければならない」(NKZ7-217)と述べるように、生れ、働き、死ぬという表現は何度も見ることができる(NKZ7-89、8-318、10-352、10-512等)。「宗教と云へば、此日常経験の立場を離れて、神秘的直観の如きものとでも考へられるかも知らぬが、かゝる宗教は無用の長物たるに過ぎない。宗教とは我々の日常生活の根柢たる事実でなければならない」(NKZ10-120)と「日常生活」を強調することもある(NKZ8-327、9-48、9-328、10-117等)。西田は「働く」の具体例として「大工が家を造る」(NKZ14-268)とか「大工」を挙げることが最も多い(NKZ7-274、8-34、9-151、10-351等)。真言教学に於いて在家向けの教相を固めるのに、西田哲学が補助線として利用できるのは、西田が在家的性質を明白に持っているからであろう。

一方で、このように在家向けの教相をまず哲学的に固めるという考究は、那須の弟子に当たる宮坂宥勝には見られないようである。松長有慶、福田亮成など、比較的最近の学僧にもこの種の議論は少ないと言える。小室裕充は那須の問題意識を引き継ぎ、『仏教教化学のすすめ』(渓水社、一九九四年)を記しているが、これは哲学的な内容をさらに具体化したものと言える。

また、栂尾よりも先輩にあたる権田雷斧《ごんだらいふ》(一八四七〜一九三四)、金山穆韶《かなやまぼくしょう》(一八七六〜一九五八)

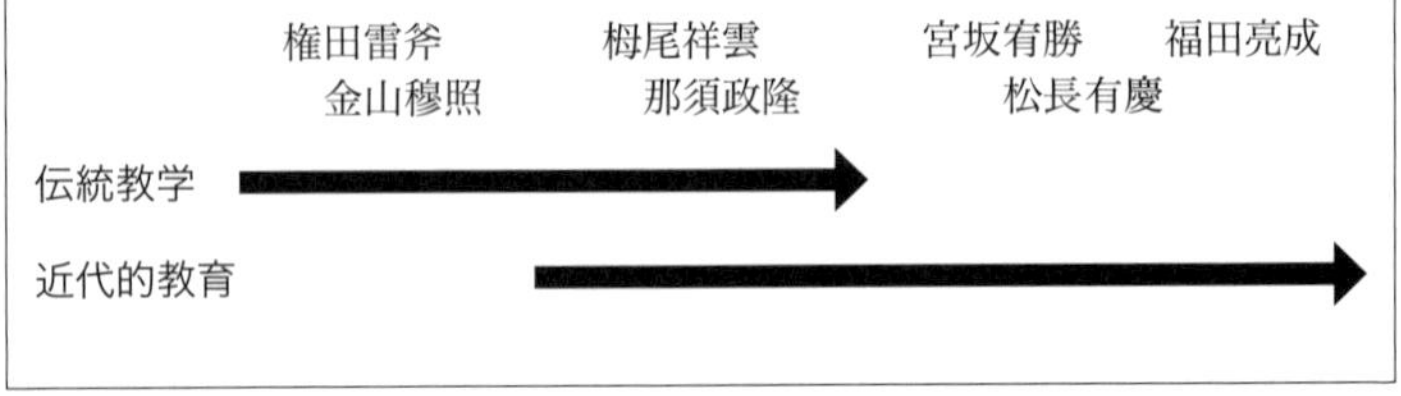

図１：真言宗の伝統教学と近代的教育の世代別イメージ

は近代的な教育は受けておらず、西洋思想の摂取は見られない。金山は西田哲学と真言宗の類似性に気づき、柳田謙十郎と共著で『秘蔵宝鑰』と『弁顕密二教論』の概説書『日本真言の哲学』（弘文堂書房、一九四三年）を出版したが、在家の教相ではなく出家者の教相をしかも古典注釈の形で書いたことで、十分に類似性が示せなかった。栂尾より先輩でドイツ渡航経験のある神林隆浄（一八七六～一九六三）には、一部西田と近い部分がある[32]。西田と類似する思想が示せる真言僧は、近代的な教育を受けた世代であることが必要条件のようである。

第一に伝統教学がまだ健在であり、第二に近代的な学問が輸入され始めた時代で、「在家信仰」の教相を哲学的に固める考究が行われた。この考究に於いて、真言密教の理論に西田との類似性が見られるのである。

現代真言宗と近代真言宗の相違について、具体例を挙げれば『大日経』「住心品」の「住心」について、那須は「『住心』といっているのは、自心に住するという意味であり、如実なる自心を覚知し、五転（＝菩提心の発展―引用者）を自心本具の功徳として体得し、そうした三昧に入住する法門であるから『住心』といっている」（NSC6-225）

と述べる。「自心」について既出のように那須は「人間的存在の全部を指した語である」（NSC2-233）とする。

松長有慶によれば、那須の「三昧に入住する法門」という見解は「伝統教学では一般的」であるが、「サンスクリット語を忠実に訳したとされる現存の『大日経』のチベット訳では、この品名は『心の差別を説く品』[33]」となっているという。那須が則る伝統教学の読み方は、「自己の於てある場所」（NKZ10-175）、「自己の於てある空間」（NKZ10-241）を論ずる西田と近親的であった。戦後以降の、現代真言教学における「住心」は、あくまで心の問題であり、この意味では西田（特に後期西田）との近親性も薄まっている。

先に記したように、那須は古義新義の真言宗に於いて伝統教学最後の継承者と言われる（NSC6-427）。逆に言えば、伝統教学を次の世代に伝えられなかった世代である。これについて那須は「かつて大正大学に在任中『大日経口疏《くちのしょ》』（＝『大日経疏』の住心品―引用者）を講じたことがあったが、週一回の講義ではいかに努力してみても一年間に全体の三分の一程度しか進まなかった。したがって学生にとって残りの三分の二は一生涯聴講の機会もなく終わってしまう状態であった。それは大学の単位制度に起因する欠陥であると考えられるが、いずれにしても、昔小衲などが学んだ当時のように、必要課目全体にわたって完全に講了することはほとんど望めない実状にある」（NSC6-209）と言っている。戦後の大学教育は、密教にとってデメリットもあるものだった。

五、西田が近代真言宗から学んだ可能性

智山大学に於いて西田は弟子の野崎廣義と共に教壇に立ち、若き真言僧たちを教えた[34]。智山大学の側では、西田の講義の様子について次のように記している。

西田博士は（一九一六年の―引用者）四月から宗教哲学を講ぜられてゐる。博士は人も知る非常な篤学者で我が思想界の重鎮である。先生の一言隻句はこれみな人格の迸しりで、学生は先生の講義に接する時は自から襟を正し、いつも幽玄の神秘に導かれて酔はされるのである。（句読点補記）[35]

他宗の在家である西田によって、出家した真言僧たちが「酔はされる」事態は、「凡聖不二」を強調した近代真言宗ならではと言える。那須によれば、大学当局の指導で西田の講義は全学生が出席することになっていたという[36]。

一九一九年六月十七日、智山大学で開山誕生会（＝覚鑁の誕生祝い）を兼ねた新築講堂落成祝賀式が催された際に、西田は記念学術講演を行い、真言宗について「一の象徴（Symbol）の様なものによつてその真実在の世界を体得しやうとする芸術的直観の宗教ではなからうか。／若しそうす

るとならばそれは現今の理想主義（＝ベルグソンや新カント派―引用者）としつくり結付くべきものではなからうか」と述べた[37]。

日記によると西田は一九一三年十一月十一日「始めて智積院に行く」（NKZ17-325）とあり、授業期間は週一回通っていた様子であり、一九二一年五月二日「昨日午後智山も佛大（＝龍谷大―引用者）も休んでしまつた」が最後の記述なので（NKZ17-390）、足掛け十年智山大学に通ったことになる[38]。

一九二九年四月に智山大学は智山専門学校となって東京府北豊島郡石神井村（現・練馬区上石神井）に移転した。西田は一九三三年十月九日に同校で「行為の哲学」と題する講演を行っており、退官後も引き続き交流が確認できる（CG5-301）[39]。「働くことは働かれることでなければならない」（NKZ9-169）、「受働的なると共に能働的」（NKZ8-202、203）という考えを重視した西田は、真言僧に教えることで何を教わったのか。

西田は「自然科学的知識と考へられるものすら、社会的・歴史的と考へられる所以のものがあるのである」（NKZ7-145）と述べる。西田哲学自身もまた、大正・昭和初期の京都という「社会的・歴史的限定」（NKZ7-92）に於いて考えられる。

『善の研究』以降、西田は「幾多の紆余曲折の後、余は遂に何等の新らしい思想も解決も得なかった」（NKZ2-11）と述べ、一度は行き詰まった。これと前後して『大日経』の「如実知自心」を強調する近代真言宗の総本山に足掛け十年通っている。一九二七年七月二十四日、西田は「自己の中に自己を映す」（NKZ4-127）を強調する『働くものから見るものへ』を脱稿したのであった（NKZ17-439）。

後年には「哲学をやるのは鉱山を掘るようなものだ。自分はたまたま山を掘りあてたにすぎない」[40]と西田は言った。高神覚昇『価値生活の体験』（紀元社書房、一九二二年）に寄せた序文で西田は「我国が承け伝えた印度や支那の聖典は恰も近代式精錬を加えない鉱物の如きもの」（TKS1-11）と言っている。仏典を鉱物に喩えていることを重視するならば、西田は真言宗を掘りあてたという意味にも解釈できる。

西田は「ギリシヤ哲学には尚何処までも非合理的な物質や、無限に深い自己といふものは考へられなかつた。ギリシヤ哲学には尚底の知れない事実なるものは考へられなかつた」（NKZ7-220）と述べている。「非合理的な物質」「無限に深い自己」「底の知れない事実」とは密教的世界を思わせる。

那須は三木清の言う「実行」「実践」の概念を批判して、「本不生の境地の法身如来と自分とが一体になる、言い換えれば自分自身が本不生そのものの境地になりきる」という考えが足りないと述べる（NSC3-438～439）。三木が顕教の領域に留まり、密教の世界を知らなかったという批判だと解釈できる。こうした観点も含め、那須が西田を批判的に述べたことは皆無である。

次章以降、西田と密教の関係について歴史的考証と思想的分析をさらに進めたい[41]。

終わりに

西田、栂尾、那須の三者に共通して見られる思想は他にもある。以下、ここで論証しなかったものも含めて箇条書きにしたい。

一、「自己」の重視。「自己の中に自己を映す」（西田）と「如実知自心」（大日経）。
二、行為的直観と「修即証」、三摩地即菩提。例示としての「花を見る」（西田、那須）。
三、宇宙の「生」、デモーニッシュなるもの、「宇宙的衝動」（西田）、「本当の私」と「真の自己」。（今回は省略したが、生ゆえの「欲」の肯定という理趣経的価値観、煩悩即菩提）。
四、万物は表現をしている。「表現的世界」（西田）。「乾坤は経籍の箱なり」（空海）。（今回は省略したが、類似する思想として一切智智、万物には智慧が宿っているとする世界観。「叡智的世界」（西田））。
五、「永遠の今」（西田、那須）、「常恒現在時」。
六、一神教的かつ多神教（ないし汎神論）的宇宙観（一即多、多即一）。
七、ヒューマニズムの立場。

廃仏毀釈の反省から、近代の真言宗は「凡聖不二」を強調して世俗の思想を重視した。智山派が西田に敬意を払っていたのは、「凡聖不二」に於いてであると言ってよい。現在では残念ながら、かつての智山派が西田を尊重した事績も風化しつつある。生涯にわたって西田への学恩を忘れなかった那須は、「古いタイプの最後の宗学者」(NSC6-426)と言われることもあったという。

（注）

（1）大正大学真言学智山研究室編『那須政隆博士米寿記念佛教思想論集』成田山新勝寺、一九八四年の目録（七〜二四頁）では、著作三四冊、論文五三本、「論説・講話・随筆」八六本が記載されている。入寺得度・晋山住職寺である龍照院（愛知県海部郡蟹江町）には二〇一九年四月三十日に訪問し、筆者は生前の那須政隆をよく知る静顕長老（前住職）にインタビューできた。

（2）「新義真言宗智山派私立大学智山勧学院」が正式名称である旨は、『官報』第四九五号三頁、文部省告示第四五号、一九一四年三月二十六日付。

（3）那須政隆「わが懺悔録」『大正大学学報』第五号、大正大学、一九五四年、二〜五頁。

（4）那須政隆博士賀頌編輯事務局編・発行『那須政隆博士米寿賀頌』一九八二年、九六頁。他にも「西田幾多郎博士の哲学概論、谷本富博士の社会学などは私の向上心をそそるのに充分であった」と述べる。那須政隆「智積院の思い出」『大法輪』一九七二年十二月号、大法輪閣、四四頁。

（5）宮坂宥勝「智山教学について（一）—近代教学のあゆみ—」『現代密教』第一〇号、智山伝法院、一九九八年、六〇頁。那須は「真言宗僧侶一般の傾向をみますと、どうも通仏教的になりがちで、なんとなく真言宗独特の香りがない」(NSC3-287)とし、通仏教主義から距離を取る。その一方で「新古両学派にわたる多くの学匠について子細に検討すれば、なお多少の異説もないではないが、しかしそれらは要するに語句や表現の相違であって、思想的にはことさら取りあげるに値する相違はみられない」（NSC1-98）とか「宗家疏家両祖の間に全然相容れないような相違はない」（NSC6-220）との立場を取る。

（6）山本隆信「伝統的な『大日経』研究とは何か――本宗における『大日経』講伝開筵に向けて――」『現代密教』第二七号、智山伝法院、二〇一六年、六八頁も参照。

（7）成田山福祉教化研究会編・発行『那須政隆猊下講話集』、一九八二年、一七一頁。

（8）近世の安心問題は、栂尾祥雲『密教思想と生活』高野山大学出版部、一九三九年、二九一頁。

（9）大塚信一『醍醐寺大観』第一巻、岩波書店、二〇〇二年、一七頁。

（10）前掲、『密教思想と生活』二九四頁。明治期の真言宗の展開については、小室裕充「近代真言布教学史―明治期―」吉岡義富編『仏教と哲学』智山学報特別号、通巻三八号、智山勧学会、一九七四年、小室裕充『近代仏教史研究』同朋舎、一九八七年。

（11）野澤密全については、同「自叙伝」『宗政三十年想い出の記』信貴山玉蔵院、一九六五年、服部如実は『密教学』第八号、服部教授追悼号、種智院大学密教学会、一九七一年。

（12）那須の弟子である小室裕充は近代真言宗の特徴として「弘法大師よりは大日如来を、大師の教えよりは密教の教えといった傾向」を帯び、智山派では「大師即大日」が説かれたとする。前掲『近代仏教史研究』二三九頁。一九四〇年に古義真言宗で『密宗安心教示章』の改訂版を作成しようとした時も、やはり大日如来を中心とすることに落ち着いたという。寺河俊海『真言宗布教史』高野山真言宗布教研究所、一九七〇年、一八八頁。

（13）西田もまた「絶対否定を媒介とする歴史的制作的としての客観的人間主義への立場の転換が要求

せられなければならない」(NKZ9-64)と述べ、新しい時代のヒューマニズムについて、青写真を描いている。「普通は人間の存在を外(=自然環境―引用者)から考へるのであるが、私は人間から逆に外を考へるのである」(NKZ14-211)と述べる。

また、那須の述べる「修行無用論」のような主張はしばしば批判の対象となり、渡邊照宏による継続的な論難があった。この経緯を資料紹介と共にまとめた論文として、山本匠一郎「真言宗の安心論――那須・渡辺論争をめぐって」『蓮花寺佛教研究所紀要』第一号、蓮花寺佛教研究所、二〇〇八年。

(14)那須政隆『釈摩訶衍論講義』成田山新勝寺、一九九二年、二〇九頁。

(15)那須政隆『《即身成仏義》の解説』成田山新勝寺、一九八〇年、一二四頁。那須政隆『密教が教える変幻自在の生き方』KKベストセラーズ、一九八七年、二一四~二一五頁。

(16)前掲『《即身成仏義》の解説』一五三頁。

(17)同書二〇頁。

(18)前掲『密教が教える変幻自在の生き方』二〇五頁。

(19)那須は、「無分別智は能所を越えた神秘的直観に対応する智恵と言って可いであろう。弘法大師の場合には、無分別智に対応する境地を真言秘密蔵と呼称する」と述べる。那須政隆「弘法大師の秘密蔵」『インド古典研究Ⅳ 神秘思想論集』成田山新勝寺、一九八四年、二一三~二一四頁。一方で西田は、行為的直観とは、能動と受動(所動)を越えた直観であり、行為的直観を思わせる。能所を越えた直観によって達することの出来ない世界に「神の言葉」があると述べたこともあったが(NKZ7-428)、後に修正され、「働くものとして絶対無限の客観的表現(所謂神の言葉―原文)に対する時、我々は自覚的となるのである」と述べている(NKZ9-47)。

(20) 栂尾祥雲『真言宗読本 教義篇』高野山出版社、一九四八年、一六～一七頁。
(21) 例えば栂尾祥雲『弘法大師の宗教』(臨川書店、一九八三年)では、ベルグソン(一八、二二頁)、ジェームズ(一八頁)、ニュートンとケプラーの宇宙観(四五～四六頁)、エックハルト(五四頁)をあげ、真言密教との共通性を主張する。
(22) 前掲『密教思想と生活』一二頁。
(23) 前掲『真言宗読本 教義篇』三一～三二頁。
(24) 前掲『密教思想と生活』三一頁。
(25) 前掲『《即身成仏義》の解説』一九〇～一九一頁。
(26) 前掲『真言宗読本 教義篇』一四六～一四七頁。
(27) 前掲『《即身成仏義》の解説』一九七頁。
(28) 前掲『密教思想と生活』七〇頁。
(29) 前掲『《即身成仏義》の解説』三三頁。
(30) 那須政隆『《吽字義》の解説』大本山成田山新勝寺成田山仏教研究所、一九八五年、一四九頁。
(31) 小室裕充『仏教教化学のすすめ』渓水社、一九九四年、三～四頁。また金岡秀友『密教の哲学』(講談社、一九八九年)は「日常生活にあらわれた密教的諸傾向」(同書一四頁)はこの書では論じないとしており、これが「在家信仰」に該当するようである。
(32) 神林隆浄『弘法大師の思想と宗教』(大東出版社、一九三二年)では冒頭で「宗教的感化も、民衆の教養も、それ等は悉く大師の哲学的思想に根ざして居ることをしらねばならない」(同書一頁)とか、「吾人は今大師の思想を記述するに当り、大師の哲学的思想の側のみを注意して行かうとするのである」(同書二頁)と述べ、「哲学」に強い関心を示す。

(33) 松長有慶『大日経住心品講讃』大法輪閣、二〇一〇年、八〇頁。
(34) 智山大学における西田と野崎廣義の様子について、例えば次のような追憶がある。「或日学校の時業（ママ）が済んで西田先生、野崎先生とが教授室から玄関の沓脱場へ出られた。先に降りられた野崎先生は老体の師を助けて恭しく其の靴を穿かして居られた。／そして校門を出る時、西田先生の後からつつましくとぼ〳〵と歩いて行かれた。／美しい人格と人格とが接触して火を発して居る様に思はれた」。小野劉「野崎一宮先生追憶記」(CG2-187)。
(35) 「当大学の近況」(CG1-520)。
(36) 前掲、那須「わが懺悔録」三頁。
(37) 西田幾多郎「現今の理想主義に就て」(CG2-261、414)。新版『西田幾多郎全集』第十一巻（岩波書店、二〇〇五年）五三三頁にも収録されているが、これが智積院における開山誕生会兼新築講堂落成式の記念学術講演であった旨は記載がない。この講演は、西田が智積院で如何に尊重されていたかを物語る重要な出来事と言える。
(38) 『智山学報』（興風会文芸部発行）に記載の「本大学現教職員氏名」では、一九二二年六月二十五日発行の第一〇号まで西田の名前が記載されている（CG3-105）。翌年七月十五日発行の第十一号の名簿に西田の名前はない（CG3-245 以降の折り込み頁）。
(39) 西田の日記は一九三三年六〜十二月、記述自体がない（NKZ17-495）。
(40) 下村寅太郎編『西田幾多郎 同時代の記録』岩波書店、一九七一年、二九〇頁。
(41) 西田は一九〇二年七月二十二日から八月十五日、和歌山、奈良、京都、滋賀で古寺巡礼をし、紀三井寺に参拝して高野山にも登っている（NKZ17-86〜88）。高野山については、後年その思い出について言及している（NKZ18-277〜278、19-238）。

また、学習院時代に豊山大学でも教鞭をとっており、「豊山にゆき真言の僧より阿字観などの話を聞く」(NKZ17-244)、「豊山に行く。加藤精神といふ真言の僧は面白き人なり」(NKZ17-248) などの記述もある。

一九三九年五月十六日には、次のように書いている。「山科より醍醐に行く。三宝院をくまなく廻り、それより仁王門前より朱雀天皇御陵、醍醐天皇御陵を経て、小野の随心院にゆく。又勧修寺に行き、バスにて三条まで帰宅」(NKZ17-596)。この日に訪れた寺院はいずれも真言宗である。

第三章　「場所」の論理と高神覚昇

「真の慈悲は一転して、不動の怒の焔ともなり、降魔の剣ともなるのである」（NKZ10-473〜474）
（西田『哲学論文集　第五』より。西田はこの文を一九四二年に書いており、これ以前に高神覚昇『不動信仰への道』不動全集刊行会、一九四〇年が出版されている）

初めに

第二章では智積院の境内にかつてあった智山大学について取り上げ、最も大成した学僧であった那須政隆について論じた。本章では、那須と双璧とされた高神覚昇を論じる。

本章は、中期以降の西田の最重要概念である「場所」が、高神に深く関係した思想であることを考察する。後に述べるように、西田が「場所」という言葉を初めて特別な意味で使ったのは一九二四年である。西田については、大まかに数えただけでも、この一〇〇年間に優に一〇〇〇人を超える研究者が論文を書いており[1]、西田哲学に挑んで結局論文を書かなかった研究者も多数いたと想像できる。西田哲学の「場所」の概念が重要であることは、当初から知られていたが、「場所」の正体は解明されなかった。今までは「場所」について論述を避けるか、「場所」についてその概要を簡単に紹介したり特徴をいくつか指摘したりするのみであった。西田がこの概念をどのように思いついたのか、歴史的経緯などの説明はできなかったのである。

本章の考察は、「場所」についてどのような経緯で西田が考えたのか、初めて正面から論じ、その正体に迫るものである。「場所」は西田が交流を持った近代の新義真言宗智山派から考察されるべきであり、そのことによって初めて西田の思考が明確になるはずである。そして結論を先に言えば、「場所」とは高神覚昇が説明する胎蔵曼荼羅が手掛かりになって誕生した思想と言える。

一、野崎廣義と高神覚昇の略歴

高神が智山大学で特に親炙したのが、西田の弟子の野崎廣義だった。そこでまず、野崎と高神の略歴についてまとめておきたい。野崎の略歴は野崎三郎「亡兄の略年譜に代へて」(Nb210～224)が詳しい[2]。一八八九年四月八日、富山県射水郡七美村の生まれ。一九〇六年九月、第四高等学校に入学して西田幾多郎に教わる。

一九〇九年九月東京帝国大学独法科に進学するが、西田が京都帝国大学に着任したと聞き、一九一〇年九月京都帝国大学文科大学に転学し、再び西田に師事した（Nb217）。

一九一三年七月に卒業し、一九一四年九月、智山大学講師に迎えられ[3]、西洋哲学史と論理学の講義を担当した（Nb221）。生前はG・ライプニッツの「モナドには窓がない」にちなんだ「無窓」を号とする。一九一七年六月一七日、心臓発作で突然死した。享年二八。

一九二〇年七月、私家版の遺稿集『無窓遺稿』が小笠原秀實によって作成される。後年、務台理作と高坂正顕が再編集し、一九四二年九月『懺悔としての哲学』（弘文堂書房）として出版された。西田は跋で「野崎君の死は余に取つては自己のいくらかゞ奪ひ去られたやうに思はれ、言ひあらはすことのできない一種の寂しさを感ぜざるを得ない」（Na跋3、Nb185、NKZ13-203）と述べた。

高神覚昇は一八九四年一〇月二七日、愛知県海部郡市江村の生まれ。二歳で三重県鈴鹿市の林光寺（新義真言宗智山派）住職・高神覚明の養子となる[4]。一四歳で得度を受け、長じて智山大学に入学し、谷本富[5]、西田、野崎に師事する。一九一六年三月に卒業後、大谷大学で再び西田に教わり、佐々木月樵にも学ぶ。東大寺に留学して佐伯定胤に学び、一九二〇年四月、智山大学助教授に就任した（一九二八年四月教授）。

高神は、野崎の思想を主要テーマとした『価値生活の体験』（後述）を一九二二年、谷本と西田の序文で出版。その後も『仏教序説』（一九二四年）、『密教概論』（一九三〇年）などを世に送る。

一九三四年四月末から二週間、ラジオで全国放送した「般若心経講義」は反響を呼び[6]、友松圓諦と共に全日本真理運動を起こし、啓蒙家・運動家として活躍した。一九四二年真言文化協会理事長に就任。一九四七年糖尿病になり失明した。一九四八年二月二六日示寂。享年五三。

高神は晩年まで自宅を「無窓庵」、主宰する全寮制の私塾を「無窓塾」と号し、野崎の思想を継承しようとした。智山大学における西田の弟子で最初に頭角を現したのは高神であり、野崎亡き後、西田にとって高神は特別な存在であった可能性がある。

二、共通して三者が追った問題

1、高神覚昇『価値生活の体験』

高神覚昇が二七歳の時に出版した『価値生活の体験』（一九二二年）は、初の本格的な著作であり、[7] 谷本と西田が序文を寄せた。西田の序文はこれまで出版されたいかなる『西田幾多郎全集』にも採録されておらず、西田と高神の関係は注目されていない。

高神は自序で「『一』より『六』までは各々題は異っているが、内面的に深い関係があるものであるから、読者はそのつもりでよまれたい」（TKS1-13）としており、最も重要なのは第六章「俺は俺だの哲学」であると解釈できる。この書の主題は、野崎が述べた「俺は俺だ」と言える。

2、「我は我である」「甲は甲なり」の問題

ここでは、初期西田、野崎、高神『価値生活の体験』が同じ問題を追っていた事実を確認したい。

西田は『自覚に於ける直観と反省』（一九一七年）で「自覚といふことは、如何にして可能であらうか」（NKZ2-20）という問いを立てている。西田はこの問題を「甲は甲である」（NKZ2-27）という論理形式から考え始めた。野崎が重視した「俺は俺だ」と西田の言う「甲は甲である」は、「自覚」をどう捉えるかを巡って、重要な考察であったと言って良い。

「自覚」とは「我は我である」（NKZ2-59）と言い換えることもできる。西田は次のように言う。

我が我の同一を知る、知る我と知られる我と同一である、斯く自覚することが我の本質であり、我の存在理由であつて、此の如き一々の自覚作用が我に於て事実であり、我の歴史である、我は我を反省することによつて発展するのである。（NKZ2-108）

同様に、野崎は次のように言う。

（哲学は）実は我自身の批評を目的としてゐるものである、即ち批評するものも批評されるものも我である。（Na8）

野崎の思想を紹介して高神は「故人（＝野崎）が最後に到達したる自覚の天地は、これ実に『俺は俺』の体験であった。げにこの驚くべき宣言こそ、やがてこれ哲学の最後の使命を物語るものであろう」(TKS1-89)と述べる。高神自身は、次の様に述べた。

自己の上に一切衆生を見、一切衆生の上に自己の姿を認めたる釈尊の自覚は、まさしくこれ「俺は俺だ」の体験ではないか。(TKS1-90)

三者とも「我は我である」「俺は俺だ」について、様々に考察した。その中で、高神が「俺は俺だ」を仏教の悟りに引付けたことは、後に述べるように重要な鍵となる。

「我は我である」「俺は俺だ」は、より抽象化すれば、「甲は甲なり」「AはAである」と言い換えることが出来る。これも三者が考察した問題であった。代表的な発言を列記すると次の通りである。

普通には「甲は甲である」といふことは単に論理形式と考へられて居るのであるが、此の如き形式の意味も我々に直接な意識発展の体験を離れて理解することは出来ぬ。(NKZ2-72)

「AはAである」といふ自同律に就て観ると、普通主語のAと客語のAとは内容に於てもちがった所のないものであるとされているのであるが、哲学的思惟の上では始めのAが後のAに発展するものと考へ、内容即ち意味の開展があるものとするのである。(Na198～199、Nb38)

まことに俺は俺である。それは丁度AはAであるという命題の如く、私どもにとっては説明を要せない自明の理である。しかもこの自明の真理であるこの一個の命題は、私どもの容易に説明できぬふかい意味を有っているものである。(TKS1-89)

その他「赤は赤い」も、三者は共通して取り上げた[8]。主語の「我」と述語の「我」はどのような関係か、一九二四年以前の三者の言説を断片的に列挙すると、西田は、我が我を「包含(する)」(NKZ1-101)「感得する」(NKZ1-189)「自己の中に自己を写す」(NKZ2-197)「発展していく」(NKZ2-287)、野崎は「(凡夫が超人)となる」(Nb11)「(不可思議の世界の)扉に手を掛けた」(Nb18)、高神は「見出さるる」(TKS1-74)「即したる」(TKS1-81)「至らんとする」(TKS1-137)と述べる。要するに三者とも決定的な結論に至っていない。「悪戦苦闘のドッキュメント」(NKZ2-11)は、三者に共通しており、少なくとも西田は一人で思索していたわけではなく、直弟子二人と共にこの問題を考えたのであった。

三、「仏に於て自己を見出す」と「場所」

高神は一九二四年一一月『仏教序説』を刊行した(序文は九月)。成仏について、次のように説明する。

本当の自己、本来の面目を見出すことによって、まさしく成仏するということと、阿弥陀仏の摂取不捨の本願力に乗托して、極楽浄土に往生するということと、一応は非常に異ったものの様に考えられるが、しかし仔細に考えてみると、これはつまり同一のものを異った方面より眺めたるものに外ならない。何故かというに聖道教はつまり自己において仏を見出すことであり、浄土教は仏に於て自己を見出すことである。結局両者ひとしく自己と仏とを同一世界に於て眺めんとするものにすぎない。今試みに図によってこれを示してみるとこうなると思う。(TKS9-268)

この図が、図1、2である。図2、聖道教の「自己において」の「於て」は自己を「中心として」仏を見出すという意味であろう。図1、浄土教の「仏に於て自己を見出す」の「於て」は西田の「場所」と同様である。西田は「『於てある場所』といふ如きもの」(NKZ4-218)とか「有るものは何かに於てあると考へざるを得ない」(NKZ4-225)と述べる。

西田が初めて「場所」を特別な意味で述べたのは、一九二四年一〇月一日発行の『哲学研究』第一〇三号(京都哲学会)一〇八頁、つまり次の箇所というのが通説である。(9)

私は真の自覚は自分の中に於て自分を知るといふことであると思ふ。単に主と客と一と云へば、所謂反省以前の直観といふ如きものとも考へ得るであらう、自覚の意識の成立するには「自分に於て」といふことが附加せられねばならぬ。知る我と、知られる我と、我が我を知る場所とが一つであることが自覚である。(NKZ4-127)

同じ問題を追っていた西田と高神は、一九二四年九月頃ほぼ同時に、自己が「於て」ある何かについて、初めて言及したのである。

「場所」の着想を得て、西田は「我は我である」の問題に一定の解決を得た。まず「私が私であるといふ自覚は既に場所の意義を有する。私が私に於てあることを意味するのである」(NKZ5-62)と主張した。さらに一般化され、「個物的なるものが考へられるには、すべての個物を包み之を限定する一般者といふものがなければならない。私が超越的述語面とか場所とかいふのは、か丶るものを意味して居るのである」(NKZ5-421)と考えるようになった。「甲は甲である」は、

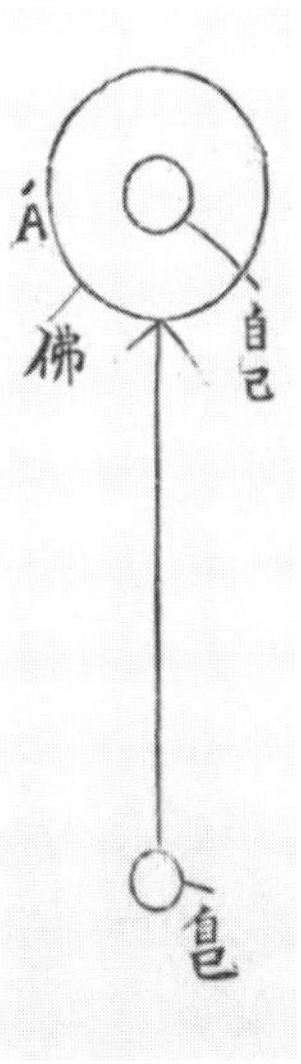

図1 浄土教の成仏(TKS9-268)

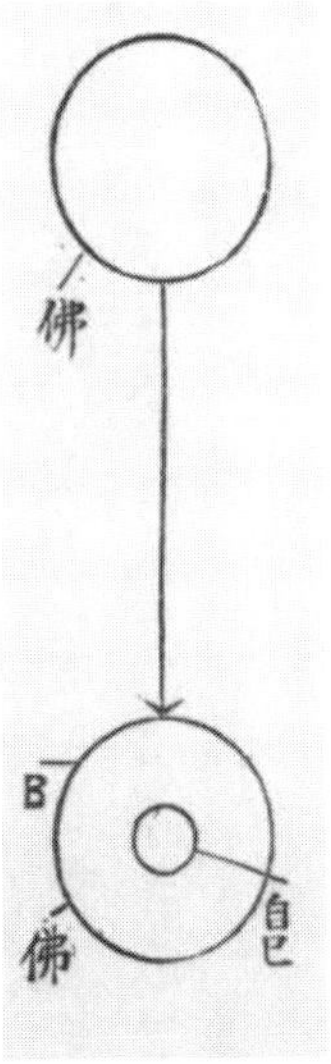

図2 聖道教の成仏(TKS9-269)

周知のように「場所」の着想から、「述語となつて主語とならないものを考へ得る」（NKZ5-35）と展開された[10]。

四、胎蔵曼荼羅と「場所」

西田の「場所」とよく似た高神の「仏」とは何か。これは大悲胎蔵生曼荼羅（胎蔵曼荼羅）をミニマリズム的に簡略化したものと考えられる。

高神は「仏に於て自己を見出す」について、『真理への思慕』（一九二六年）で再論し、「『あるもの』としての自己の上に、『あるべきもの』としての自己――一を小我、仮我といえば、一は大我、真我といわれるべきもの――を見出さねばならぬ」（TKS2-189）とし、「宇宙」が「大我」（TKS2-244）であるとする。『密教概論』（一九三〇年）では、「大にしては宇宙、小にしてはわれら個人、それはそのまま金胎両部の曼荼羅であると同時に、理智不二の法身大日如来であるのである」（TKS5-55）と述べる。「仏に於て自己を見出す」は、両部の曼荼羅が該当するが、大日如来が中央だけに描かれている胎蔵曼荼羅の方が理解しやすい。近代真言宗の特徴である「我即大日」（TKS1-221）を想起すれば、中央に我、宇宙全体を仏と解釈できる。

西田の「場所」が真言宗の曼荼羅と類似することは、上田閑照が次のように指摘していた。

曼荼羅で表されるものは私たちが存在する本当の場所であるということが言えると思います。そして、場所にあることが私たちのあり方ですから、曼荼羅が本当の場所だということは、そこに直ちに私たちの本当のあり方が表されているということです。それは人間のいわゆる深層心理の象徴的表現というようなことではなく、人間的ではないところに通じて初めて本当の人間であるようなあり方の表現であり、同時に宇宙の真実相が表されている、そういうものだということです。

私たちの人間としてのあり方は西田哲学の言葉で言えば「場所的自己」ですが、……本当の場所が曼荼羅として開顕し、本当の場所に開かれることによって本当の自分になる。したがってまたその本当の自分が曼荼羅で示される、そういうように受け取ることができるのではないかと思います。(11)

我々は、上田のこの指摘をもっと重視すべきである。真言宗の造詣が深く、長年にわたって西田研究に携わった上田は、歴史的考察を抜きにして、「場所」の正体を直観的につかんでいたと言える。

高神は『密教概論』（一九三〇年）で、胎蔵曼荼羅を図3の様に簡略化した。

高神は、「現図は左右三重、前後四重の組織であるに対し、経所説の曼荼羅は左右前後共に各三重である」（TKS5-174）と述べ、中央の八葉院を数えず、左右が三重構造、上下（前後）が四重構造になっていることに注視する。その理由について、権田雷斧『曼荼羅通解』（丙午出版社、一九一六年）を踏襲した（TKS5-185）(12)。

　権田は即身成仏へ至る過程を、外院（一番外側）から中央の八葉院への推移として読む（SS13-38～41）。一般的には左右から中央へ至る三段階であり、周囲に善知識がいない等、修行の段階が一段多くなって四段階になる個別の場合を上下（前後）で示したとする。これは権田独特の解釈と言ってよい(13)。

　これを踏まえたうえで、西田『哲学論文集第一』（一九三五年）の図4を見たい。

図3　胎蔵曼荼羅（TKS5-168）

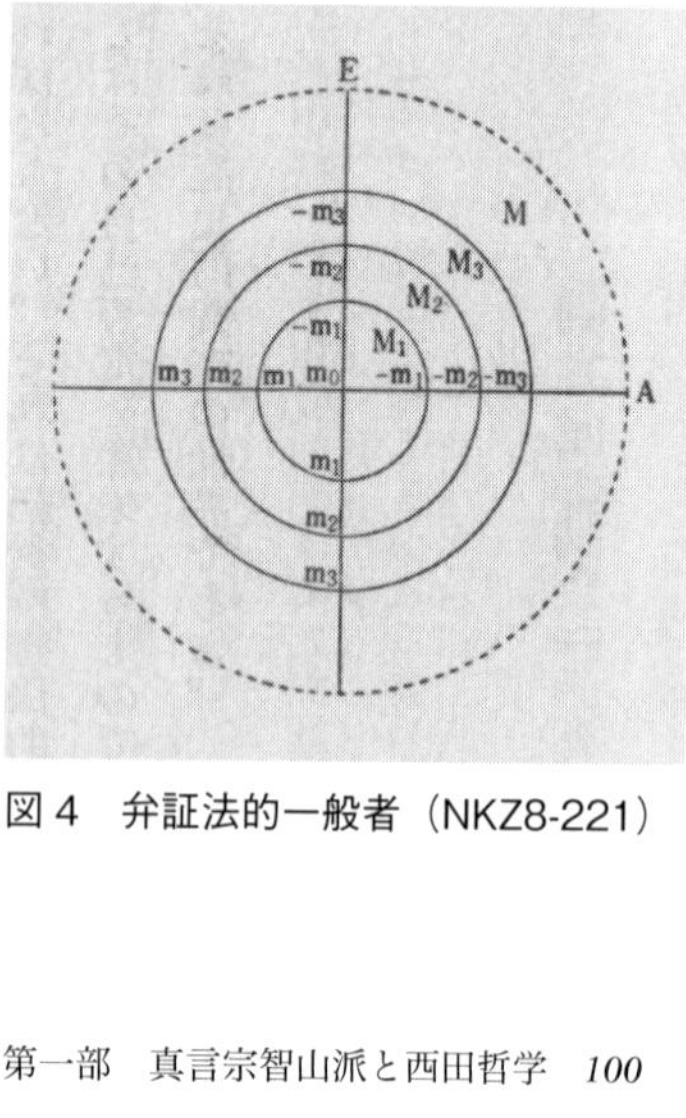

図4　弁証法的一般者（NKZ8-221）

西田は「これが私の弁証法的一般者といふものである」(NKZ8-221)と述べる。別の所で「真の弁証法的一般者の限定と考へられるものは、個物的限定の意義を含んだものでなければならない、個物と個物とを限定する場所的限定の意味を有つたものでなければならない」(NKZ7-149)と言っており、この図は「場所」を発展させたものと解釈できる。「無限大の円」(NKZ6-188)を図示するため、一番外側が点線で描かれていると考えられる。

西田はEが個物的限定、Aが一般的限定としており、「特殊者Bx」(NKZ8-249)という概念も示す。これはヘーゲル『哲学入門』『小論理学』等からの借用で、それぞれ、Einzelheit, Allgemeinheit, Besonderheit と思われる。

高神による胎蔵曼荼羅の簡略図と比較すると、四角と円という相違はあるが、次の特徴が一致する。

1、平面であり無限大の大きさ(胎蔵曼荼羅は宇宙全体を平面で示す)
2、中央を数えなければ、基本的に三重構造(中央も数えるなら四重)
3、縦が個別(E)、横が一般(A)

西田の図4は、高神が説明する胎蔵曼荼羅を原型とし、要素を記号化したと推定される。この推定が正しければ、南方熊楠の「南方曼荼羅」に倣って、これは「西田曼荼羅」と呼ぶことができる。

Mxが「場所」≒「仏」とすると、mxは「行為的自己mx」(NKZ8-235)であるから、高神の「仏に於て自己を見出す」は「Mxに於てmxを見出す」と言える。西田は「Mxに於てあるmx」(NKZ8-233)と述べており、この解釈と合致する。

先に記したように、高神は仏も自己も大日如来であると述べた。MについてはMedium(NKZ14-189)という説明もあるが、「絶対者M」(NKZ8-257)という表現もあるので、Mahāvairocana(大日如来)と読んだ方が意味は通るようである。

権田は、「最後にいわん。密教によらざれば、一切の仏教は解釈究竟することあたわざるものなりと。しかして、一切の仏教の総体、一切の仏教の真髄たるものは、今回講伝するところの曼荼羅なることを了解すべし」と述べ、曼荼羅の思想について「今日の哲学者が欧米の哲学の研究したる学識より、曼荼羅に対する皮相の見を去り、深酷に研究せられんか、その学理の西洋の哲学に超出するところあるを発見せられんことも難からざるべし」(SS13-14)と主張する。「今日の世界史的立場に立つて、仏教から新らしき時代へ貢献すべきものがないのであらうか」(NKZ11-462)と考える西田は、権田の立場を肯定的に引き継いだうえでさらに発展させたと解釈することもできる。

五、他の類似する思想

以下、両者の他の類似性も指摘したい。高神『仏教序説』(一九二四年)は、木村泰賢『解脱への道』（甲子社書房、一九二四年）に記載された図5、6を紹介している。この図について高神は「自我の発展と拡充とにつき、これを内面的と外面的との二方向より観察し、自我は一方には段々と内面的に後退すると同時に、他方には漸次外面的に展開するものである」（TKS9-377）と説明する。図5は常識的自我（身体）、生理的自我（呼吸）、心理的自我（精神）、真我への沈潜を意味し、それが同時に図6では身体、家族、国家、全人類、宇宙へ広がることを示す[14]。

これらの図を念頭におき、次の中期西田の言葉を見たい。

我々の自覚的立場を深めて行くに従つて、所謂自然界以上の対象界を見ることができる。

（NKZ4-309）

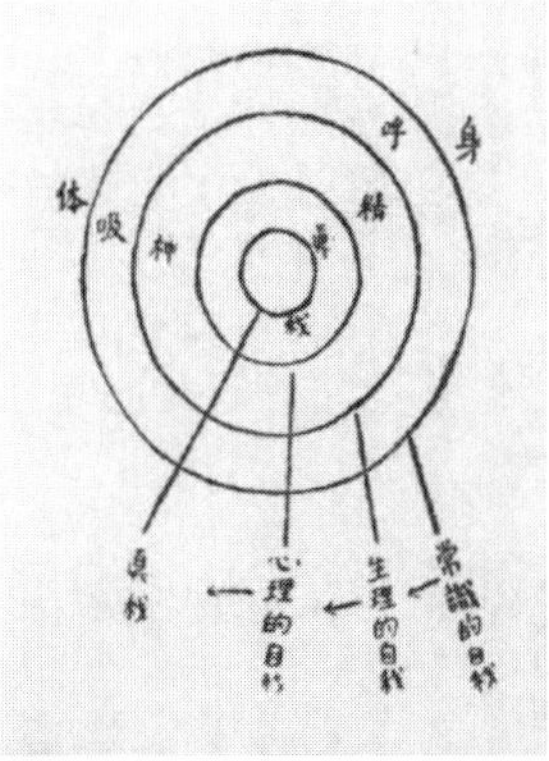

図5　（TKS9-376）木村泰賢『解脱への道』95頁

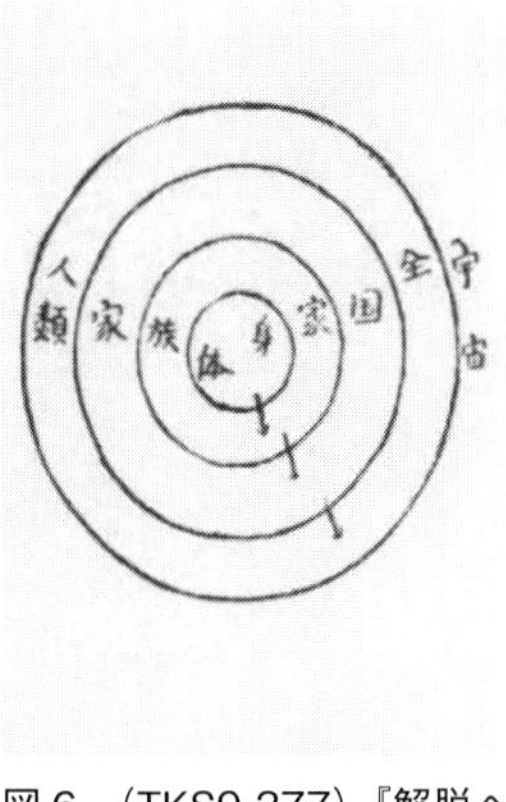

図6　（TKS9-377）『解脱への道』97頁

自分の内を知るといふことから、自分の外のものを知るといふことに及ぶのである。(NKZ4-215)

内的事実即外的事実、外的事実即内的事実（NKZ6-5)

直観的自己の意味に於て我々の自己は深められ広げられて行くのである、社会的自己といふ如きものは斯くして考へられるのである。(NKZ6-107)

また図5の四重の「自我」を無限に円が重なる図へ拡張すれば、次の言葉と重なる。

無限に自己の中に自己を見て行くのである、かゝる意味に於ては自覚は無限の過程とも考へることができる。(NKZ5-355)

中期西田は、高神が紹介した図5、6を時々念頭に置いていた可能性を想起できる。[15] 後に西田は「世界の進展は円の中に円を描くと考へられる」(NKZ7-208) と述べた。世界が進展して拡がっていくならば（図6)、それは「円の中に円を描く」（図5）ことと同時に進行するのである。

高神『仏教序説』（一九二四年）には、図7も掲載されている。西田の図8はこれまで、ほとんどその内容が解明されてこなかったが、高神の図7と関係があるとすると理解しやすい。つまり高神の言う発心、修行、成仏の過程が、西田の図8の自由意志、行為的一般者、意味了解と重なると言える。出発点として最初に悟りを開きたいという発心＝自由意志があり、修行＝行為を経て、成仏（悟りを開く）＝意味了解という到達点へ至ると捉えると、図8は図7の発展形と考えられる。西田はこの図について「一方にノエマ的限定に即した意味了解といふ如きものがあると共に、その反対の方向に自由意志といふ如きものがあるのであるが、その中間に於てある自覚的なるもの即ち直観的なるものに於ても、種々の段階といふものが見られるのである」（NKZ5-480）と説明する。つまり、自由意志、種々の段階＝行為的一般者、意味了解という三段階である。修行して悟りを開くこ

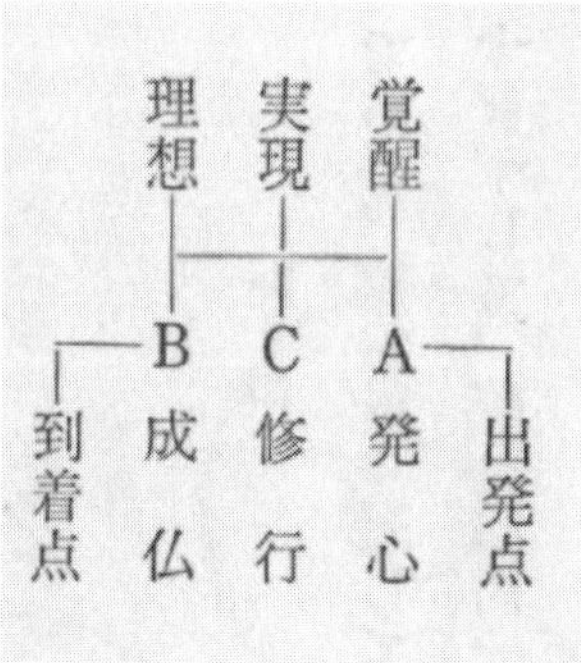

図7　（TKS9-270）『仏教序説』（1924年）

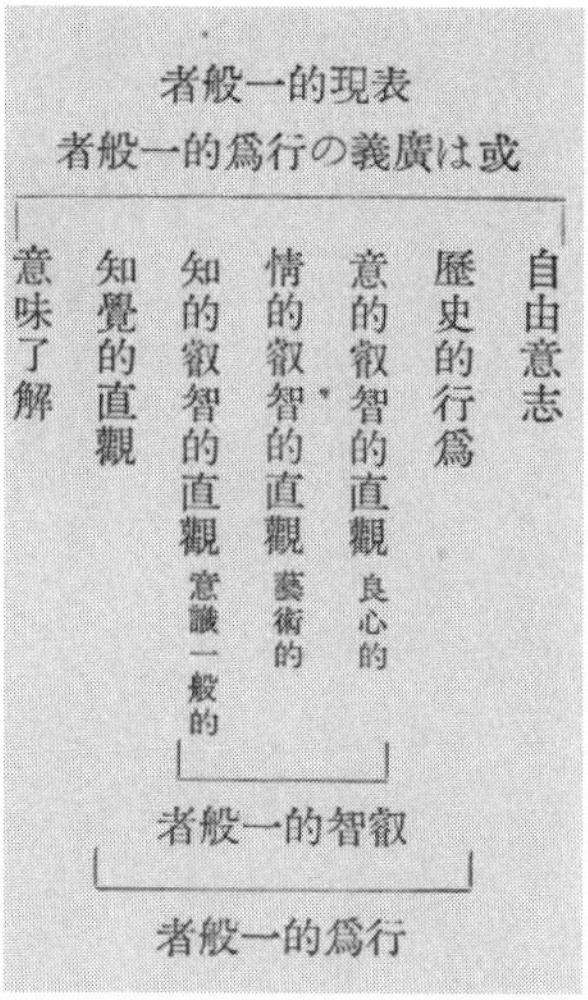

図8　（NKZ5-481、1930年）

とを、西田は行為によって意味了解することに引き付けて理解していた様子である。西田の行為的直観の原型は、真言宗の即身成仏であると言える[16]。

また、高神『密教概論』（一九三〇年）には次の発言がある。

密教からいえば、仏即一切、一切即仏である。大日如来を離れて一切はなく、一切は大日如来の外にない。一切は仏に出でて、又た一切は仏に還るのである。大日は一切の初めであり、同時に、一切の終わりである。即ち大日如来こそ一切の生命の根源であると共に、一切は大日如来によってのみ生命がある。（TKS5-101）

これを踏まえた上で、西田が一九三九年に書いた次の言葉を見たい。

智者も愚者も、大事も小事も、此に一でなければならない。すべてがそこからそこへである。何処までも根本的なるものは、何処までも平常底なるものでなければならない。併しそれは無差別的に一と云ふのではない。胡來胡現、漢來漢現と云ふ。矛盾的自己同一的に一即一切、一切即一として、無限の差別でなければならない。すべてがそれによって成立するのである。（NKZ9-333）

高神は、「一切は仏に出でて、又た一切は仏に還る」と主張する。言い換えれば「すべてが仏から仏へ」と言える。西田は「すべてがそこからそこへ」と主張した。高神は「大日如来を離れて一切はなく、一切は大日如来の外にない」と言い、西田は「智者も愚者も、大事も小事も、此に一でなければばならない」と言った。高神は「仏即一切、一切即仏」と述べ、西田は「一即一切、一切即一」と述べた。高神は「一切は大日如来によってのみ生命がある」と述べ、西田は「すべてがそれによって成立する」と言ったのである。以上二つの引用は、高神『密教概論』と西田の「図式的説明」から引いた表現である。この短い引用の中に四つの類似の要素が入っている。

以上の引用中、西田は「胡來胡現、漢來漢現」と、趙州従諗(『景徳伝灯録』一〇)の言葉を挟んだ。ここでは西田は密教の内容を述べながら、禅語で修飾した様子である。既出の図8も基本は即身成仏の構造であり、これも密教の内容をドイツ観念論風の外観に擬態したと言える。西田は自身の主張が密教に由来することを、禅語やドイツ観念論で装飾して意図的に隠していた様子である[17]。この一〇〇年間、多くの研究者が臨済禅やドイツ観念論から西田哲学を読み解こうとして核心に迫れなかったのは、西田自身による擬態に翻弄されていたことも理由の一つと考えられる。

別の「図式的説明」で西田は「歴史的自然といふのは、すべての物がそこに没しそこから生れて来る場所である、絶対の無の自己限定である」(NKZ8-242)とも述べている。この表現から、「そこ」は「場所」でもあると言える。「そこ」は仏であり、大日如来であって、「場所」とも言えるのである。

終わりに

空海は「密蔵は深玄にして翰墨に載せ難し。更に図画を仮って悟らざるに開示す」（御請来目録）と述べる。高神は同様に「宗教的真理の世界をば未悟のものに開示するには、どうしても図絵などの象徴によってこれを芸術的に表現するより外に方法はないのである」（TKS5-146）と言う。

初期西田は「遂に何等の新らしい思想も解決も得なかった」（NKZ2-11）と述べ、一度は行き詰まった。しかし高神を通じて密教からイメージ学的思考を手に入れ、「場所的に云はば平面的に考へる」（NKZ5-453）ことで新たな展開を可能にした。「場所」とは曼荼羅に由来する思想である。これが以上の論述で明瞭になったと思う。

西田は高神を教え、高神は密教の素養を利用して西田の問いを独自の観点から考察した。西田はそうした高神の考察に刺激を受けて、さらに自らの思索を発展させたのである。時間的な前後関係を意識した両者の思想発展の軌跡は、次章で引き続き考察したい。

（注）

（1）それまでの西田研究をまとめた文献として、茅野良男・大橋良介編『西田哲学―新資料と研究への手引き―』ミネルヴァ書房、一九八七年、藤田正勝編『西田哲学選集別巻二　西田哲学研究の歴史』燈影舎、一九九八年がある。

（2）その他、「本学教授文学士・故野崎廣義先生略伝」『智山学報』第五号、四〇～四一頁の間の頁も参照。

（3）『智山学報』第三号（興風会、一九一六年）二二四頁では野崎は「講師」であり、前掲「本学教授文学士・故野崎廣義先生略伝」では「教授」である。

（4）高神覚昇の事績は、『高神覚昇選集』第一〇巻巻末の「略年譜」二〇一～二一二頁を参照した。しかしこの「略年譜」は誤植が多く、随時他の情報も参照した。

（5）谷本富について、滝内大三『未完の教育学者――谷本富の伝記的研究』（晃洋書房、二〇一四年）が詳しいが、智山大学に一切触れていない。谷本は京都帝国大学退任後、智山大学顧問兼講師となってその運営に尽力した。

（6）坂本慎一『戦前のラジオ放送と松下幸之助』（ＰＨＰ研究所、二〇一一年）二一〇～二一一頁で、友松圓諦のラジオ放送と真理運動の発端について解説した。

（7）高神覚昇『人間生活の矛盾』三密堂書店、一九二六年の巻末の「高神覚昇著述目録」に高神覚昇『大悲の靈光』（一九一七年）という書籍が掲載されており、「品切」という表記である。この書籍はこの目録以外では情報が確認できず、あるいは記載が間違っている可能性もある。

（8）「赤は赤い」の典拠だけ列記すると、（NKZ2-196）（NKZ15-217）（NKZ17-384）（Na113）（Na247、Nb90～91）（TKS1-96～97）。

（9）大橋良介『西田幾多郎―本当の日本はこれからと存じます―』ミネルヴァ書房、二〇一三年、一一一頁、藤田正勝『日本哲学史』昭和堂、二〇一八年、二一八頁。

（10）ここから西田は「述語的論理主義」（NKZ5-58）を展開し、アリストテレスの論理学に於ける主語と述語の関係を逆転させた思考を述べた。これだけでは、思い付きの域を出ていないとの批判もありうるが、当初から仏教の影響があったと見るのが本書の主張である。後期に入って西田は「場所」について、次のように述べた。「場所と云ふ語は、最初プラトン学派のエイドスの場所から取つたのであるが、力の場とか物理的空間とか云ふ考から発展した今日のトポロギーのトポスと考へてもよい。併し私の場所と云ふのは、すべての知識成立の根本形式として、絶対現在とか歴史的空間とかと云ふべきものである（現在のトポロギーは未だこゝに至つてゐないが）。……私は嘗て之を弁証法的一般者とも云つた。併し私の場所と云ふには、絶対無の場所として、単に過程的なる弁証法に対しては之を包むといふ意義をも有つて居るのである。そこに私の弁証法は、ヘーゲルのそれと逆の立場に立つのである（仏教的である）」（NKZ11-73）。つまり「場所」とは「包むといふ意義」を持ち、「仏教的である」ことが特徴である。

(11) 上田閑照「場所と曼荼羅」『哲学コレクションⅡ 経験と場所』岩波書店、二〇〇七年、三〇三〜三〇四頁。上田閑照の父は真言宗の上田天瑞・大僧正である。上田天瑞『戒律の思想と歴史』密教文化研究所、一九七六年、序文七〜八頁に上田家の紹介がある。

(12) 権田雷斧『曼荼羅通解』丙午出版社、一九一六年は、近代以降で最初に出版された曼荼羅についての解説書であり、高嶋米峰が企画・運営した講演会の速記録を元にしている。高嶋は、一九一五年九月二十二日から十月五日まで、上野の寛永寺書院に権田を招き、曼荼羅について二週間解説してもらった。連日一〇〇名以上を集める盛況であったという（SS13-166〜173）。この際、高嶋は最初に三八名の発起人を集めていて、鈴木大拙もその一人であった。つまり大拙も密教に関心があったことが、この一事でも明瞭である。

(13) 栂尾祥雲『曼荼羅乃研究』高野山大学出版部、一九二七年、石田尚豊『曼荼羅の研究』東京美術、

一九七五年等、後の代表的な研究は、この解釈を踏襲していない。一般的には、外院を無視して三段階とする解釈であり、前後（上下）が四段階になっていることには注視しないと言える。戦前では、吉祥真雄『曼荼羅図説』藤井文政堂、一九三五年があったが（SS13-175～400）、これも権田の縦と横の解釈は踏襲していない。

(14) これは井筒俊彦『意識と本質』（岩波書店、一九九一年）文庫版二八一、二八三頁で紹介されたセフィーロートと原理的には一致する。相違点は、円の数と、木村・高神の図では各円に固有名がある点、セフィーロートにはさらに幾何学的な展開がある点である。

(15) 高神が紹介したこれらの図を西田が見たことがあるか否か、ということだけを問題にするならば、見た可能性が高いと考えられる。西田は高神覚昇『価値生活の体験』（一九二二年）に序文を寄せているが、『仏教序説』（一九二四年）はその次に高神が出した書である。高神が前著の御礼を兼ねて『仏教序説』を西田に贈呈した可能性は高いと考えられる。

(16) この即身成仏論をさらに哲学的に深めた考察として、吉原瑩覚『即身の哲学―密教哲学序説―』（理想社、一九六九年）があり、同書六二、一二〇、一九二頁等で「西田哲学」と明言してその思想を利用している。吉原は高野山大学出身であり、西谷啓治とも交流があった（同書一〇三頁）。吉原の考察からも、西田哲学は即身成仏論と非常に相性が良いことを見て取ることができ、西田は即身成仏論を取り入れたと判断する一つの傍証になりうる。

(17) 同様に『善の研究』の序文にある「ギリシャ哲学を介し、一転して『場所』の考に至つた」（NKZ1-6）という主張も言葉通りに受け取るわけにはいかず、ギリシア哲学から「場所」を読み解こうとして成功した研究事例はないと言える。

第四章　「永遠の今」と「悲哀」

「慈雲尊者御研究の由　あの人中々エライ人とおもひます　あの人には何かあるでせう」（NKZ19-353）（一九四四年十二月二日、雉本時哉〔後の大阪女子大学学長〕宛の西田の手紙）

初めに

西田が智山大学で教えた学生の内、最初に頭角を現したのが高神覚昇である。高神『仏教序説』（一九二四年）が中期西田に多くの影響を与えたという点は第三章で論じた。西田が「悪戦苦闘のドッキュメント」の末、見出した答えは「場所」の論理であり、これは高神と共に考えたと解釈するのが妥当である。「場所」は、高神が説明するところの胎蔵曼荼羅に由来する思想だと判断できる。ここでは「場所」以外でも、西田が高神と共に考えた概念があることを提示したい。「永遠の今」がそれである。「永遠の今」は中期西田の代表的な概念であり、やがて「場所」と融合していく。

「永遠の今」に関する言説を見ると、西田と高神の影響関係は一方通行ではなく双方向的であり、西田に影響を受けた高神の言説から西田が再度取り入れた様子が確認できる。ここではそれぞれの主張が西暦何年になされたのか、その前後関係を重視しながら分析してゆきたい。

また西田が智山派から取り入れたと思われる思想として、「哲学の動機は『驚き』ではなくして深い人生の悲哀でなければならない」(NKZ6-116)も指摘できる。これも従来は西田の生活や人生に引き付けた理解が主流であったが、問題はこの言説が何の先行する言説に由来しているかを見ることであると思う。この言説は、智山派の言説にその先行する例を見つけることができる。

一、「永遠の今」をめぐる西田と高神

1、その思想の形成過程

「永遠の今」は、西田がアウグスティヌスやエックハルトから手掛かりを得たと明示しているので、これまで研究対象になりやすかった。ここで先行研究の紹介は省略するが、アウグスティヌスやエックハルトに深く入れば入る程、かえって西田からは遠ざかってしまい、西田は彼らから簡単な手掛かりを得ただけであったことが明白になった。同様に西田が名をあげている他の西洋の哲学者を掘り下げる研究も、おおよそ類似の結果を得ることが多かったと言える。

ここではまず、初期西田における「永久の今」から見たい。初期は「永久の今」、中期以降は

「永遠の今」と述べるが、この二つは同じと判断できる。『自覚に於ける直観と反省』（一九一七年）で西田は次のように言う。

我々の経験が時間の形式に当嵌まつて発展するといふのは第二次的の見方であつて、最も根本的なる経験発展の形式は内面的意味の発展でなければならぬ、我々の種々の経験はそれぞれの中心を以て発展し、此等の中心は又更に根本的中心によつて発展するのである。われわれがこの根本的統一の上に立つ時、時間を超越することができる、「永久の今」の立場に立つことができる。（NKZ2-100）

その他にも「真の純粋持続は一面に於て無限の発展たると共に、一面に於て『永久の今』でなければならぬ」（NKZ2-271）などの記述もある。『善の研究』（一九一一年）にも一度だけ言及があり「アウグスチヌスのいつた様に、時は神に由りて造られ神は時を超越するが故に神は永久の今に於てある」（NKZ1-184）と述べる。

初期西田では「永久の今」は簡単な言及に留まっており、深めて考察しようとする気配は感じられない。西田は智山大学の講義や個人的な交流で、高神に「永久の今」を教えていたことは間違いないであろう。

その後、高神は『真理への思慕』（一九二六年）、『空に徹するもの』（一九二八年）を出版しており、このとき既に智山大学助教授であった。『真理への思慕』では次のように述べた。

哲学するということは、所詮、物をふかく見ることである。内面的にものを見ることである。どこまでも真摯な態度を以て、物の真相をみよということである。……わかり易くいえば「ながい眼でみよ」ということである。ながい眼でみよということは、つまり物の現在だけを見るのではなくして、そのものの裡に胎蔵されたる、過去と未来とを統一してみるということである。……すなわち現在をば過去を含み、未来を孕む現在として眺むることは、とりも直さず永遠の相において見るということであり、またながい眼でみるということである。われらは現在をば、永遠なる過去を統一するものとして、将た又た永劫なる未来を胎蔵せるものとして眺むるとき、そこに現在に始めてほんとうの価値が生じて来るのである。(TKS2-169～170)

ここで高神は永遠の今を思わせる「永遠の相において見る」という概念を提示し、過去と未来が「胎蔵」されている「現在」について考えている。真言僧であった高神は、当然のことながら、胎蔵曼荼羅を念頭に置いて「胎蔵」と述べたと考えられる。

これが発展し、高神『空に徹するもの』では「永遠なる今日」と題する一章を設けた(TKS2-80～85)。教職に就く前に東大寺に一年半留学した高神は華厳の思想を参照して、これを「時間的にも空間的にも、いわゆる縦には三世、横には十方のあらゆる存在と無尽に関係している」「そのまま全宇宙のあらゆるものと無尽に関係する」（TKS2-83）と説明した。
一九二八年に智山大学教授となった高神は、『密教概論』（一九三〇年）を出版した。それまでは自分の哲学を述べる傾向を持っていたが、この書は密教の啓蒙を意図した。『密教概論』では、次のように書いた。

要するに密教における法身即ち大日如来は、まさしく一にして一切、一切にして一なる仏身である。いわゆる一切世間の所依として、且つ一切に遍在する仏身である。それは時間、空間、因果の制約を越えたる無始にして無終の仏身である。主観的にいえば一切に内在せる仏身である。客観的にいえば一切を超越せる仏身である。この意味に於て法身大日は文字通り露堂々であり、赤裸々であるが、しかしいわゆる雷霆地を震えども聾者は聞えずである。……げに掌の内に無限を、刹那に永遠を摑む人こそ、まさしく赤裸々なる法身の相を諦《とど》め、露堂々たる法身の説法を聴くことができるのである。しかも所詮それはただ「実の如く自心を知る」ことによってのみ初めて可能であるのである。（TKS5-119～120）

ここでは「永遠の今」と類似の概念は、「刹那に永遠を摑む」と表現し、「法身即ち大日如来」に引き付けて論じた。「実の如く自心を知る」にも引き付けているが、『密教概論』で即身成仏を論じた第五章第五節では「永遠の今」や類似する概念について、特に言及しなかった。(1) 高神に於いて

「永遠の今」は、主に仏身論に引き付けられたと言える。

こうした高神の考察に刺激を受けたのであろう。西田は論文「私の絶対無の自覚的限定といふもの」『思想』第一〇五、一〇六号（一九三一年二月、三月）を書き、「私は此論文に於て始めてかゝる限定の形式として永遠の今といふものを考へた」（NKZ6-7）と述べた。さらに論文「永遠の今の自己限定」を『哲学研究』第一八四号（一九三一年七月）、論文「時間的なるもの及び非時間的なるもの」を『思想』第一一二号（一九三一年九月）に発表しており、この二つは「連続」（NKZ6-7）していると主張した。

高神は先に引用したように、「永遠の今」を説明する際、「胎蔵」の概念を提示した。中期西田は「永遠の今」を説明するのに「すべての時を包むといふ意味に於て限定せられた絶対の現在といふものに於ては、時がなくなるのである」（NKZ6-189）など「包む」の概念を提示した。「包む」が西田哲学の重要なキーワードであることは、「論文未満の通説」と言ってよい。「包む」は、『聖書』の「あれか、これか、両方なのか」（伝道の書十一－六）や、これに起因する西洋思想（例えばS・キェルケゴール）と比較しやすい概念である。西田自身は後にK・ヤスパースの「包括者」（das Umgreifende）を「包むもの」と訳しつつ、ヤスパースの場合は「真の歴史的実在ではない」（NKZ11-185）と批判し、自身の「包む」の歴史性を強調した。

西田の「包む」は「すべての時を包む」であり、高神の「胎蔵」は「永遠なる過去」と「永劫なる未来」を「胎蔵」しているので、両者は類似の概念と見なせる。高神の「胎蔵」は胎蔵曼荼羅由来なので、二人で議論を重ねていたのであれば、西田の「包む」も胎蔵曼荼羅と間接的な関係があったと分析できる。後に西田は「包む」が「仏教的である」(NKZ11-73) と明言するようになる。

西田は「永遠の今」について、次のように説明した。

> 自覚の根柢として、すべての自覚的限定がそれによつて成立すると考へられねばならぬ私の所謂絶対無の自覚といふのは、如何なるものであらうか。それは上に云つた如き「永遠の今」の自己限定といふ如きものでなければならない。行為的自己の自己限定の意義なくして内部知覚的自己の自己限定といふものなく、行為的自己の自己限定と考へられるものは永遠の今の自己限定の意義を有つて居るのである。永遠の今 nunc aeternum など云へば、すぐ神秘的と考へられるかも知らぬが、神秘主義者はそれによつて「永遠なるもの」即ち神を考へた。併し私の永遠の今の限定といふのは唯、現在が現在自身を限定することを意味するのである。移り行く時と永遠とは現在に於て相触れて居るのである、否、現在が現在自身を限定するといふこの現在を離れて、永遠といふものがあるのではない、現在が現在自身を限定すると考へられる所に真の永遠の意味があるのである。(NKZ6-138)

西田は自覚の根底に「絶対無の自覚」を見ており、それは時間論から見れば「永遠の今の自己限定」とも言うべき内容を持つ。西田はこれを「現在が現在自身を限定する」とも言い換えた。「現在が現在自身を」と述べたのは、「私」という主体が「現在」という客体に対して何かをするとか、「私」が不在の世界で「現在」という主体が何かをするという主客分離の状態ではなく、「現在」とは「私」を「包む」概念であることを表現しようとしてこのような言い方になったと考えられる。

しかし、中期西田の「永遠の今」と自覚に関する説明は、あまり分かりやすいとは言えない。やがて高神『密教概論』（一九三〇年）で密教を体系的に学び、一定の整理がついた「後期西田」（一九三三年以降）に入ると、「図式的説明」によって可視化したりするなど、説明が明瞭になる。

ここまでをまとめると、一九一七年までの西田は「永久の今」について簡単に紹介するのみであった。これに刺激を受けて高神は、一九二六年から一九三〇年頃、自分なりに考察を広げた。それにさらに刺激を受けて一九三一年に西田は一層深めた「永遠の今の自己限定」を論じたのである。西田が書いた論文だけを見ると、なぜ急に「永遠の今」の考察が深まったのか不明だが、高神との関係を考えれば、概念の発達の道程が見えてくる。師匠から弟子への一方通行ではなく、両者の双方向的な影響関係が、この概念を深めさせたと言ってよい。その際のキーワードは、高神の「胎蔵」と西田の「包む」であった。

2、「永遠の今」に関する各論

「永遠の今」に関連する概念として、高神は「懺悔」、西田は「反省」について論じた。まず高神は『空に徹するもの』（一九二八年）で、覚鑁について簡単に紹介し、「上人の宗教は未来主義の宗教でもなければ、又た同時に現世主義の宗教でもなかった」(TKS2-69)と述べ、次のようにまとめた。

いわゆる現実に即した未来、未来に即した現実を力説された。手っとり早くいえば「永遠なる現在」「永遠なる今」を基調として建設されたものが、実に覚鑁上人の宗教であった。ライプニッツのいわゆる過去を背負い、未来を孕める現在、その現在を中心として、永遠なる現在の価値を高調されたのが、とりも直さず上人の宗教であった。(TKS2-69)

覚鑁の宗教の特徴を高神は、「永遠なる現在」「永遠なる今」において見た。ただ、高神のこの主張は説明が不十分である。高神は覚鑁の「密厳院発露懺悔文」も紹介したが(TKS2-70、206〜207)、これと「永遠の今」の関係は明瞭ではない。

これらの高神の主張の後、西田は「反省とは如何なるものであるか」(NKZ6-130)と問うて、一九三一年に次のように説明した。

我々が或事を想起するといふとき、その事柄は客観的には既に過ぎ去つたものであり、現在にないものでなければならぬ。併し出来事がその瞬間瞬間に消え去るものならば、記憶といふものの成立し様はない。そこには一瞬一瞬に消え去ると共に、消え去らざるものがなければばならない、記憶の底には「永遠の今」といふ如き直観がなければならない。……自己が自己を知るといふことは、永遠の今が今自身を限定することを意味すると考へることができる。反省によつて自己自身を知るといふのはかゝる意味でなければならない。……自己が自己自身を知るといふ内部知覚に於ては、現在が過去未来を包むといふ意味がなければならない（NKZ6-131～132）

ここで西田が「反省」と述べたことは、高神の「懺悔」と類似するようであり、西田の説明の方が論旨は明瞭である。西田は「現在が過去未来を包むといふ意味」を重視し、これは『「永遠の今」といふ如き直観」であり、「反省」もこれによって可能だとする。分かり易く言い換えれば「反省」は記憶している過去を悔い改め、未来に向けた決意を含むので、過去と未来を「包む」何か、つまり「永遠の今」というべき何かが必要という意味なのであろう。この点は「懺悔」と「永遠の今」がどのような関係か十分に説明できなかった高神を補った形となっている。

また、中期西田における「永遠の今」には、次のような説明もある。

すべての時を包むといふ意味に於て限定せられた絶対の現在といふものに於ては、時がなくなるのである。周辺なくして到る所が中心である円の自己限定はすべてを包む無限大の円と考へることができる。そこには動もなく生もない、それはもはや現在といふべきものでもない、そこでは時といふものがなくなるのである。唯、かゝる無限大の円といふ如きものが絶対無の自己限定面であるといふことから、即ちそれが永遠の今によつて限定せられた永遠の現在であるといふことから、絶対に無にして自己自身を限定するものの自己限定として所謂絶対時といふ如きものが考へられるのである、永遠の過去から永遠の未来に流れる絶対時といふ如きものが考へられるのである。（NKZ6-189）

ここで「永遠の今」が「すべてを包む無限大の円」と関連づけられ、何か図像化されそうな（あるいは西田の中では既に図像化されていた）契機を読み取ることができる。数学者・北条時敬に師事した西田は、数学者が育てた哲学者であった。西田は『善の研究』から幾何学についてしばしば言及しており、中期以降も数学的な図形を思わせる主張を繰り返した。後期に入るとこの「永遠の過去から永遠の未来に流れる絶対時」と「円」を組み合わせた「図式的説明」が登場するのである。

この「図式的説明」で示したのは、ミンコフスキー時空に似た図であった（NKZ7-215、11-254、348）。初期西田は、ミンコフスキーについて簡単に言及しており（NKZ2-345）、これは一九一七年なので、高神が智山大学を卒業後、大谷大学で再び西田に師事していた頃と言える。やがて先に引用したように、高神は「時間的にも空間的にも、いわゆる縦には三世、横には十方のあらゆる存在と無尽に関係している」（TKS2-83）という、ミンコフスキー時空と仏教思想を融合したような概念を一九二八年に主張した。これが再度西田に取り入れられ、一九三一年に「絶対時といふ如きもの」（NKZ6-189）と意味が深められ、ニュートンのそれとは異なる意味で絶対時空間の概念となり、一九三五年以降の「図式的説明」になったと考えられる。この絶対時空をある絶対時間の時点で「場所的に云はば平面的に考へる」（NKZ5-453）と「永遠の今の自己限定」になると言える。[2]

西田が述べた「すべてを包む無限大の円」は後年、ヘーゲルから借りてきた個物eや一般者Aなどの概念が附加されて、まず簡単に図式化され（NKZ7-213、215）、さらに「図式的説明」一～四（NKZ8-219～266）における「弁証法的一般者」の図へと昇華された。これらの段階で、高神が紹介した胎蔵曼荼羅が手掛かりになったことは第三章で論じた通りである。

「場所」の概念を提示した中期西田は、図を思い浮かべながら文章を書いていたようであるが、この段階では論文に図が明示されていなかった。読者にとっては、何を言っているのかよく分からないのに、なぜか主張が支離滅裂にならない不思議さを持っていたと言える。後期に入って図が明示され、その種明かしがなされた。直接教わった複数の人々が、西田は図を書きながら自らの哲学を説明していたと証言している。[3]

二、哲学の動機は人生の悲哀

智山派と引き付けて理解した方がより理解が深まる西田の主張として「哲学は我々の自己の自己矛盾の事実より始まるのである。哲学の動機は『驚き』ではなくして深い人生の悲哀でなければならない」(NKZ6-116) もあげられる。この主張は、目を引く割には前段階で論理の組み立てがなく、どこか唐突に述べたような印象を与える。従って、おおよその意味は賛同できるとしても、もう少し深く分析しようとした場合、どのように考えればよいか明白ではない。

西田のこの言葉について、まず碩学の指摘を見たい。藤田正勝は、西田の「実生活上の不幸な出来事」を指摘しながら理解を試みた。[4] 特に西田が堀維孝に宛てた手紙で「この十年来家庭の不幸には幾度か堪へ難い思に沈みました」(NKZ18-347) と書いたことや、和辻哲郎宛に「私のこの十年間といふのは静な学者生活を送つたといふのでなく、種々なる家庭の不幸に逢ひ人間として堪へ難き中を学問的仕事に奮励したのです。そして正直に申上れば今は心の底に深い孤独と一種の悲哀すら感ずるのです」(NKZ18-394) と書いたことを取り上げた。この場合は、長男と妻の死を「悲哀」の具体例として見ていることになる。

大橋良介は、西田の次女や友人が亡くなったことをあげ、十三歳の時に姉と死別したこと、続いて日露戦争で弟が戦死したことをあげている。[5] 大橋は、「『悲哀』は西田哲学の根本感情だった」と述べた。大橋の場合も、家族や友人の死をその具体例として見たと言える。

藤田、大橋の両者とも、その伝記的事実を「悲哀」の具体例としてあげたうえで、「悲哀」から如何に哲学が始まりうるのか、哲学的分析を試みており、その論述には説得力があるが、ここではその分析は省略しよう。以上のように西田の「悲哀」を家族の死などの個人的な「悲哀」に見る解釈は、広く受け入れられている。

しかしこれには若干の違和感を覚えるのも事実である。一つには西田の人物像として、「悲哀」を強調するのは一面的に過ぎるように思える。西田の孫は「祖父には剽軽な所もあって、可愛がっていた猫にちゃんちゃんこを着せて家族を笑わせた」[6]と言い、娘は「猫の背に人形をしばりつけて走らせて笑わせた」[7]と述べた。同居していた姪によれば、「学校から帰ってくると道端から急にマントをかぶって出て来てバァーと驚かした」という[8]。人を笑わせるのが好きな「剽軽な」西田は、どう捉えるべきか。もう一つは、そのような個人的な「悲哀」では、かえって普遍的な哲学はできないのではないかという危惧である。個人的な「悲哀」から始めると、私的言語のような独りよがりな哲学になる危険はないのであろうか。第三に、身内の死は西田哲学の主要なテーマとは言えない。身内の死が動機であるなら、西田はもっと家族の死について多く論じているはずではないか。

西田が言う「悲哀」は、智山派との関連を考慮すれば、もう少し複雑な社会状況を考慮していたとする別な見方も成り立つ。

西田が智山大学で教えた学生に、川崎憲晋という僧侶がいた。大正九年度の入学生で（CG2-569）、「大正十二年度第九回本科卒業生」（CG4-359）とされており、一九三〇年末の時点で住所は「埼玉県北足立郡馬室村常勝寺」とある。西田は智山大学で一九二二年九月までは教えていたと考えられるので、約二年半西田に師事したことになる。

川崎は「悲哀の人生的価値」と題する文章（一九二三年）で、次のように主張した。

悲哀は人間を深さに導く。又悲哀は人間を甘さに導く。苦しみや悲しみにぶつかればぶつかる程、人生の真実をさとつて、ひたすらに自らの生活内容を深めて、極度にまで狭くはあるが、深刻なる人生観を形づくる人を私たちは私たちの周囲に之れを見出す事が出来る。又苦悶にぶつかればぶつかる程、悲哀に面接すればする程、みづからの弱さのうちに、みづからの心に溺れて、はかなきものにたよらうとする甘い人間をまた私たちは見出す。いづれも真実ではある。そしていづれもそれで救はれてゐる。たゞそれは哲学によつて悲哀をまぎらはすか、それともまた詩によつて悲哀をまぎらはすかの相違でしかない。だがそれは明らかに悲哀によつて哲学が生み出され、詩が生み出されたと言はなければならない。しかしこれが悲哀の人生にもたらす影響かどうかは知らない。たゞ私たちはいみぢき悲哀の力の前につゝましくみづからの心を持つのである。(CG3-201 ～ 202)

川崎は「悲哀によつて哲学が生み出され、詩が生み出された」と述べた。川崎の詳しい伝記的なことは分からないが、『智山学報』に掲載されたことから、彼の「悲哀」はある程度智山派の僧侶たちに共有されていた内容であったと想像してよいはずである。

それは近代において、真言宗が非常に不遇であったことと大いに関係していたであろう。那須政隆は次のように述べた。

私の小僧時代、次のように言われておりました。真言宗といえば加持祈禱の宗門であって、本当の仏教の正しい本流を伝えているものではない。日本仏教というものは比叡山から流れ出て鎌倉仏教へ至る流れが本流であって、それが本当の仏教であり、その日本仏教の本流の脇に傍流のようなものとして真言密教というものがある。それは加持祈禱を主としてやるものだ。その加持祈禱がまた誤られて、いかにも迷信宗教みたいなことをやる。だから弘法大師はそういう迷信宗教の親玉みたいなふうに思われて、仏教を語るときには真言密教は仲間に入れてもらえない、こういうような状態であったのです。(NSC3-418～419)

近代の合理主義的思想は密教を不遇にした。密教は遅れた迷信のように扱われ、これを信仰するものは、近代的合理主義が理解できない知能の低い者たちのように見られたのである。仏教内においても近代は鎌倉新仏教中心観が主流となり、浄土真宗や臨済禅が仏教の代表のように見られた。密教の家に生まれ育ち、物心ついた時からその信仰を持っていた人たちにとって、こうした当時の情勢は「悲哀」であったと言えるだろう。

西田はその哲学に於いて「自己の腹の底から出るもの」(NKZ18-498)とか「知を尽し意を尽したる上に於て、信ぜざらんと欲して信ぜざる能はざる信念」(NKZ1-178)というべきものを重視した。それは智山大学の生徒たちにとっては、真言宗の信仰のことであった。しかしその信仰は、当時の社会では価値の低いものと見られたのである。高神との交流によって当時既に密教を取り入れ始めていた西田は、そうした状況を「我々の自己の自己矛盾の事実」と呼んだのではないか。

先に述べたように、天野貞祐が証言している西田の弟子を愛する気持ち（本書四四頁）が智山大学の生徒に対するものだとすれば、西田は彼らに深い同情を寄せていたことになる。自らも苦労人である西田は、密教僧たちの「悲哀」を見過ごすことはできなかったのではないか。

川崎の論文は『智山学報』第十一号（一九二三年発行）に記載された。文章末の補遺で川崎は「私の旧稿」と述べ、誰かの要請によって掲載されることになったと述べた。時期から考えて、この文章は西田から教えを受けていた時に書いたと言え、掲載するように要請したのも西田だった可能性がある。また、西田は一九二一年三月十日付けで、当時智山大学講師だった務台理作に手紙を書き、「智積院の勧学院大学の方にて貴兄に論、心、の如きもの、或は哲学概論を御願いたし度とも考へ居り候が、御都合いかゞに候か」（NKZ19-625）と述べた。西田は自身の講義の他にも、智山大学のために種々骨を折っていた様子を伺うことができる。

西田が「哲学の動機は『驚き』ではなくして深い人生の悲哀でなければならない」（NKZ6-116）と主張するのは、川崎の文章が掲載されてから七年後の一九三〇年であった。西田は教え子の文章を後年改めて思い出して、以上の一文を書いたと考えるのが妥当である。同様の主張が京都帝大の弟子達の論文に先にあったという指摘は、今のところ見当たらない。

先にも紹介したように天野は、西田が生徒に注ぐ愛情は「親のようでした。否、或は親以上のものがある」と述べていた。人を笑わせるのが好きな「剽軽な」西田は、人の喜びを自分の喜びにすることができ、他人の「悲哀」を自分の「悲哀」にできる人だったと言ってよいのではないか。西田は哲学が「我々の自己の自己矛盾の事実より始まる」と主張したのであって、「私個人の自己の自己矛盾の事実より始まる」とは述べていない。他者への愛情から「我々の自己の自己矛盾の事実」が見出されたのである。

通常、人間は哲学だけでは満足できず、宗教が必要である。しかし時代や社会の無理解から宗教差別に遭っている人は、どうすればよいのか。宗教によって救われるのではなく、宗教を信ずるが故の「悲哀」もこの世にはある。鎌倉新仏教中心観の時代における密教僧の信仰は、まさにこの種の「悲哀」と共にあった。西田はこうした「悲哀」を抱える青年たちに愛情を注いだ。この「悲哀」を動機として、西田哲学は始まったのだと言えよう。

終わりに

「永遠の今」は、西田が高神覚昇に教え、高神が広げた内容を再度西田が取り入れて発展させたものと考えることができる。その際の西田のキーワードは「包む」であり、これは密教の「胎蔵」に関係すると考えられる。哲学の動機を人生の「悲哀」に見ることも、智山派の弟子の論文にその手掛かりがあった。

西田と宗智山派の関係はこれに尽きるものではない。人間論や、抽象のための抽象を批判する科学論など、他にも両者が共に考えて発展させたと思われる思想は見出せる。

さらに歴史的事実として、一九四一年三月に合同真言宗が成立し、高野派と智山派は同じ宗派になったことも重視すべきである。これにより西田哲学は高野山でも共有されることとなった。第二章で論じたように、栂尾祥雲には、那須政隆はもちろん西田にも類似した主張があった。この点は現代の真言教学で看過されているので、今後もっと議論が盛んになるべきである。

最後に西田が真言密教を取り入れたという事実から何が言えるか、二点を述べて本章の結びとしたい。第一点として、西田哲学とは〃何を言っているのかよく分からないが、不思議な魅力と普遍性を持っているように見える日本思想〃と言ってよい。西田の生前からその思想は「西田哲学」と呼ばれて賛否両論を巻き起こし、戦後はマルクス主義が隆盛になることで一時期影が薄くなったが、上田閑照や竹内良知、中村雄二郎らの研究によってその魅力は再び注目されるに至った。一九九〇年代以降は「西田研究のビッグバン現象」と呼ばれるほど、西田研究は盛んになった。何を言っているのかよく分からないのに、海外も含めた多くの人々の関心を百年にわたって集め続けて来たこと自体が驚くべきことと言ってよい。密教を取り入れた思想は、日本人はもとより外国人さえも引き付ける力を持っているのである。我々が今後どのような思想を生み出していくべきか、ここに重要な手掛かりがあるのではないか。

第二に、日本の近代化は、欧米から近代科学を輸入することを不可欠とし、先に記したように近代科学の合理主義を輸入した結果、密教は軽視されることとなった。しかし、密教は本質的に合理主義も近代科学も排除せず、むしろそれらを積極的に「胎蔵」しようとするはずである。西田は晩年、自身の哲学から物理学や数学について論じており、科学哲学的な関心もあった。西田哲学が密教を取り入れた思想であるならば、西田は密教の立場から近代科学を初めて本格的に問うた思想家だったと言える。密教は近代科学をどのように「胎蔵」しうるのか、言い換えれば明治前日本の思想を生かしつつ我々はどのように近代科学を扱えばいいのか。この問題を解くのに、西田哲学に重要な手掛かりがある可能性が指摘できる。この問題は本書の第二部で扱いたい。

（注）

（1）那須政隆は「永遠の今」と類似の概念を即身成仏論に引き付けている（NSC2-190）。また「因縁の相が『永遠の今』の意味において、常恒に全一なのである」（NSC2-255）と述べ、行為論（修行論）に関連づけている。

（2）「絶対時」の概念は那須政隆も述べており（NSC6-158）、『理趣経』の冒頭にある「常恒三世の一切時」に引き付け、「絶対時」は「無時間」と同意と解釈している。高神は自らの時間論を密教の何に引き付けて解釈したのか必ずしも教学的に論じていないが、恐らく那須と同様であろう。

（3）下村寅太郎編『西田幾多郎――同時代の記録』岩波書店、一九七一年、一九六～一九七頁の河野與一の証言や、前掲『西田幾多郎とその哲学』一四八頁における下村寅太郎の証言など。

（4）前掲『人間・西田幾多郎――未完の哲学』一九二頁。

（5）前掲『西田幾多郎――本当の日本はこれからと存じます』四〇～四三頁。

（6）前掲『続祖父西田幾多郎』七一頁。

（7）西田静子「わが父西田幾多郎」上田薫編『西田幾多郎歌集』岩波書店、二〇〇九年、一二一頁。
（8）前掲『続祖父西田幾多郎』七一頁。

第五章　京都学派と智山学派

「午前五時耕月寺を出て田井瀬より汽車にて名倉に至る。午前八時それより徒歩にて高野山に登り、山内成慶寺にて昼飯、午後四時名倉に帰り汽車にて奈良に至る」（NKZ17-87）
（一九〇二年八月九日の西田の日記。当時における通常の高野山参りであったとするならば、京大坂道を登ったと考えられる）

初めに

本書は、西田幾多郎が真言宗智山派の「新義真言宗智山派私立大学智山勧学院」（智山大学）で足掛け一〇年に渡って教鞭をとった事実を重視し、西田の弟子であった那須政隆を第二章で、高神覚昇を第三～四章で取り上げげた。西田と智山大学の関係は、従来の西田研究では全く考察されてこなかった。

一方で、西田の弟子の学統と言えば、京都帝国大学のいわゆる「京都学派」が有名である。西田の学識と人徳を慕って集まった彼らは、それぞれの哲学を主張して独自の学風を形成したことは周知の通りである。京都学派については、上田閑照監修『京都哲学撰書』全三〇巻（燈影舎、一九九九〜二〇〇三年）が刊行されるなど、研究とともに資料整理も既に進んでいる。

ここでは智山大学で西田に直接師事した人々を智山学派と呼び、西田の思想の継承と発展という観点から京都学派と比較して、その積極的意義を明らかにしたい。両学派はほとんど交流がなく、特に京都学派からは智山学派はその存在すら認識されていなかったことは留意すべきである。同じく西田に師事して強い影響を受けた両学派は、互いにほぼ独立した別の学派を形成したのである。京都学派の存在価値は周知であるので、ここでは京都学派に比べて智山学派には如何なる意義があったのかを特に注視して分析する。いささか京都学派を下げて智山学派を上げる記述になるが、それは京都学派の価値を十分に認識したうえでの考察であることをあらかじめ断っておきたい。

一、京都学派による西田像の問題

1、「西田は臨済禅から強い影響を受けている」という主張

京都学派による西田研究には、一定の価値があったことは、もちろん否定できない。今日の西田研究は、西谷啓治、高坂正顕、高山岩男、下村寅太郎等による西田の一次資料の収集・整理から多くの恩恵を受けている。しかし彼らの西田の見方に偏りがあったという指摘は、これまで不十分だ

ったのではないか。一例をあげると高山は、次のように言った。

尤も宗教といっても先生では仏教が究極的でキリスト教が究極的ではなく、仏教でも禅が決定的で他は余り重要視せられなかったようである。真宗は早くから顧慮せられているが、先生は真宗的でなく禅宗的であり、他の仏教、例えば天台や華厳の如き極めて哲学的な仏教も案外興味がなく、密教などは全く興味がなかったようである。（KIC1-499）

西田が密教に「全く興味がなかった」という指摘は、本書のこれまでの分析で明らかなように、全くもって高山の誤解である。

京都学派は、西田が臨済禅から強い影響を受けたと指摘し続けた。しかし、これは彼らによって一度も本格的に論証されたことがない。例えば西谷啓治は次のように述べる。

哲学による宇宙の大法の究明といふことも、己事の究明といふこととの内容に化せられ、逆に禅による己事究明が哲学的研究に鍵を与へるものとなるといふ所が、先生の根本にあったであらう。先生もさうなることを期せられたやうである。……日記によると、明治四十年頃から参禅の記事はなくなってゐるが、恐らくそこで禅の修行が止められたのではない。むしろ、哲学上の思想が次第に形を得てくるにつれて、禅は哲学のうちに融け込み、且つ禅の行業としては、

日常の生活上における工夫に移って行ったものと考へられる。(NKC9-33～34)

西谷は「あらう」「やうである」「恐らく」「考へられる」と述べ、推測しているに過ぎない。同様に高坂正顕[1]、高山岩男(KIC1-498～499)、務台理作(MRC5-217)、久松真一[2]も西田が禅から影響を受けたという指摘は、いずれも「やうである」「ではないか」という言い方であり、本格的に論証したと見なすことは出来ない。

京都学派の若手であった下村寅太郎は「『善の研究』の根本思想である純粋経験も近代的な哲学の概念でありますが、西田哲学ではこれはやがて禅の思想に連なるものを背景にしているのであります」(STC11-100)と述べる。柳田謙十郎は「西田哲学と禅とは引きはなすことの出来ない関係[3]」と述べ、森本省念《せいねん》は「西田哲学は禅の論理学[4]」と、論証抜きで断定する。大まかな傾向として、京都学派の中心的人物ではない人の方が断定的である。

いずれにせよ京都学派によって、「西田は臨済禅から強い影響を受けている」という主張は一度も本格的に論証されていない事実は確認しておくべきである。

2、日本人初の西洋哲学的思想という評価

京都学派は、西田を評価する際、西田が日本人として最初の哲学らしい哲学、つまり西洋哲学的な思考様式によって、西洋の哲学者に匹敵する水準の哲学を作り上げたとしばしば述べる。

下村は「伝統的な東洋思想はそのままでは哲学ではない」(STC12-147) と述べ、「哲学は世界性においてあくまで一つであります。その共同の哲学の地盤における性格的な形成なのである。共同の世界哲学への東洋からの始めての登場」(同) が、西田哲学であったとする。高山も「私は西田哲学を以て、西洋哲学移植以来最初の日本哲学の基礎を開拓したものとすることに躊躇しない」(KIC1-486) と述べる。森本は「哲学らしい哲学は、大正・昭和に初めて西田哲学が現出した(5)」と主張する。

しかしこうした捉え方は、大きく揺らぎつつある。一つは、T・カスリス、B・デイビスらが主張する「日本哲学」の捉え方である(6)。今や、聖徳太子、空海、道元などの思想もまた、海外の研究者から「哲学」と呼ばれるようになった。言い換えれば、言説を主とする思想は、「哲学」とほとんど区別する必要はない、という考えに変わってきた。カスリスは、明治以降の欧米から輸入された「哲学」のみを「哲学」だとする考えは、知的な意味での植民地化に、日本人自身が加担していると批判する(7)。

この考えは、納富信留、中島隆博らが主張する「世界哲学・世界哲学史」と方向性が重なる。この研究は、世界における地域ごとの思想的営みを相対主義的に俯瞰し、西洋哲学だけを特権的な位置に置かない態度を取っている(8)。

これらの観点から見れば、西洋哲学的な哲学が唯一の世界標準的な哲学ではないし、西田哲学が日本で初めてその世界標準に到達した思想だと単純に断定できない。西田哲学が西洋哲学的な特徴を有するというならば、この特徴とはそもそも何かということと、この特徴を満たす意義について考えなければならない。

ここでその結論を急ぐことはしないが、「日本哲学」や「世界哲学・世界哲学史」の観点から見れば、西田哲学が日本初の西洋哲学的な哲学であるという指摘は、第一に仮に事実だとしても、それは唯一の世界標準ではないという意味で、京都学派による評価よりも価値が相対的に低くなり、第二にそれを立証するには京都学派が考えていたよりももっと複雑な考察が必要になるという見通しを提示しておきたい。

3、京都学派は西田哲学を通俗化しなかった

京都学派は、西田哲学を通俗化して、専門の研究者ではない一般の人に向けて発信するようなことは、ほとんどしなかった。西谷は西田哲学について「非常にむづかしいもので、簡単にといふことになりますと非常に話しにくい」(NKC9-51)とか、「西田哲学は難解だとよく言はれる」(NKC9-91)と述べる。専門研究者から見て難解であるから、一般に向けて語ることは、ほとんど不可能と考えたようである。

しかし今や哲学は哲学カフェなどを通じて、一般の人にも接点のあるものでなければならないという認識に変わりつつある。また、難解であるということを強調するなら、密教の教理は専門の学僧であってもすべて理解したと言えるものではないが、天台宗にしろ、真言宗にしろ、一般に向け

て語り、書いている例は枚挙にいとまがない。

高山の『西田哲学』のように自分の視点で西田哲学についてまとめた著書は京都学派の一部にみられるが、これも読者は専門の研究者を想定していたと考えられる。ある程度、〝西田哲学についての啓蒙〟に該当するのは、三木清と西田による『読売新聞』『日本評論』の対談だが[9]、これも西田の言葉をそのまま載せており、かみ砕いて紹介するという体裁ではない。

戦後に京都学派の一部の研究者は、戦争責任を問われ、糾弾にあった。当時の社会状況を無視して京都学派を安易に断罪するような態度は取るべきではないが、ここでは、京都学派は西田哲学を一般に向けて分かりやすく語ることをしなかったという事実を指摘しておきたい。

4、小括

京都学派の面々は自らの哲学を述べる傾向が強かった。彼らがそれぞれ展開した哲学にどのような意義があったのかは、ここでは問わない。ここで重要なのは、まず西田哲学と臨済禅の関係である。京都学派を京都帝大における西田の直弟子に限るとすれば、京都学派は一九九五年一月二十二日、下村寅太郎の死でもって終わった。京都学派は西田が臨済禅の強い影響を受けていると証明できずに終わったのである。

また、彼等が西田哲学を一般に向けて分かりやすくかみ砕いて説明しなかったのは、結局は「西田哲学を臨済禅から理解する」という方向性が成果を生まなかったことも大きな要因と考えられる。

もし、彼等が「臨済禅こそが日本の伝統的な思想で最も重厚な思想である」と考えていたのであれば、これも鎌倉新仏教中心観の一種だと言え、今日では通用しない主張である。

二、智山学派とは何か

1、竹村教智の反応

智山大学で西田が教えた学生は多士済々であった。特に智積院化主（智山派管長）になった第五九世・秋山祐雅、第六〇世・那須政隆、第六一世・竹村教智、第六二世・芙蓉良順の四人は出色である。秋山が就任してから芙蓉が退任するまで、一九六三～一九七九年の間、西田に師事した僧侶が真言宗智山派管長を務めた。

谷津田教智（後の竹村教智）は真言教学の論文「安心の本質」で次のように言った。

> 真如は吾々の総べての思惟分別を絶した、直観其の儘の世界である。直観等といへば何か、主観的作用のやうであるが、その実は主客を超越した主客合一知意融合の状態である。物我相忘じ、物、我を動すにあらず、我、物を動かすのでもないたゞ一つの世界、一つの光景あるのみである。（CG3-51）

これに注釈がついており、西田『善の研究』の以下の文に依拠している。

純粋経験説の立場より見れば、こは実に主客合一、知意融合の状態である。物我相忘じ、物が我を動かすのでもなく、我が物を動かすのでもない、たゞ一の世界、一の光景あるのみである。知的直観といへば主観的作用の様に聞えるのであるが、その実は主客を超越した状態である。(NKZ1-43)

西田はここで「知的直観」の説明をしているだけであるが、谷津田は真如についての説明であると受け取った。これを誤読と見るか、より有意義に読んだと見るか、にわかには判断しがたいが、少なくとも西田があらかじめ想定していた内容を超え出ていたはずである。『善の研究』の中で「真如」の語は一度も使われていない。

谷津田は同論文で次のようにも言う。

或る立場に於いての否定は、それ以上の高次的な立場からは肯定してゐることゝなるのである。今我が空といふこともそれは単なる経験差別の認識的立場に簡《えら》ぶものであって、大なる肯定を意味するものであると見るべきものである。(CG2-54)

これに注釈がついており、西田『意識の問題』の中の「すべて或物を限定するといふことは之に対する反限定の立場を含んで居る。……高次的立場からは、前に反限定として消極的に考へられたものが、積極的内容を得ることとなるのである」(NKZ3-64) に手掛かりを得たとしている。谷津田は、龍樹など中観派の思想では空が有に転換し得ないと述べ、これを批判する文脈で先の内容を主張した。これも西田が想定していた内容を超えていたはずである。

いずれの場合も西田から考えの手掛かりを得つつ、西田から見れば、西田が考えていた範囲を超えた思想だと感じたのではないか。智山学派は密教の素養を持っており、この素養故に京都学派にはない反応を見せていたのである。

2、西田が去った後の智山派

西田が智山大学を去ったのは、一九二二年九月末と推定される。同年六月末が『智山学報』に於ける在席の最後の記録であり (CG3-105)、同年一〇月九日に那須政隆が助教授に就任したので[10]、区切りの良い九月末が退任の機会だと考えられる。

西田が智山大を去ったのちも、高神覚昇、若木快信、那須政隆、芙蓉良順など西田に教わった弟子達は、智山大学で教鞭をとり、後輩の指導に当たった。彼らはその後も西田の思想を弟子に教えていた様子である。

例えば、昭和二年度第一三回本科卒業生の、福井龍心 (後の藤井龍心、智積院第六五世化主、智山派管長、真言宗長者）が例として挙げられる。年代から考えて、西田には直接教わっていない。しかし福井は、論文「行為の要素より観たる宗教の面目」で次のように述べた。

神を信じ、仏を信ずることに由りて小さき自己の内に偉大なる全宇宙を見、生命の奥底に躍動する真理の流れを発見すると云った主客を合一せる絶対の世界に到達してこそ始めて二辺の対立を離れたる絶対的統一もなし得るのである。信仰は力である。不可分的な余他の到底窺知すべからざる絶対の境地である。然かも信仰は知情意の三者を根底としたものでなければならない。善の研究の著者其の人の言葉を借りて云ふならば、知を尽し意を尽したる上に於て信ぜざらんと欲して信ぜざる能はざる信念の内より得るものである。(1)

福井は『善の研究』第四編「宗教」第二章「宗教の本質」の末尾の言葉（NKZ1-178）を引いている。西田が信仰について論じた箇所は、そのまま出家僧による密教の信仰にも当てはまると判断している。

また、第六八世智積院化主（智山派管長）の宮坂宥勝は西田と面識はなかったが、高神や那須に師事しており、平成一〇（一九九八）年に新たな智山教学の再構築のために必要なこととして、次の四つを上げた。

（一）教学を貫く姿勢は、歴史的時間的に規定される生の虚妄性を暴く理論であった。仏教が提示する無時間的生の絶対的根拠と「現代」を生きることとの二律背反的存在のあり方を探究する思想が「現代化」のために要請される。
（二）そのため西田幾多郎の「場所的論理」に注目し、それは仏教の存在根拠の探究のあり方を近代の歴史意識と関連づけて、自己矛盾する人間の本質的あり方を探ろうとしたという意味では西田哲学の再評価を教学研究の視野に入れることができる。
（三）場所的論理は無時間的生の根拠が日常の時間意識へと超越的に顕現し、またこの時間的に規定された生は無時間的根拠へと超越する。この超越の契機が宗教的であり、だから生きること自体が宗教的であるとして、その生のあり方をどう自覚するかが実際の宗教の根本問題になる。その一例として、アニミズムの世界観をとりあげ、それは大師教学にも通底すると説く。アニミズムの世界観は確かに近代が拒絶しつづけてきたものではある。
（四）アニミズムの世界観から呪術を視野に入れ、さらに死者供養と現世利益―儀礼―が問題になる。要するに、近代化が見失ったもの、あるいは侮蔑し排除したものは何かを追究し、近代合理主義の思想的超越ともいうべきもの、そこに新しい真言教学構築の可能性を見出そうという試みである。(12)

このように西田に直接教わっていない智山派管長も西田哲学を重視し、その姿勢は平成に入るまで続いていた。智山派は、基本的には真言教学の維持と発展を目指しており、京都学派とは異なる形で西田哲学が継承されたと言える。

3、西田哲学の下化衆生

ロバート・ワーゴ（Robert Wargo）は西田幾多郎の哲学と松下幸之助の理念には一定の類似性があると指摘していた[13]。しかし西田哲学の書を、アカデミックな教育を受けていない松下が読んで理解していたという可能性は限りなく低い。この仮説が正しければ、西田哲学を分かりやすくかみ砕いて一般に向けて語っていた人が松下の周囲に長くいた可能性を追究する必要がある。

この点については、智山大学大正十三年度第一〇回本科卒業生の松田照應に注目したい。西田には一年半師事しており、那須政隆に二年半、高神覚昇には四年間師事した。松田は成田山大阪別院で主監を長く勤め、一九六五年一〇月二十一日大本山成田山新勝寺中興第十九世管首に就任した。一般信徒向けの『不動信仰について』で、次のように言っている。

現世祈祷の宗教は、仏教の全円周を一廻りまわって、旧の起点に立ち還った当相即道、即事而真の至高の妙智の宗教であるといい得るのであります。浄土真宗でいうところの還相回向であり、禅でいうところの身心脱落、脱落身心であり、西田哲学でいう「絶対矛盾的自己同一」という思想も含んで、包んで経て来た全円周の一廻りして、もとの平凡な凡夫に帰って来た、

至高の妙智であるといわざるを得ないのであります。(14)

松田は、浄土真宗も禅も、西田哲学をも「含んで、包んで」いくことを目指した。松田は大まかな方向性を示しただけで、その内容の構築までは行わなかったが、一般の信徒向けの話の中で「西田哲学」を語っていた事実は注目に値する。

松田が成田山財団理事長として招いたのが、恩師でもあった那須政隆であった。一九七六年三月二十五日、那須は一般信徒に向って「梅を見る」を例として「主観と客観とが一つになっている状態」について説明し、「西洋哲学の西田先生は、それを純粋経験とよく言われておった(15)」と述べた。

松田は一九四五年十一月二〇日に成田山大阪別院明王院で主監に就任しており、松下は一九四九年四月十五日から大阪別院の奉賛会会長を務めた(16)。さらに一九六四年一月、成田山新勝寺に大本堂を建設すべく、「成田山大本堂建立奉賛会」が結成され、一九六八年の本堂の竣工後、組織はそのまま「成田山奉賛会」となった。この二つの組織で副会長を務め、最大の寄進者であったのが松下であった(17)。両者は、大阪で二〇年にも及ぶ交流があり、松田が千葉県成田市に移っても交流は続いていた。

ここでは松下の思想について詳細に論じないが、一九四五年十二月五日、つまり松田が横浜から大阪別院に移って二週間後に、松下が松下電器の社員に向って次のように発言した事実は重要である。

仕事にはまりこみ、時間も忘れ、疲れも知らず熱中する。仕事から手を離すのが惜しくてならない。ただ働くことが愉快でたまらない。あたかも信仰の三昧境に似た状態で、仕事にわれを忘れてしまうという、いわば仕事三昧の境に入りうることは、まったく楽しいことである。またこの境地こそ、真剣に働く者のみの知る極楽の天地であり、人の知れぬ楽しい世界である。……それには仕事を敬い、一心不乱に働かねばならない。……仕事に徹し、仕事とぴったり一つになりきらねばならないのである。

働きを神聖というのは、かく全身全霊を仕事の中にこめて働くときをいうのであって、働く人を神々しく感じさせるのも、この仕事三昧、無我の境に入ったときなのである。(MKH29-328～329)

松下は「仕事とぴったり一つに」なりきる境地が重要だと考え、「この仕事三昧、無我の境に入った」ことが「神聖」とか「まったく楽しいこと」と主張した。那須は「日々なされておる」境地として、「私と外のものが一つだ」という境地を重視し、これが西田の言う純粋経験だと一般信徒に説明した。[18] 松下のこの発言は、西田の純粋経験に類似しており、成田山の講話から影響を受けた可能性が考えられる。つまり西田哲学は、智山学派を経由することで、企業倫理にまで応用された可能性がある。[19]

4、智山学派から見た西田哲学

智山学派では、西田はおおよそ密教に理解のある哲学者だと捉えられていたようである。しかし、正面から西田について扱った論考はない。では、智山学派から見た場合、西田はどのように評価できるか。

近代はその合理主義によって、密教を不遇にした。上知令によって大きな打撃を受けた密教は以後、宗派外では評価されない状態が続き、国の内外で再評価が進んだのは、一九七〇〜八〇年代に入ってからである。その歴史について詳細な研究はこれからの課題であるが、既に末木文美士[20]、那須政隆（NSC3-418〜419）、宮崎忍勝[21]などが、こうした歴史を指摘している。

筆者は第三章で、西田の「場所」は曼荼羅に由来する思想だと分析した。西田は基本的に密教とは関係のない出自であり、根源的な思想を求め続け、智山大学で密教と接点を持った結果、密教の価値に気づいた思想家であった。鎌倉新仏教中心観が強かった近代日本において、密教を重視し得たことは秀逸であると同時に稀なことであった。西田は一九七〇〜八〇年代における密教の再評価を、半世紀先取りした思想家であったと評価できる。智山派の複数の管長が西田を重視したのは、西田も密教を重視したことが大きな要因と考えられる。

終わりに

真言宗智山派は密教の素養でもって、京都学派とは異なる観点から西田哲学を見た。また、西田哲学を一般社会に伝えた存在でもあり、京都学派とは異なる役割を果たした。西田研究に於いて、智山大学はもっと重視されるべき存在である。

最近は、西田と鈴木大拙を引き付けて理解する研究が盛んであり、これも京都帝大と西田を引き離す観点という意味では本書と類似する。しかし本書は、こうした研究状況に敬意を払いつつも、違う道を行った。大拙にも密教に関心があったと思える形跡がいくつか見られるが、この点についての詳しい分析は今後の課題である。

(注)

(1) 高坂正顕『西田幾多郎先生の生涯と思想』弘文堂書房、一九四七年、四〇頁。
(2) 久松真一「西田哲学と禅」、天野貞祐他著『西田幾多郎とその哲学』燈影舎、一九八五年、四四〜四五、六五〜六六頁。
(3) 柳田謙十郎「西田哲学を生み出したもの」、務台理作他編『西田幾多郎――その人と学』大東出版社、一九四八年、一〇八頁。
(4) 森本省念「現代における禅修行の諸問題」、半頭大雅編『禅――森本省念の世界』春秋社、一九八四年、二六頁。

（5）前掲『禅――森本省念の世界』二六頁。

（6）Thomas Kasulis, *Engaging Japanese Philosophy*, University of Hawai'i Press, 2017, Bret Davis, *The Oxford Handbook of Japanese Philosophy*, Oxford University Press, 2019.

（7）Kasulis, *op. cit.*, pp.578-579.

（8）伊藤邦武・山内志朗・中島隆博・納富信留編『世界哲学史』全8巻・別巻、筑摩書房、二〇二〇年。

（9）「西田幾多郎博士との一問一答」「ヒューマニズムの現代的意義」「人生及び人生哲学」西田幾多郎『語る西田哲学――西田幾多郎 談話・対談・講演集』書肆心水、二〇一四年所収。

（10）大正大学真言学智山研究室編『那須政隆博士米寿記念仏教思想論集』成田山新勝寺発行、一九八四年、序文四頁。

（11）『我』第一八号、菩提樹社、一九二七年、三一頁。

（12）宮坂宥勝「『真言密教の現代化』序―模索とその経過―」『現代密教』第一〇号、智山伝法院、一九九八年、九～一〇頁。

（13）本書第八章参照。

（14）橋本照稔編『松田大僧正を偲ぶ』成田山新勝寺発行、一九八七年、三四六頁。

（15）西崎照明編『那須政隆猊下講話集』鶴見照碩発行、一九八二年、一七〇～一七一頁。

（16）松田照應『大阪別院回顧録』成田山大阪別院発行、一九六九年、八～九頁。

（17）那須政隆『成田山教化読本』成田山新勝寺発行、一九七五年、一二三～一二四頁。会長は佐藤栄作であった。

(18) 成田山福祉教化研究会編・発行『那須政隆猊下講話集』一九八二年、一七一頁。
(19) 西田哲学が広く受け入れられた一つの証拠として、終戦直後の一九四七年に岩波書店から『西田幾多郎全集』が発売になった際、徹夜で行列する人々が出たという指摘がなされることがある。紀伊國屋書店企画・発行のDVD『学問と情熱第23巻　西田幾多郎　物来って我を照らす』二〇〇六年はこの解釈を取っている。しかし、松井健人「偽史言説としての『西田幾多郎全集』(一九四七年)購入徹夜行列――教養文化史再検討のために」『東京大学大学院教育学研究科紀要』第六二巻(東京大学大学院教育学研究科、二〇二三年)は、終戦直後のハイパーインフレーションを受けて、資産管理の手法として学術書を買い求めていたと解釈している。筆者も松井の解釈が正しいと判断しており、この行列は、当時に於ける西田と岩波書店の知名度の高さや社会的信用を示す現象とは言えるが、多くの若者が貧窮の中でも西田哲学を読みたかったわけではないと考える。
(20) 末木文美士『日本仏教入門』KADOKAWA、二〇一四年、二〇六～二〇七頁。
(21) 宮崎忍勝『密教と現代』高野山出版社、一九七二年、七一～七三頁。

第五章補遺　野崎廣義論

「野崎君遺稿出版について御手紙の件すべて承知　故人を懐ふの情に堪へず」
（NKZ19-190）

（一九四二年三月二十二日、務台理作宛の西田のはがき）

初めに

西田幾多郎が京都帝国大学に来る前、金沢の第四高等学校で教鞭をとっていた頃の話である。ある日、西田を廊下に呼び出して、哲学を学ぶ志を述べた学生がいた。その後も哲学書を読んで感激するところがあれば、西田の家を訪れ、時を忘れて議論を重ねたという（NKZ13-172）。

この学生こそ、本章で取り上げる無窓・野崎廣義である。西田が第四高等学校と京都帝国大学の両方で教え、その後は同じ大学で教壇に立った弟子であった。優れた才能を持ち、将来を嘱望されながら二十八歳の若さで心臓麻痺により突然死した。葬儀では西田が弔辞を読み、その早すぎる死を悼んだ。

死後に遺稿が整理され、三年後『無窓遺稿』が私家版として制作された。さらに死後二十五年たって遺稿集の一部は『懺悔としての哲学』(弘文堂書房)と題して一般に販売された。野崎について書かれた追憶や論考は、これらの遺稿集に掲載されたものの他は、わずかな文章しか見当たらない。これら少量の資料が、この世における野崎の存在証明である。

本章は、この野崎の事績と哲学に迫りたい。それは一つには西田の周辺や初期の京都学派について研究してみたいという狙いがある。また、野崎を通して大正時代の青年の思想を明らかにしたいという思いもある。しかしそれだけではない。

古来中国では孔子の弟子の顔回がそうであったように、若くして亡くなった才能を悼む風習があった。二十六歳で亡くなったとされる唐代漢詩家の李賀は、鬼才と呼ばれて尊重された。「年年歳歳、花相似たり、歳歳年年、人同じからず」という詩を残した唐代の劉希夷も二十八歳で亡くなったと伝わる。

日本にも源義経(享年満三十一、以下同)の判官びいきのように、志半ばで亡くなった人に対して強く感情移入する文化がある。幕末の動乱で亡くなった橋本左内(二十五)、吉田松陰(二十九)は、人物と共にその詩文も人気が高い。近代の作家・詩人ならば、芥川龍之介(三十五)、石川啄木(二十六)、金子みすゞ(二十六)、太宰治(三十八)、樋口一葉(二十四)、宮沢賢治(三十七)など、夭折してもなおその作品が読み継がれる人がいる。

フランスでは、若くして亡くなった哲学者を尊重する文化があるという。アルベール・ロトマン（三十六）、ジャン・ニコ（三十）、シモーヌ・ヴェイユ（三十四）は高く評価されており、フランス国立科学研究センターはその名を冠した「ジャン・ニコ賞」を年一回発表している。ヴェイユについてはフランスのみならず、日本でも多くの研究がある。

では、日本の哲学者については、どうであろうか。夭逝した日本人哲学者を顕彰する研究は、活発であるとは言い難い。我々は、若書きのみに終わった日本人哲学者の才能を尊重することができないのであろうか。二十代で亡くなった野崎の事績と哲学を分析することで、これに挑戦してみたいというのが、本章の狙いである。

一、野崎廣義の略歴

まず、野崎廣義の略歴についてまとめておきたい。弟の野崎三郎が書いた「亡兄の略年譜に代へて」[1]（Nb210～224）と『智山学報』に掲載された「本学教授文学士故野崎廣義先生略伝」（CG2-52）が、その資料と言える。

野崎は一八八九年四月八日、富山県射水郡七美村野寺（現・射水市七美）で農業を営む野崎與右衛門の次男として生まれた。家長は代々與右衛門を名乗っていた。一八九四年の初夏に父が早世したため、母のきいは三男の三郎だけを隣家に預け、残る三人の息子を育てた。家の宗派は真宗大谷派であった。

中学三年までは海軍志望であったが、目が悪かったため、一九〇六年九月、金沢の第四高等学校独法文科に入学した。キリスト教青年会の寄宿舎に下宿し、洗礼も受けたが、やがてキリスト教から離れたという（Nb199、216）。

第四高等学校では西田幾多郎に教わっており、弟の三郎に宛てた手紙では「人は読書の傍ら瞑想が必要である。読書万能主義を御本尊として居ると独創的思念がとぼしくなる」（Nb215）と書いている。西田は一八九七年の日記の欄外に「他人の書をよまんよりは自ら顧みて深く考察するを第一とす　書は必ず多を貪らず」（NKZ17-3）と書いている。既に西田から影響を受けていた様子を読み取ることができる。

大学では哲学を専攻したかったが、実叔母の夫が弁護士だったこともあり、一九〇九年九月、東京帝国大学独法科へ進学した。意に反した進学だったため、鬱々とした日を送っていたという。しかし一年後「西田先生が京都大学の倫理講座を担任さるる由是亦一の快事に候」（Nb217）と述べ、京都帝大へ転学して再び西田に師事した。

学生時代の日記に野崎は「西田先生を訪れた。愉快に二時間を談じた。先生は尊敬するに足る思想家であると云ふ印象をいつも乍ら今日も受けた」（Nb123）と記している。一方で「私には友達なんて無用である」（Nb142）とか、「交友を絶って独り考へ乍ら、独りの天地を造つて見たい。此頃は友と語つて価値を見出したことはない」（Nb145～146）と記していた。

一九一三年七月に京都帝大を卒業し、内藤湖南の紹介で同年九月から大阪朝日新聞に勤めることになった。同時に、親戚の紹介と思われる縁で、郷里に近い富山市出身の稲垣のぶと結婚した。このころからG・ライプニッツ『モナドロジー』の「モナドには窓がない」にちなんだ「無窓」を号とするようになった。

記者生活は半年余りで終わった。一九一四年二月十四日の西田の日記には「夕頃野崎来る、朝日に留ることにせりといふ」(NKZ17-333)という記述があるので、野崎も辞めるべきか寸前まで迷ったようである。退職後は京都帝大大学院に進学し、同年九月から新義真言宗智山派私立大学智山勧学院(智山大学)で講師となった。智山大学は新義真言宗智山派(現・真言宗智山派)の最高学府としてこの年の四月に開学しており、職をあっせんしたのは前年の十月二十二日から大学の設立にかかわっていた西田だと考えられる(NKZ17-325)。

一九一四年十二月発行の『智山学報』創刊号には「本学院職員表」に「講師　哲学史、論理　文学士　野崎廣義」(CG1-122)と記載してある。智山大学における西田と野崎の講義の様子について、『智山学報』は次のように紹介している。

(西田—引用者)博士は人も知る非常な篤学者で我が思想界の重鎮である、先生の一言隻句はこれみな人格の迸しりで、学生は先生の講義に接する時は自から襟を正し、いつも幽玄の神秘に導かれて酔はされるのである、また野崎学士は論理学及び西洋哲学史を講じて居られる、先

生は頭脳明晰、その創造的思索はつねに吾等に神秘の謎を解いて霊妙の境に引き入れて下さる。(CG1-520)

講義の内容が「幽玄の神秘」「霊妙の境」と紹介されているのは、この二人だけである。この二人が教えた学僧の中から、後に智山派で「双璧」と称された高神覚昇と那須政隆が育ったのであった。高神は「西田博士及野崎先生を哲学の教授として居た智山大学は奇しき因縁とも云うべきであろう」(TKS1-243〜244)と述べ、自分たちに学派の如きまとまりを意識していた。

野崎が突然死した様子について『智山学報』は次のように述べている。

大正六年六月十七日午後八時、聖護院附近を散策中熊野神社にさしかゝるや、同伴の友の肩を軽打する事二回、一語を発する暇すらなく心臓麻痺の為路上に倒れ、溘焉として永眠さる。(CG2-52)

享年は満で二十八であった。西田の日記によれば、この日の京都は雨だったという(NKZ17-351)。聖護院西町には、第四高等学校と京都帝大の上級生で、野崎の遺稿集を編纂した小笠原秀實(後に仏教大学教授)が住んでいた。(2)「同伴の友」とは、後に龍谷大学教授となった中性慶であった(Nb222)。

西田は翌日その死を知った。同年六月二十日の午後、京都市内の常願寺（真宗大谷派）[3]で葬儀が営まれ、西田が弔辞を読んだ（NKZ13-171～172）。前年まで智山大学で「講師」であったが、『智山学報』の死亡記事は野崎を「教授」と紹介している（CG2-52）。

西田は遺稿集の序文に「君の記憶は深く我心の歴史の中に織込まれて、我といふものより除き難くなりぬ。悲しからん時も、嬉しからん時も、君の記憶は長く我魂の竪琴に一つのメロディーを奏づるなるべし」（Nb序1）と書いた。野崎の哲学とはどのような内容だったのか。

二、絶筆「懺悔としての哲学」

野崎は一九一七年六月十七日に亡くなった。その前の晩に野崎が徹夜をして書いたのが絶筆「懺悔としての哲学」であった。しかし野崎は約半年前の一九一六年十二月十三日付けで、同じ題の原稿を書いていた。西田はこの経緯を次のように説明している。

この文は君が昨年の暮、朝日新聞の為に書いたものであるが、意に満たずとして発表せなかったものである。併し今度『哲学研究』の為にこれを書き直すといふので、死去の当日、夜の一時頃より書き出して朝までに七八枚書き直したさうである。（Nb184）

野崎は旧稿の「懺悔としての哲学」の何が不満であったのか。なぜ同じ題で新稿を書き直そうとしたのか。まずは「懺悔としての哲学」の旧稿と新稿の違いから、野崎の哲学に入って行きたい。

旧稿の「懺悔としての哲学」では「ドストエフスキーの『罪と罰』に於けるラスコルニコフ」(Nb7)について紹介し、殺人を犯して悔い改めようとした主人公と野崎自身を重ねようとする。野崎は「自己のこれまで辿った生活を新生の光に照らして見るならば、すべてが罪悪であり、虚偽である」(Nb8)と述べている。哲学的に考えることは「たえず自己の罪を悔ゆる過程である。懺悔がないなら哲学がない」(Nb9)と述べ、『罪と罰』から言葉を引きつつ、「この決して許さないところに真理の大慈大悲がある」(Nb11)と主張した。

旧稿では「大なる十字架を負ふ」(Nb14)と述べるなど、キリスト教的なモチーフが用いられていて、自らの原罪を意識してひたすら懺悔しなければならないという姿勢が濃厚である。全般的に文学的な筆致であり、主張そのものに特に大きな牽強付会や独善を感じさせるものではない。しかし、一応は完成した約五〇〇〇字の旧稿を、野崎は自ら没にしたのであった。

絶筆となった新稿は未完のままであり、約二〇〇〇字の分量で終わっている。旧稿で目立っていたドストエフスキーに関する言及はない。野崎が懺悔すると言っても、『罪と罰』の主人公のように殺人を犯したほどの罪があるわけではないのだから、自らと重ねるのは不適当と判断したのであろう。

旧稿では原罪ゆえにひたすら懺悔を続けるのみであったのに対し、新稿では苦しみぬいた末に、何か一定の解決へ道筋が見えたように述べている。「自己の受用しないところのものが却って自己を追及して止まないことがあるといふことを悟つた」(Nb19)という「ディレンマ」を強調して、新稿は中断している。急逝しなければ、これからさらに深い分析に入る予定であったことが想起される。

旧稿は、ドストエフスキーに仮託していたこともあって文学的表現だったが、新稿は一定の論理を読み取ることが出来る。懺悔の末に「ただのちつぽけな人間」(Nb17)であった自分は「運命」(Nb18)を受け入れて、解決に向かっていく様子であった。

野崎は亡くなる約二カ月前、日記に「二十代の記念論文として『論理的活動の本質』に就て考察し見たきものである」(Nb177)と書いていた。では、野崎が考えていた論理とは何であったのか。

三、西田と共に考えた「A is A」

西田は『善の研究』(一九一一年)の序文で次のように書いている。

数年を過ごして居る中に、いくらか自分の思想も変り来り、従つて余が志す所の容易に完成し難きを感ずる様になり、此書は此書として一先づ世に出して見たいといふ考になつた。(NKZ1-3)

『善の研究』を出版する前から、西田にはあるテーマが見つかり、それが容易に完成しない見通しだったと述べている。そのテーマとは「自覚といふことは、如何にして可能であらうか」(NKZ2-20)であった。別な言い方をすれば「我は我である」とは、どのようなことなのか、西田は「甲は甲である」という論理から考えようとした。これをテーマにしたのが『自覚に於ける直観と反省』(一九一七年)であり、いわゆる「悪戦苦闘のドッキュメント」(NKZ2-11)である。なぜ西田は、ここに来て自覚の問題が特に気になりだしたのか、今のところあまりよく分かっていない。[4] 現在、初期西田の遺稿の整理が続けられており、[5] 今後の発見によっては、経緯が判明するかもしれない。

そしてこの問題は、野崎も共有していた。野崎は次のように言っていた。

吾々がA is Aと云ふ場合には単なるTautologyを語って居るものではない。若し単なるTautologyならばAだけで沢山である。然らばA is Aなる判断に意味のあるのはどこかと云ふに、それは純粋活動の内面発展、自己完成の機能を表はしてゐるからである。(Na136)

野崎は「純粋活動」という概念を提示する。「A is A」は、「内面発展」であり、「自己完成」へ向かう活動だと述べる。「純粋活動」とは、どうやら仏教風に言えば上求菩提のことのようであり、それを端的に示したのが、「A is A」なのである。

もう少しかみ砕いて言えば、迷える「主語のA」は、悟れる「述語のA」を目指して「純粋活動」をしていると表現できる。野崎はこれを「絶対活動」(Na117)とも述べていた。野崎の言う「論理」とは、この「絶対活動」を説明したものである。

以上を踏まえて野崎は、哲学の最後の結論は「俺は俺だ」(TKS1-239)と述べたという。野崎の思想をまとめて、智山大学で師事した高神は次のように説明した。

哲学の真生命は俺は俺だと信ずるにあると叫んだ先生の言葉は今も尚深く、自分の胸裡に印銘されて居る。個人的な俺は最早や茲に於て普遍的なる俺である。有限差別なる果敢ない俺は、是に至りて無限絶対者と握手するに至るのである。(TKS1-246)

ただ、野崎の場合は、主語のAは述語のAの一部なのか、それとも同じと見て良いのかがまだはっきりしていなかった。野崎の主張を紹介した高神の「握手するに至る」という表現も、どのような状態を指しているのか不明である。この意味では、野崎が残した文章の中にはっきりとした解決が記されているとは言い難い。西田は、自身が解決を得なかったことについて、「幾多の紆余曲折の後、余は遂に何等の新らしい思想も解決も得なかったと言はなければならない。刀折れ矢竭きて降を神秘の軍門に請うた」(NKZ2-11)と表現した。西田がこの敗北宣言を書いたのは、一九一七年六月七日（NKZ17-351）であり、その十日後に野崎は亡くなったのであった。

四、野崎の慧眼

野崎は亡くなる半年ほど前の日記に次のように書いていた。

> 本年中に修めたいものは数学物理学論理学である。此等のものを学ぶは何も究極の目的ではない。究極の目的は神である。神と強く固くつながる為にこれ等の精密科学を学ぶのである。（Nb172）

野崎は、数学の研究に余念がなかった。西田によれば、亡くなる数日前に「コバレフスキーの微分積分[(6)]」を返しに来たという（Nb183）。それ以前にも西田から、ホブソン『実変数関数論』を借りており（Nb155）[(7)]、京都帝大の数学者であった園正造の研究発表も聞いていた（Nb175）[(8)]。「数学物理学論理学」を学んだ先に「神と強く固くつながる」ことが可能であると信じたのである。日記には「徹宵数学をやる、面白し面白し」（Nb159）と書き、「数学を学ぶ講義の準備になかなかかかる」（Nb153）とも書いているので、智山大学の「論理」の授業では数学も教えていたと考えられる。

こうした合理的思考への関心に由来すると思われる一つの特徴が、野崎の主張にはあった。それは文法への着眼である。

野崎は次のように言った。

哲学と云ふものは常にGrammatical particlesに注意を向けてゐるものである。With, near, next, like, from, toward, against, because, for, though, my——之等の言葉はintimacy及びinclusivenessの遞高的順序に並べられたconjunctive relationsのtypeを示しているのである。(Na81)

以上の引用のうち、「之等の言葉は」以降は意味が分かりにくい。野崎の手稿はこのように、日本語、英語、ドイツ語が混在している。「intimacy(身近さ)及びinclusiveness(包括性)の遞高的(次第に高くなる)順序に並べられたconjunctive relations(接続的関係)のtype(型)」とは要するに、接続詞など不変化詞の内容を言おうとしていると考えられる。つまり野崎は「哲学とは常にGrammatical particles(不変化詞)に注意を向けているものであり、なぜならそれは概念の順序や接続を示しているからである」と言いたいようである。野崎は他にも、デカルトの「我思う故に我あり」について、「『故に』と云ふ連絡語が採用される」(Na45)と述べていた。

西田の『自覚に於ける直観と反省』(一九一七年)では、文法への着眼は稀薄である。『甲は甲である』といふ場合の後の『甲』が前の『甲』を知るのではない」（NKZ2-99）と述べており、主語と述語という言い方はしていない。これ以前の著作である『善の研究』（一九一一年）でも「主語」「客語」という単語は、ほぼジェームズの思想を紹介する箇所で見出されるのみである。

野崎の死後、西田は『意識の問題』（一九二〇年）で「『甲は甲である』と云ふ自同律の判断に就て見ても、その『主語甲』と『述語甲』との対立の状態が識別の状態」（NKZ3-37）と述べるなど、文法に着眼するようになった。文章の内容の論理だけ見ていた西田が、言語を構成する法則についても言及するようになったのは一つの躍進であった。しかし、西田自身はなぜその躍進が可能になったのか、特に説明していない。

やがて西田は、いわゆる「場所」の論理を展開することによって、「自覚といふことは、如何にして可能であらうか」（NKZ2-20）という問題に一定の解決を得た。『働くものから見るものへ』（一九二七年）が、「場所」の論理を初めて掲載した著書である。脱稿の直前に、日記にわざわざ「Wiedergeburt」（NKZ17-438）、つまり「生まれ変わった」とドイツ語で書き、「いかなる腐木にも新しい生命の芽をふくことができる。けふ最楽しかりし」と述べ、赤鉛筆で太陽のようなマークまで描いて、その解決を喜んだ。[9]

西田の「場所」の論理について本章にとって重要な点は、西田が次のように言っている点である。

私が私であるといふ自覚は既に場所の意義を有する。私が私に於てあることを意味するので

ある。（NKZ5-62）

このうち「於て」は西田が「場所」の論理を説明する際、こだわった表現である。西田は「自覚の意識の成立するには『自分に於て』といふことが附加せられねばならぬ」（NKZ4-127）とか、「やはり『於てある場所』といふ如きものがなければならぬ」（NKZ4-222）と述べた。「於て」は動詞「おく」の連用形に接続助詞「て」の付いた「おきて」のイ音便であるが、西田は不変化詞のように使っており、ドイツ語の「in」と同じ意味で捉えていたと考えられる。「in」はGrammatical particles（不変化詞）の一つである。

一九一七年六月二十日に野崎の葬儀が行われ、二十二日と二十三日、西田は「野崎の件につき」（NKZ17-352）小笠原秀實と面会している。この時点から西田は野崎の遺稿を繰り返し読んだと考えられる。その遺稿の中にあった「哲学と云ふものは常にGrammatical particlesに注意を向けてゐるものである」（Na81）という主張は、それまでの西田になかった発想であった。西田は野崎の慧眼から、やがて「於て」の手掛かりを得た可能性が考えられる。

五、西田の「養殖」

藤田正勝は京都学派の特徴について、「共通の問題をめぐって議論し、相互に大きな影響を与えあった。その関係は、決して師から弟子たちへという一方向的な関係ではなく、むしろ双方向的な関係であった」[10]と言っている。西田は弟子たちの思想から思索の手掛かりを得ることもあったと考えられる。

西田が弟子から学んだということは、次のように考えられる。先に述べたように、西田は「我は我である」という自覚は、どのようなことなのか、「甲は甲である」という論理から考えようとした。野崎はその問題を共有し、自分なりに温めた結果、文法に着眼して考えることを思いついた。西田は野崎が温めた思想を取り入れたのである。

つまり、西田が弟子から取り入れた思想は、西田が教えた内容を弟子が時間をかけて育てたものだった場合も考えられるのである。西田の思想の一部を西田に代わって弟子が熟成させ、その成果を西田が取り入れている場合もあったはずである。

もし、全く縁もゆかりもない人の思想を自らの思想に取り込もうとすれば、自分の思想と取り入れた思想の間には、木に竹を継いだような違和感が残るものである。思想家は、その違和感がなくなるまで、相当な時間をかけて自分の思想と取り入れた思想を練り合わせなければならない。しかし最初から西田の中にあった思想を弟子が取り入れて熟成させ、それを西田が取り込んだのであれば、西田の思想と取り入れた思想の違和感は少なくて済む。弟子から取り入れた思想を西田の思想に馴染ませるのに、あまり時間はかからない。

弟子に思想を授け、弟子が育てた思想をまた取り入れることは、あたかも稚魚をいけすに放ち、成魚に育ってから収穫することにも似ているので、ここではとりあえず「養殖」と呼んでおこう。西田はこの「養殖」が非常に巧みな哲学者であった。後年になるに従って西田の哲学は加速度がついたように重厚さが増していった。それは、この「養殖」の成果が次々と得られたという面があったと言える。西田が晩年の五年間で論文に引用した弟子の名は、久松真一（NKZ10-473）、木村素衛（NKZ 10-236）、高坂正顕（NKZ 10-192）、高山岩男（NKZ 10-210）、下村寅太郎（NKZ 10-417）、三宅剛一（NKZ 11-120）、務台理作（NKZ 11-450）、野田又夫（NKZ 11-151）、澤瀉久敬（NKZ 11-307）、山内得立（NKZ 10-357）が挙げられる。名前を明示しているだけでこれだけの人数である。西田が弟子に学ぶ姿勢を持った哲学者であったことは明白である。西田が人の何倍も思考することができたのは、一つにはこの「養殖」に秘密があったと考えられるのである。

通常は、西田という優秀な哲学者がいたので、その学識を慕う学生が集まり、京都学派が形成されたと考えられている。しかし、それで終わりではなく、西田はその集まってきた学生に「養殖」を施して、自らの哲学をさらに重厚にしたのではないか。重厚になった西田哲学に憧れて、さらに多くの学生が集まった。また、西田に影響を与えることができた弟子は、引用された自分の名を見て、さらに研究意欲が増したことであろう。西田哲学と京都学派は「養殖」を通じた循環によって成長していったと考えられるのである。

西田は、最初の野崎の遺稿集『無窓遺稿』の跋で論文「懺悔としての哲学」について、「余はこの文を読むにつれてその真摯なる態度を思ひ自ら胸迫り涙落つるを禁じ得ない」（Nb185）と書いた。一九四二年に発刊された遺稿集『懺悔としての哲学』の序文では、改めて野崎の文章について「真摯なるものは何時までも人の心を惹くであらう」（Nb 新序 1）と書いている。西田は、野崎の文章を何度も読み返していた様子である。第四高等学校時代からの弟子で、西田と同じ問題を追っていた野崎こそ、西田に影響を与えた最初の弟子であった可能性が高い。文法の重要性と共に「養殖」の有効性を初めて西田に気づかせたのは、野崎だったと考えられるのである。

六、神秘主義への関心と高神

野崎は数学と共に、西洋神秘主義にも関心を広げようとしていた。西田は次のように書いている。

余は野崎君とは始終遇って居たのであり、特にその二三日前、コバレフスキーの微積分を返しに来てスコトゥス・エリューゲナを借りて行つた君が突然此世を去らうとは誠に思ひがけないことであつた。(Nb183)

スコトゥス・エリューゲナ（エリウゲナ）とは九世紀の新プラトン主義の思想家であり、スコラ哲学の先駆者とも言われる。[11] 数日前に借りただけなので、十分に読む前に他界したと思われるが、野崎が西洋神秘主義に関心を示したことは注目に値する。

智山大学で野崎に師事した高神は、「『究極は神である。神に固くつながれん為めに哲学を学ぶ』といった故人（＝野崎─引用者）の語は、神と一致することを以て哲学の本領なりと思惟した、敬虔なるネオ・プラトニストの言葉のように、我々に強い共鳴を感ぜしむるものである」（TKS1-86）と述べていた。高神は、野崎による神秘主義への関心を含め、その言わんとする所をよく理解していた様子である。

高神が受けた智山大学における最後の授業で、野崎は「哲学の最後の結論」が『俺は俺だ』との自覚にあり」（TKS1-239）と説明したという。高神は野崎の「俺は俺だ」を次のように解説した。

げに「我考うるが故に我あり」Cogito ergo sum　とはこれまさしく近世哲学の曙光であった。一切を疑い、疑いつくして而もその疑う自身は疑い得なかったデカルトの最後の宣言は、いうまでもなく「俺は俺だ」の自覚に外ならぬ。我考うといった我は、恐らく迷の我であろう。我在りの我は一切を肯定した大なる我である。さればこの肯定せられたる大なる俺は、決して私共の小さい俺の対象となるべきものではない。まことに大きい俺は無始以来不生不滅の俺でもあったのである。自覚せる絶対なる俺は、時、空、因果を超越せる普遍的自我である。カントの所謂先験的自我とも称すべく、又スピノーザの本体ともいうべきものである。わが仏教にて法といい真如というも、畢竟この大きい俺に名づけた言葉であろう。（TKS1-91）

高神は、デカルトもカントもスピノザも、仏教に引き付けて理解した。仏教は、これらの哲学を統一的に説明できる原理を既に持っていると考えていたのである。高神は新義真言宗智山派の学僧なので、「迷いの我」が「大なる我」であるという思想は、即身成仏を下敷きにしていると考えられる。

上記の引用に続いてさらに高神はこう主張している。

しかるに世の多くの人々は、この無始以来存在せる大きい俺のあることを忘れて、徒に自己以外に真実の自己を求めんとしている。しかし絶対なる大きい俺は、決してこの小さいはかない俺以外にあるものではない。尽日尋ね回った春は、却って庭前の枝頭にあった。南枝の梅花はすでに天下の春を囁いていたではないか。渋柿の渋がそのまま甘味である以上、尋ね歩いた自分は、やがてこれ尋ね求められたる自分である。一切を否定した自己は、そのまま一切を肯定したる自己である。げに自己を如実に証験したるものは、自己に一切を認め、一切に自己を眺むるものである。かくて一切は自己の内容であると共に、一切は又俺の全体である。

(TKS1-91)

高神は「尽日尋ね回った春は、却って庭前の枝頭にあった」という比喩を使って、哲学的な問いの答えは、意外にも身近な所にあると説く。これを野崎の「俺は俺だ」について解説する文脈で述べているのである。野崎の求めた「俺は俺だ」の答えもまた、彼にとって身近な所に答えがあったことを示唆している様子である。
高神は野崎のことを「畏友」（TKS1-94、238）とも言っており、智山大学を卒業した後も、しばしば会っていたという。年齢も五歳違いなので、既にお互いに刺激しあう双方向的な関係だったと考えられる。この点を重視して、もう一度野崎の言葉を次に見たい。

七、野崎が死の直前に悟ったもの

ここでもう一度、野崎の絶筆「懺悔としての哲学」（新稿）に戻る。野崎は「懺悔」の内容として「私は眼に見えるすべての問題に於て、不可思議を見ることができなかつたのである」（Nb16）と述べた。何かが視れども見えずといった状態だったことを「懺悔」している様子である。さらには自分の「運命」（Nb18）を何度も強調していた。重要な部分を少し長めに引用すると、以下の通りである。

私自身に姿を現はした運命は、山の中からでもすべりでて来たやうな冷酷なものであつた。その魂に突き当る鋭さには、あの花やかな光も輝もすつかり消えてしまつた。私の魂は、何かな暖いものを、何かな光つたものを、盲滅法にあたりを撫で廻はし、狂ひ廻つたが、やはり、はてしもない暗やみと冷たさがあるばかりであつた。私は斯様にして、初めて不可思議の世界の扉に手を掛けたのである。兎に角私の面と面を接したものは、その姿の明確であると云ふ点から云つたなら、むしろ深刻であると云つた方が適切である。何となれば、暗やみそのものも冷たさそのものも観念や表象の鏡に写つた反映ではなく、力そのものであつたからである。ところが、これまで自己の対象となり、問題となつたところのものを握りしめなければ承知できなかつた私は、この明確過ぎる程明確な問題の前を、絶えず逃げ去らうとあせつてゐたのであるが、あせればあせる程、運命はその姿を明確にして、即ち、暗黒と冷たさはいよいよはげしくなつて来たのである。私はここに、未だかつて自覚しなかつたディレンマにはまつたのである。私は初めて、明確な認識必ずしも自己の受用するものではなく、自己の受用しないところのものが却つて自己を追及して止まないことがあるといふことを悟つた。但し、ことがあるといふ言葉は特称的表現であるけれども、生活その時その場合にあたつては、それは全称的の力でもつて現はれ来るものである。力として現はれ来た斯様なディレンマの前には、只不可思議、それも死ぬるばかりの不可思議を感ずるだけである。（Nb18〜19）

以上の文章は、核心を明示するのを避けているようにも見える。この後に核心を示して、読者の理解を得る予定だったと考えられる。ここでは高神が野崎の思想を紹介した「俺は俺だの哲学」に引き付けて読んでみたい。つまり、先の高神の引用と同様に、意外にも身近な所に重要な答えがあったという話だとして読んでみよう。

まず野崎の言う「運命」とは、智山大学で教壇に立ったという自分の「運命」について述べたと理解することができる。その上で野崎は、「自覚といふことは、如何にして可能であらうか」(NKZ2-20)という問題の解決やその糸口を、真言密教の中に見つけてしまったのではないか。真言密教という「自己の受用しないところのもの」、つまり自分が信仰しているわけではない宗教が、自分の求めていた問題の答えを持っていた。その事実は「自己を追及して止まない」のである。「私自身に姿を現はした運命は、山の中からでもすべりでて来たやうな冷酷なものであつた」とは、西洋哲学を真剣に学んでも結論が出なかった問題が、真言密教と接することで答えが見えてしまったという「運命」は、ある意味「冷酷」な結果であったという意味であろう。それまでの野崎は、いつも目にしている真言密教が答えを持っているという「不可思議を見ることができなかった」のである。「生活のその時その場合にあたつては、それは全称的の力でもつて現はれ来る」、つまり講師として智山大学に通っているという野崎の「生活」において、その事実が「全称的の力でもつて現はれ来る」。それは「只不可思議、それも死ぬるばかりの不可思議を感ずる」のであった。野崎の求めた「俺は俺だ」の答えは、意外にも身近な所に答えがあったのである。

それは言い換えれば、鎌倉新仏教中心観が全盛であった近代日本において、遅れた迷信のように思われていた密教が、野崎には重厚な思想だと分かってしまったということである。その事実は、欧米の文物が全て日本より進んでいて、日本人はそれを追いかけるのみだという態度にも修正を迫る事態である。しかし、そんな常識外れなことがありうるのかという「未だかつて自覚しなかったディレンマ」に野崎は陥ったと考えられるのである。

野崎が絶筆の後に書こうとした内容とは、「ディレンマ」に戸惑いつつも、真言密教の即身成仏を自分なりに言い換えて、「迷える小我は悟れる大我になれる」という主張だったと考えられる。「俺は俺だ」について、「俺は仏だ」という方向で説明しようとしたはずである。エリウゲナをうまく補足材料に使うとすれば、神と被造物との結合性に関する思想を自分なりに拡大し、即身成仏との類似性を見出そうとしたと予想できる。

野崎は、年齢が近い弟子であった高神ら真言密教の僧侶から学んでいた可能性があった。弟子に学ぶことの大切さを最初に覚えたのは、西田ではなく野崎だったのではないか。野崎の若さが長所になったとすれば、年齢のあまり変わらない弟子から謙虚に学ぶ姿勢を持ち得たことである。西田は野崎を悼む中で、小笠原秀實や中性慶から「懺悔としての哲学」（新稿）の続き、つまり書かれることのなかった最晩年の野崎の思想を知ったはずである。そして、故人の事績を追う形で西田は弟子に対して「養殖」を始めたのではないか。こうして近代日本の最も偉大な哲学である西田哲学は、西田の強靭な思索力と野崎の後輩たちによって形成されていったのである。

終わりに

本章は冒頭で、若書きのみに終わった日本人哲学者を高く評価することができるのかと問うた。西田と同じ問題を追いかけ、西田より早く文法を重視した野崎の慧眼は、西田に取り入れられた。弟子が育てた思想を取り入れることが非常に有効であることに西田が気づいたのも、野崎の死がきっかけだと考えると時期的にもつじつまが合う。高神の説明から考えても、野崎自身が既に智山派の僧侶たちから謙虚に学んでいた可能性がある。つまり、ここに西田哲学が生まれた一つのきっかけがあったのではないか。

一方で、本章は野崎について扱えなかった面がたくさんあったことも事実である。野崎が中学時代に一時的にせよ強く感化された高山樗牛の思想について、ここでは分析しなかった。第四高等学校と京都帝国大学の先輩であり、遺稿集の編者であった小笠原秀實との比較も有意義であると予想される。野崎は他にもプラトン、ヘーゲル、ベルグソン、アウグスティヌスに興味を示していたという。また野崎は浄土真宗にあまり関心を示さなかったが、大谷大学でも教壇に立った。野崎が智山大学で教えた弟子達との関係も、ここでは煩雑を避けるために最小限に留めた。

高坂正顕や務台理作らは、野崎が早世しなければ後年どのような立場で仕事をしていたのか、よく話し合ったという（Nb225）。これについても一定の推測が可能だが、今回は割愛した。事績についても、死後二十五年たってなぜ野崎の遺稿集が一般に販売されるようになったのか、いきさつは不明である。

本章は、野崎の才能の一部を論じたのみであり、その全てを評価し尽くせたとは到底言えない。

西田が最も愛した弟子は、簡単に論じ尽くせる人物ではなかったのである。

(注)

(1) 野崎の遺稿集は小笠原秀實編発行『無窓遺稿』一九二〇年と野崎廣義『懺悔としての哲学』弘文堂書房、一九四二年がある。旧版に掲載された「哲学概論講案」(全一六六頁)が新版では割愛され、新版では旧版の序文とは別に新たに西田が序文を書いたほか、野崎三郎「亡兄の略年譜に代へて」、務台理作と高坂正顕の「後記」が付加された。本文では旧版をNa、新版をNbとし、両方に記載がある場合は煩雑を避け、入手しやすいNbの頁数のみを記述した。つまり、Naにしか記載がない「哲学概論講案」のみ、Naの表記を用いることとした。

(2) 小笠原秀實については、次の伝記を参照した。八木康敞『小笠原秀實・登――尾張本草学の系譜』リブロポート、一九八八年。

(3) 西田は日記に「常願寺」と書き(NKZ17-352)、高神は「浄願寺」(TKS1-241)と記している。京都市内の真宗大谷派の寺院として現存するのは「常願寺」(京都市上京区北横町)なので、ここでは西田の表記が正しいと判断した。

(4) 西田自身は一九一二年に執筆した「論理の理解と数理の理解」について、「此論文は次の著書『自覚に於ける直観と反省』へ私の考を導いたものである」と一九三七年十二月に書いている(NKZ1-267)。この通りだとすれば、「数学的媒介者即ちポアンカレの所謂直覚の特色は系列Reiheを作るにあるのである。而してこの系列を作るといふのは我々の想像力Einbildungskraftの働きであるといふことが出来るであらう」(NKZ1-239)と述べているところが重要であると思われる。つまり、ポアンカレの直観主義が手引きになったと解釈できる。

（5）西田の手稿の整理について浅見洋・中島優太・山名田沙智子編『西田幾多郎未公開ノート類研究資料化　報告一（二〇一七）』石川県西田幾多郎記念哲学館発行、二〇一八年があり、以降順次報告されている。基本的に近現代史研究では資料が出尽くすことはありえず、西田についても今後、新資料が発見されると考えられる。

（6）「コバレフスキーの微分積分」とは「G. Kowalewski, *Einführung in die Determinanten-theorie; Mit einer Historischen Übersicht*」であると考えられる。この書は山下正男編『西田幾多郎全蔵書目録』京都大学人文科学研究所、一九八三年、二六二頁に記載がある。基本的には微積分の教科書であるが、巻末にライプニッツとニュートンへと至る数学史が掲載されており、あるいはこれが目当てだった可能性もある。

（7）野崎の日記には「Hobhouse, Theory of real function」と記してあるが、「E. W. Hobson, *The theory of function of a real variable and the theory of Fourier's series*」の間違いであると判断した。この書も前掲、『西田幾多郎全蔵書目録』九〇頁に記載がある。

（8）野崎の日記には「園田助教授」と記してあるが、「園（正造）助教授」の間違いであると判断した。

（9）西田はどのような意味を込めて太陽のようなマークを描いたのか、正確な意味は不明だが、長年苦しんで考えてきた哲学的問題の解決を喜んだものとここでは解釈した。一九二七年七月三日の欄に太陽のようなマークを描き、同月二十四日に「『働くものから見るものへ』を終る、岩波へ」とあり、同年九月三日に「『働くものから云々』の最後の原稿を岩波へ送る」とある。序文が七月なので（NKZ4-6）、後者は校正と思われる。下村寅太郎も、「場所」に関する一連の思索と太陽のようなマークを関連づけて考えた（NKZ4-435）。この通りだとすれば、西田は「場所」の論文を書いた一九二六年の時点ではなく、これを含めた諸論文を一書籍にまとめた段階で感極まったものと考えられる。

(10) 藤田正勝『人間・西田幾多郎――未完の哲学』岩波書店、二〇二〇年、二一九頁。

(11) エリウゲナの書は J. S. Eriugena, *Über die Eintheilung der Natur* が前掲、『西田幾多郎全蔵書目録』二八頁に記載されている。

第二部　「科学を考へ直す」

第六章　数学　密教から何が問えるか

「従来数学者が形式論理の外にない様に考へて居るのは遺憾の至りです　私などこんな事云つてどうか知れませぬがヒルベルトといふ人エライ人でせうが何だか深いものがない様で味がない様に思はれませぬか　リーマンなどいふ人は分らないが何だか背後に大きな深いものがある様　ガウスといふ人もこんな風ですか」（NKZ19-258～259）

（一九四三年九月六日、末綱恕一宛の西田の手紙）

初めに

西田幾多郎は晩年に、物理学、数学など、諸科学について自身の哲学から論じた。その中でも数学は、西田が青年時代から多大な関心を持ち続けた学問であった。西田は、数学者であった北条時敬の弟子であり、数学者が育てた哲学者であるにもかかわらず、西田哲学の持つ数学的性質は、従来の研究では重視されなかった。

西田の数理哲学（数学の哲学）について、大橋良介、野家啓一、松丸壽雄などがこれまで論じてきた。(1) 特に松丸が述べた「西田哲学の立場では、科学、哲学、宗教における真理の間に違いは見出せない(2)」という主張は出発点として共有したい。一方で、先行研究では、数学史的な観点はそれほど重視されなかった。

本書は第三章で、中期以降の西田哲学の最重要概念である「場所」が曼荼羅に由来すると分析した。晩年の数学の哲学でも「場所」の概念が使われており、西田は事実上、仏教哲学から数学を論じていたと言える。

ここでは、まず西田の数学論について時間的前後を踏まえて概観する。その上で、西田が主張した「矛盾的自己同一体」という物理数学的な図式と、集合論と群論を「場所」で基礎づけようとした試論の二点に絞って、西田の数理哲学の意義について考えたい。最後に西田の数学論が、日本思想史上において非常に稀な試みであったことを考察する。

一、西田の数学論の概要

西田は第四高等学校の学生時代に「数学に入るか哲学に入るか」（NKZ12-169）迷ったと述べたように、早くから数学に関心があった。最も親炙した教師は数学者の北条時敬であり、一時期は北条の家に下宿していた（NKZ12-258）。京都帝大教授になってからも、北条の家で夜通し「一身上の変動」[3]について相談することがあるなど、北条は生涯の師であった。

西田は一九一四年発刊の『思索と体験』においてH・ポアンカレを好意的に扱い、一九二三年の改訂版ではポアンカレの章を消すのだが、一九三七年の三訂版では「ポアンカレはやはり私には棄て難い人である」(NKZ1-207)と述べて、この章を復活させている。

同様に西田の数学への関心は、初期と後期においてより強く見られる。『思索と体験』における「論理の理解と数理の理解」は、一九一三〜一九一七年にかけて執筆した『自覚に於ける直観と反省』において拡張された(NKZ1-267、2-43)。この書では「カントルの所謂『完全集合』」(NKZ2-133)、円錐曲線(NKZ2-159)、微積分(NKZ2-162)などを援用している。

中期に入ると分量は減るが、一九二六年の西田の手記には「場所がleerとなれば数の世界が現れる」(NKZ13-274)とか「数学的一般者」(NKZ13-306、348)という記述もあった。『一般者の自覚的体系』(一九三〇年)の「直観的知識」の章末に付けた「附録一」「附録二」で数学について論じている(NKZ5-245〜249)。群論への強い関心は既にここで見られる。『無の自覚的限定』(一九三二年)でもカントールとデデキントについて言及がある(NKZ6-92)。

後期に入り『哲学の根本問題続編』(一九三四年)になると、序文のすぐ後に図と数式による説明が入り、ミンコフスキー時空に類似した図(NKZ7-215の左上)が明示される。さらに次のように述べた。

今日論議せられる数学の基礎論について私は何等の嘴も容れる資格がないが、自己同一的に自己自身を限定する弁証法的世界に於て、即ち行為的に自己自身を限定する世界に於て、その個物的限定が一般的限定に合一したものが数学的思惟と考へることができると思ふ。（NKZ7-398）

その後も数学に関する言及があり、『哲学論文集第五』（一九四四年）で「私は数学的論理の根底には矛盾的自己同一の場所的論理がなければならないと考へるものである」（NKZ10-546）と述べ、「数学の問題については後日に譲らなければならない」（NKZ10-545）と予告した。そして『哲学論文集第六』（一九四五年）で数学論を展開したのである。

京都帝大の数学者であった園正造とは互いの家を行き来する仲であり（NKZ17-444、470）、日記には「園君の数論の講義を聞く」（NKZ17-440）という記述もある（後述）。

晩年になってからは、高木貞治や末綱恕一と交流を持った。[4] 西田の日記に高木についての明白な記述は見当たらないが、[5] 高木から書籍をもらったこともあり（NKZ19-167）、末綱とは一九四三年三月十五日に初めて会い（NKZ17-661）、鎌倉や京都の西田の自宅に下村寅太郎と一緒に訪ねてきた記述が合計一〇回ある。

秋月康夫とは、一九四一年七月二十一日に会っており（NKZ17-641）、秋月『輓近代数学の展望』（一九四一年）は「ばた〱にこはれた」（NKZ19-363）というほど読み込んだ。

西田は生涯の中で、長きにわたって数学が頭から離れたことはなかったようである。

二、矛盾的自己同一体と密教

1、矛盾的自己同一体

西田は空間について、次のように述べる。

> 我々に最も具体的な現実的空間は固、場的なものであるのである。私の語を以て云へば矛盾的自己同一的場所であるのである。空間が場化せられるのでなくして、空間とは、かゝる場所の抽象化せられたものであるのである。(NKZ11-219)

通常は、ユークリッド空間が最も本源的な空間と考えがちであるが、西田はそのように考えない。ユークリッド空間のような空間が最初にあって、そこから哲学的な意味を盛り付けて「場所」を主張しているのではなく、本来的なのは「場所」の方であって、これを一定の方向性をもって限定すると空間の概念になると主張している。ここで西田は「抽象化」と言っているが、「限定」の方が本来の西田の言い方に沿っているように思われる。また次のように言う。

空間と云ふものを斯く考へることによって、物理的空間とか心理的空間とかなど云ふものを考へることができる。最も具体的に歴史的空間と云ふものをも考へることができるのである。(NKZ11-217)

物理的空間も心的空間も歴史的空間も、場所を自己限定した空間である。西田は絶対空間という概念も示す。これについて、次のように述べる。

絶対空間と云ふのは、絶対現在の空間的方面といふ意味である。(NKZ11-14)

世界は絶対空間的である。之に反し、逆に世界が何処までも自己の中に自己を限定して行く、自己肯定の方向に於ては、世界は何処までも時間的である、非現在的である、直線的である、一瞬の過去にも返ることができないと考へられる。かゝる方向に於て、世界は何処までも時間的である、絶対時間的である。時間空間を絶対現在の相反する両方向と云ふことができる。(NKZ11-200～201)

絶対空間は、西田が本来考える本来の空間とほぼ同義のようである。この絶対空間を平面化すると「場所」になる。「場所」は胎蔵曼荼羅由来なので、絶対空間は胎蔵曼荼羅が示している宇宙を想起してよいはずである。

平面化された絶対空間に、絶対時間を時間軸として垂直に刺した図が「矛盾的自己同一体」(NKZ11-254) である。これが通常のミンコフスキー時空だとすれば、物理的な等速直線運動がFの軌跡をたどる。これは特殊相対性理論の図式を流用した可能性がある。一九二二年のアインシュタイン来日には西田も尽力したことが影響しているかもしれない。(6) しかし、この空間はユークリッド空間ではなく、もっと含意に富んだ空間である。時間も通常の物理学で想定される時間ではない。場所が胎蔵曼荼羅由来であるとすれば、絶対時間は金剛界曼荼羅由来であると想起できる。では

この図は何を意味するのか。

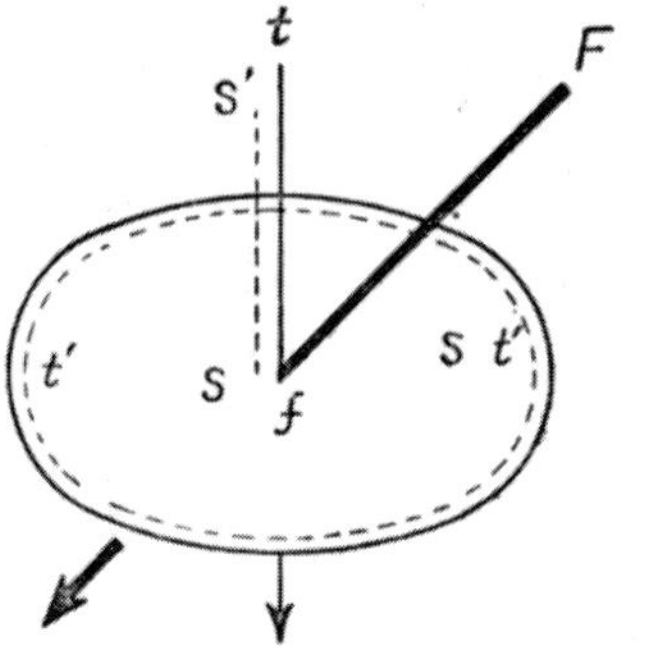

図1 「矛盾的自己同一体」(NKZ11-254)

2、高神覚昇の時空論と共に考える

西田が智山大学で教えた高神覚昇は、即身成仏や「如実知自心」について説明をする際に、時間と空間という表現を使った。例えば高神は『密教概論』(一九三〇年) で次のように言った。

法身の世界はそれこそ竪には三世、横には十方に亙って永遠に不滅である。いわゆる時間的には

無量寿（Amitāyus）であり、空間的には無量光（Amitābha）である。従ってかりにわれらは、生身の仏たる釈尊を基調として、奥へ奥へと思索の糸を辿って行けば、ついにやがては法身の堂奥に参ずることができるのである。（TKS5-106 ~ 107）

高神は無量寿を時間、無量光を空間と捉え、前者が竪であり、後者が横であるとする。また即身成仏について次のように言う。

密教の即身成仏を一言にしていえば、速やかに成仏する（時間―原文）ことであり、そのまま成仏する（空間―原文）ことである。（TKS5-248）

高神はそれまでも時空について言及していたが、このようにより多く本格的に密教の世界を時空の概念で説明したのは『密教概論』からである。空海において「竪」の教判は『秘密曼荼羅十住心論』であり、「横」の教判は『弁顕密二教論』である。空海が背後に隠れてしまい、大日如来を直接論じるのは、近代真言宗の特徴であった。真言宗全体の中で空海の再評価に先鞭をつけたのは、一九三五年に『弘法』を出版した高神であった。高神の中で時空の概念の考察は、空海の再評価と共に進められていたと考えられる。

金剛界曼荼羅については、『密教概論』で向上門と向下門の二通りの読み方があると述べ（TKS5-

152）、そこに時間性を見ていた。金剛界曼荼羅の向上門は九段階であるが、五相成身観による五段階についても高神は説明しており、「凡夫が仏に至るまでの過程を五種に分類したるものである」（TKS5-164）と述べる。高神は、修行して悟って行く「過程」を時間の本質と見ていた様子である。その上で高神は「金胎両部は二にして不二である」（TKS5-147）と強調する。高神は時間と空間も「二にして不二」と見ていたと言える。

また「われらはただ『如実知自心』によって、初めてわれらの身心がそのままこれ金胎不二の曼荼羅なることを如実に体験しうるのである」（TKS5-147）とも述べている。「如実知自心」は「我は我である」「俺は俺だ」という「自覚」に引き付けていたのであるから、西田の言う絶対時空間は自覚の境地でもある。「自己即法界」「法界即自己」（TKS5-165）の法界を図示したものが矛盾的自己同一体であり、それは「我」の姿であると言える。矛盾的自己同一体は金胎両部の曼荼羅をミニマリズム的に単純化した上で、その「不二」の様相を図示したものと解釈できる[7]。

では、この矛盾的自己同一体と数学はどのような関係なのか。西田は言う。

矛盾的自己同一的場所の自己限定として、要素と要素間の関係を考へる、即ち結合の法則を考へると云ふことは、科学的知識成立の根本的立場でなければならない。自己自身によつて有り、自己自身によつて動く歴史的世界は、之によつて成立するのである。而して自然科学的世界も、精神科学的世界も、之に於て考へられるのである。併し数学的知識と云ふのは、かゝる世界の記号面的自己限定として成立するのである。矛盾的自己同一的場所の自己限定として、数学的法則と云ふものが考へられて行かなければならない。（NKZ11-257～258）

西田は、この矛盾的自己同一体を根本的立場とすることによって、科学的世界、精神科学的世界、そして数学が成立すると考えていた。つまり矛盾的自己同一体とは、真言密教や物理数学に起因すると同時に、数学の基礎となる概念である。このように数学を基礎づけることについて、西田は「数学的事実の自己反省的自覚」とか「数自身の自覚」（NKZ11-253）とも述べている。我々が数学を基礎づけると同時に、数学的事実や数が自覚して基礎づけられるのである。数が自覚した境地が矛盾的自己同一体である。

3、小倉金之助の数学思想

田辺元の友人に数学者の小倉金之助がいた。東北帝大で林鶴一の下で助手を経験し、その後は主に在野の研究者として活動した。和算を踏まえつつ、数学教育に多大な関心を持ち、「数学の日本的性格」（OKC2-295）を追い求めた数学者である。

ここで小倉金之助が考えた「日本の数学」について、見てみたい。小倉は数学が社会の中の営みであることを重視した。数学がただ観念的に宙に浮いたものとは考えなかったのである。あるべき数学として次のように言った。

従来の数学教育においてはあまりに論理のみが尊重されていた。われわれは「与えられた命題をいかにして証明すべきか」、この事のみを重んじて、「いかにして新しい命題を見出すべきか」の方面を疎かにしてきた。これはいかなる意味においても現代教育の一大欠点であらねばならぬと信じる。

生徒をして自ら発見せしめよ。

これがためにはまず直観の力を高調せねばならない。

私は田辺博士と共に、直観と経験とは全然異なるものであることを信じる。けれども直観を養成するために最も有効なる方法が、経験の上にある事はどうしても疑うことができない。われわれはこれを数学発達史の上で見てきたのであった。……

それゆえ生徒をしてまず日常経験の前に直面せしめよ。直観の力は彼らをして自ら発見へと導くであろう。

クラインは直観を離れていたずらに論理に走り、数学の対象を以て内容なき空虚な記号たらしめることをもって、すべての科学を弔う鐘の音の響きにたとえた。トーメーは意義のない記号とそれに関する空虚な過程とばかりを取扱う人々を、「思想なき思想家」と呼んでいる。

(OKC4-64)

小倉は友人であった田辺元を批判し、直観と経験が密接な関係にあることを主張し「日常経験の前に直面」させることを重視した。田辺の主張は「吾人は経験論の立場から数理の真理性を確保することは出来ない。数理の命題は経験判断でなくして先験的判断でなければならぬ」(THZ2-378)あたりを意識していたと考えられる。中期以降の田辺はこの主張を必ずしも強調していないので、田辺批判の当否はここでは問わないとする。

数学的能力を高めるためにも「日常経験」を重視する小倉の姿勢は、「真の日常性の世界といふものは、私の所謂行為的直観の世界でなければならぬ」(NKZ8-69)と主張する西田に類似している。

また、この小倉の主張は和算を踏まえた意見であったことは明白である。小倉は「和算家が持っていた、あの鋭い直観的見透しや、あの逞しい帰納の力。——そういった長所は、今後も、ますます活かすべきものだ」(OKC3-105)とか、「わが和算家に特徴的であった、あの優れた直観力と逞しい帰納力とを、呼び戻さなければなりません。これこそ創造と発明の母なのであります」(OKC2-319)と主張している。

小倉は「最近における数学教育の概観」(OKC5-25)や「欧米諸国における最近の数学教育」(OKC5-62)を論じるなど、当時の他の先進国における数学教育にも多大な関心を持った。その上で「数学における日本国民性の探究」(OKC1-243)を行なったのである。

つまり小倉は数学について、他国と比較するという意味では社会性から見ており、和算を重視するという意味では歴史性から見た。佐々木力は小倉を評して「世界に先駆けて数学の社会的基礎に注目した数学史家」[8]と述べた。

西田は日本のあるべき論理として、自身の「場所」の論理を示したことがある。

矛盾的自己同一とは矛盾を越えて矛盾を包むものを云ふのである。場所的自己同一の意義である。故にヘーゲル流の過程的弁証法でもなく、絶対現在として弁証法を包むといふ意義を有するのである。ギリシヤにはギリシヤの論理があった。日本には日本の論理がなければならない。而してそれは歴史的世界把握の論理でなければならない。ギリシヤ的世界は非歴史的たるに反して、日本的世界は勝義に於ての万国史的世界であるのである。(NKZ11-188)

西田の言う矛盾的自己同一は、場所的自己同一の論理である。これが西田の言う「日本の論理」であった。つまり「場所」の論理や矛盾的自己同一体は日本の論理であり、それは日本にだけ有効なのではなく、「万国史的世界」に通ずるものである。小倉が述べた「数学の日本的性格」(OKC2-295)も、数学である以上普遍性を持っているはずである。

西田が言う「社会的・歴史的限定」(NKZ7-72)は、数学にも問われなければならない。西田が提示した矛盾的自己同一体は、数学の基礎でもあった。絶対空間を具体的方向に限定すれば社会性となりえ、絶対時間を同様に限定すれば歴史となりうる。矛盾的自己同一体を数学に当てはめて具体化すると、小倉が考えた内容と一致する。言い換えれば、小倉の数学思想は西田が考えた数学の哲学を実際に数学に当てはめて、具体的に考えた一例となっている。

両者の一致は、二人の優れた思想家が、期せずして同じような方向性に落ち着いたと考えることもできる。しかし、偶然でなければ、両者の方向性の一致は、田辺を媒介にしていた可能性も考えられる。田辺は中期以降の西田の主張にことごとく反対し、厳しく批判し続けた。田辺と旧友の小倉は、田辺の西田批判も知っていたと考えられる。(9) その内容を聞いて、小倉はかえって西田の方が正しいと考えた可能性がある。田辺が西田批判を繰り返したことで、西田の思想は結果的に小倉に取り入れられて具体化されたのではないか。もっとも、これを証明するにはさらに詳細な議論が必要である。また、西田、田辺、小倉には共著もあり、(10) どのように作成した書籍なのか詳細は不明であるが、西田と小倉は少なくとも文書上の交流はあった。

いずれにせよ、数学を社会性と歴史性から考えた西田と小倉の着眼は、佐々木力が言うように「世界に先駆けて」いたと見てよいであろう。

三、「数学の哲学的基礎附け」の狙い

1、「真の日常性の世界」と修正主義

西田は『哲学論文集第六』（一九四五年）の「数学の哲学的基礎附け」において、数学の集合論や

群論を「場所」で基礎づけようとした。西田は、「カントルの集合とは、固、場所的性質を有つたものでなければならない」（NKZ11-255）と述べ、「集合を場所的と考へることによつて、場所そのものの自己限定として、結合の法則を考へることができると思ふのである。そこに数学的知識を体系的に基礎附ける途があるのではなからうか」（NKZ11-255～256）と主張する。群についても、「私は大体に於て群と云ふものの性質を、私の場所的論理の立場から基礎附け得ると思ふ」（NKZ11-263）と言った。

ここで西田が言う集合論は、公理化によって洗練される前のG・カントールの集合論である。群論についても、群について西田なりに言い換えたという以上の意味をどこに見出すのか、にわかには判断が難しい。

西田の「場所」は「円の中に円を描く」（NKZ7-208）あるいは「円が円の中に円を限定する」（NKZ7-342）図とされる。西田の「図式的説明」においても、この種の図がしばしば描かれ（NKZ8-224、226等）、数学で言えばオイラー図がこれに類似する。しかしオイラー図が「場所」とその性質を共有するとしても、集合論を「場所」と関連づけることにはなるが、「基礎附ける」ことになるのかどうか。これについては、もう少し考察が必要である。

また、位相の概念は当時まだ新しかったため、西田の言及は少ない。「場所と云ふ語は、……力の場とか物理的空間とか云ふ考から発展した今日のトポロギーのトポスと考へてもよい」（NKZ11-73）と述べたり、「位相幾何学」（NKZ11-267）という言及がわずかにあったりするが、位相の意味内容について詳しく論じている個所は見当たらない。「リーマン幾何学」(NKZ11-233)についても、数学としての理解が不十分だったのか、それとも哲学的に考察することは困難だったのか、踏み込んだ論及をしなかった。R・デデキントの「System」は今日でいう「集合」の意味だが、西田は「体系」と訳して「体系」の意味で使うなど(NKZ11-111)、細かい間違いもある。

しかし、ここでは戦略的に、西田による基礎づけが成功したかどうかをあえて不問にし、基礎づけが成功したとして、その結果何が言い得るのかを問いたい。西田は「場所の論理を媒介として仏教思想と科学的近代精神との結合」を目指すことを自身の哲学の「最終の目的」(NKZ19-249)と述べた。「場所的論理の立場から、科学を考へ直す」(NKZ10-468)、あるいは「場所」の論理で「数学的知識を体系的に基礎附ける」ことができたら、どのような成果が得られるのか。

結論を先に言えば、ここで重要なのは、西田哲学が「真の日常性の世界」(NKZ8-69)を重視する性質であったという点である。西田哲学で数学を基礎づけることは、数学を「真の日常性の世界」に引き寄せることに他ならない。

西田は、自分の哲学を「現実の世界」についての哲学であると考えた。「現実の世界」について、次のように言う。

現実の世界とは如何なるものであるか。現実の世界とは単に我々に対して立つのみならず、我々が之に於て生れ之に於て働き之に於て死にゆく世界でなければならない。従来、主知主義

> の立場を脱することのできなかつた哲学は所謂対象界といふ如きものを実在界と考へた。それは我々の外に見る世界に過ぎなかつた。之に対しては我々は単に見るものに過ぎなかつた。併し真の現実の世界は我々を包む世界でなければならない、我々が之に於て働く世界でなければならない。行動の世界でなければならない。（NKZ7-217）

西田は、別なところで自分の立場を「極めて現実的な知識の立場」「経験的な、あまりに経験的な知識の立場」（NKZ8-541）とも言っている。あるいは「私は徹底的実証主義者である」（NKZ11-45～46）とも言った（関連が想起される概念として、西田は「平常底《びょうじょうてい》」（NKZ9-303）という単語も示したが、これについては稿を改めたい[11]）。

西田は数学を論じる文脈で、次のように述べている。

> 数学と哲学とは無論同じくはないが、昔から屢〻云はれた如く、何処か考へ方に相通ずるものがある様に思はれる……。現象学風な哲学とか、新カント的な哲学と云ふのは、それぞれの立場に於て学問的重要性を有するのは云ふまでもないが、それ等は抽象的な意識的自己の立場に立つた抽象的体系として整つたのかも知れぬが、それから具体的現実の問題が解かれようとは思はれない。カント以来、人は形而上学に陥るを恐れて、又或者はこれを名として、困難な具体的問題を避けて居る傾きがないであらうか。私などか〻ることを云つても、信をおかれな

いかも知れぬが、私は今日哲学は大きな立場の転換を求められて居るのではなからうかと思ふ。(NKZ12-239)

西田は新カント派や現象学から「具体的現実の問題が解かれようとは思はれない」、これらは「困難な具体的問題を避けて居る」と述べた。ここで最も重要な点は、西田がこれを現代数学の抽象性の問題と絡めて論じているところである。

数学が「数学のための数学」となったのであれば、それは西田から見て新カント派や現象学が持つ限界を同じように現代数学が持っていることになる。それは「真の日常性の世界」に立つものではない。西田は次のようにも言った。

学問は一面に何処までも抽象でなければならないが、抽象とか分析とか云ふことも、何処までも具体的現実の立場からでなければならない。抽象の為の抽象は何物でもない。(NKZ12-239)

このような「具体的現実の立場」に立たない「抽象の為の抽象」を求めることを、西田は「単なる規約的遊戯」(NKZ11-110)、「単なる約定として、数学も遊戯に過ぎない」(NKZ11-280)とも言う。「点、線、平面と云ふものは……椅子でも、テーブルでもよいのではない」(NKZ11-209)と述べる西田の主な目的は、D・ヒルベルトの公理主義（形式主義）の批判であった。西田はB・ラッセルを批判し（NKZ11-273）、L・ブラウアーも批判する（NKZ11-110、280）が、二人については簡単に言及するのみなので、主眼はヒルベルト批判であったと考えられる[12]。

田辺元は「数学の現代的傾向は、このやうな抽象化を要求することもまた否定できないのである」（THZ12-309）と述べ、数学のより一層の抽象化を進歩とみなし、ヨーロッパ数学の趨勢を批判しなかった[13]。下村寅太郎も「学としての数学の形成過程を通してヨーロッパ的精神の理解を意図する」（STC1-429）と述べ、数学を哲学的に理解することを目的とした。田辺も下村も、数学に対して哲学の立場から修正を求める「修正主義」の立場は取らない。数学者の営みを哲学的に分析するのみに留め、数学者に物申す態度を取らないのである。

西田は「私は……数学には全然門外漢である。専門家の公理主義と直観主義の論争に容喙する資格を有つたものではない。併し哲学者には、哲学の問題があらうと思ふ。数の世界とは、如何なるものであらうか」（NKZ11-87）と述べ、「私は数学を単なる論理に還元すると云ふ如き考に同意することはできない」（NKZ11-88）と主張する。数学者と同じ立場で喙を容れることをしないが、哲学から数学を批判する「修正主義」の立場に立った。西田は数学に対して、田辺や下村とは異なる態度を取っていたのである。

2、「数学のための数学」批判

ヨーロッパにおいて、数学は物理学的探究として発展してきた。しかし二十世紀に入ると数学は変貌した。小倉金之助は一九三三年に次のように言った。

全欧州の数学界は、ドイツ的なる観念論的精神によって風靡された。数学は純粋数学と応用数学とに分離し、応用数学は主として天文学者、物理学者、工業技師および保険学者等の手によって辛うじて支持された。そして直接には実践から全く遊離せる「数学のための数学」が、資本主義社会の安定期ないし完成期において、急速に進展したのであった。

今や世界資本主義の危機に際して、「数学の危機」もまた叫ばれてきた。ここにわれわれに課せられた今日および明日の問題がある。（OKC1-39）。

ここで小倉が言う「ドイツ的なる観念論的精神によって風靡された」純粋数学とは、D・ヒルベルトの公理主義（形式主義）を主に指していると考えられる。ここでは小倉はヒルベルトの名を出さないが、西田、田辺、園との共著である、前掲『数学教育資料』第一輯において、ヒルベルトの名を出して同様の批判を展開した(14)。

ヒルベルトは、「われわれの悟性はいかなる神秘的な術をも用いるものでなく、まったく確定した形で提出される法則によってのみ働くものである」[15]とか、「数学には不可知論はない」[16]と主張し、非合理的要素を数学から完全に排除できると考え、合理的な無矛盾的体系で自己完結できるものだと考えた。西田の孫弟子に当たる永井博は、この態度を「数学的ピュリタニズム」と呼んだ。[17]

数学者の赤攝也《せきせつや》は次のように言う。

実は、数学は、二十世紀の初頭を境い目として、その根本思想を本質的に変えたのである。したがって、異なった思想にもとづく学問は異なったものだという見地に立てば、十九世紀までの数学と今世紀に入ってからの数学とはまったく別物であり、したがって現代数学は、他の諸科学とは問題にならないくらい新しい学問である、といわなければならないであろう。[18]

同じ指摘として、佐々木力は次のように言う。

数学的存在についての実在論は、十七世紀の数学者たちの疑いようのない信念であった。ガリレオは自然学は数学的言語で書かれていると考え、デカルトは数学的な延長（extensio）を明晰・判明な根底的実在とみなした。しかしながら二十世紀の数学的存在はそのように実在的なものではもはやないのである。[19]

この傾向に対し、H・ポアンカレは「物理学者と数学者との間には、もっと親密な協力関係がなければならない」と批判し、[20] H・ワイルは数学が「形式だけでなく実質においても歴史の決定によって制約され、したがって完全な客観的合理化を拒む」[21] ような性質を本来は持っているはずだと主張した。H・ルベーグは「一般理論に成り下がってしまったら、数学は内容を持たないただの美しい形式になるだけで、すぐに死んでしまうだろう」と述べたり、[22] 数学教育は「具体物から出てまた具体物に帰る」[23] べきだと主張したりした。F・クラインは「理論と応用の正しい均衡が保たれないような片方だけの発展がすでに根の深い病の結果」と批判した。[24]

高木貞治は一九三七年に、これは過渡期の現象であるとの認識を示し、「過渡期は遠からず終わるであろう。大掃除の最中には塵も芥も乱舞するであろうが、次に来るべき鎮静期には、清新明朗なる数学が現出することは確実であろう」[25] と述べた。これに対し、数学史家の高瀬正仁は次のように言う。

抽象化は数学の世界のほぼ全域を覆い尽くし、抽象的性格は今日の数学の基本的属性になった。高木の言葉を借りるならば、かつての過渡期の変化は途絶えることなく先へ先へと進んだのである。では、はたして「清新明朗なる数学」が現出したと確信をもって言うことはできるであろうか。[26]

高瀬によれば、抽象化の傾向は二〇世紀において全数学分野に幅広く拡張されたのである。この傾向を最も端的に示したのは、E・アルティンが「抽象的な、無慈悲なまでに抽象的な」(abstract, mercilessly abstract)[27]と評したニコラ・ブルバキの運動であろう。

高木貞治の弟子の彌永昌吉もこの当時は「公理であるから矛盾さへ無ければ何を持つて来てもよいといふのではない。数学に弘く使はれる、理論にも応用にも便利な『よい』公理でなければならぬ[28]」と述べ、理論と応用の乖離には反対していた。末綱恕一もヒルベルトを名指しにして「どうしてこのやうな数学が自然認識に威力を発揮し得るのかを十分に基礎付けることは到底できないであらう。絶対化された形式主義は原理上数学と自然認識とを隔絶せしめるものと考へざるを得ない[29]」と厳しい批判をしている。秋月康夫も有意義な公理とは「直接的な自然よりも遥かに抽象的なものであるかに見えても、自然より遊離したものでなく、高踏的なものでもなく、自然の中に沈潜し、且つは滲透したと見るべきものであろう[30]」と述べて、一見すると抽象的に見える数学でも、それが有意義であるならば、「自然」の裏付けがあり得るものと考えていた。当時、日欧の多くの数学者が、「数学のための数学」を、それぞれ疑問視していたと言える[31]。

もっとも、数学者はこの問題について断片的に批判や不満を述べることが多く、これを主題にして文章で論じるようなことはあまりしない。数学者の本領は、やはり計算である。西田は哲学の側から「数学のための数学」に対する批判に反応し、文章で論じるのは哲学者の本領だと考えたのではないか。

西田が集合論や群論を「場所」で基礎づけようとした試論は、哲学的基礎づけを原理的に拒否する数学的ピュリタニズムに対峙しており、これに対する批判的態度の表明と解釈することができる。これらの批判が主に数学者からなされたのに対し、西田は哲学の側からこの問題に反応したのであった。[32]

また、西田が交流を持った園正造は、「数学のための数学」を独力で開発した数学者であった。ヒルベルトが推挙してこの方向性を推し進めたE・ネーターは、園の研究から大きな手掛かりを得ていた。[33] 秋月康夫も園について、「世界数学界にもさきがけて、抽象数学への道を切り開きだされた」[34]と紹介した。

西田の日記を見ると、園とは互いの自宅を行き来するほど親密であり、「園君の数論の講義を聞く」(NKZ17-440)という記述もあるので、西田は園の数学研究についても関心を持っていたことが分かる。西田は園と交流を持つことで、「数学のための数学」の始原と接触していたのである。一方の園は、西田との交流の後には方向性を変え、応用数学に力を入れた。[35] 園が方向性を変えた理由は現在のところ不明であるが、西田が「数学のための数学」に当初から批判的だったため、園へ影響を与えた可能性も考えられる。

もし、この推測が成り立つならば、西田が晩年に記した「数学の哲学的基礎附け」は、それまでの園との交流を念頭に置いていた可能性もある。つまり、西田は園によって「数学のための数学」が進められそうになった状況を、一度は変更させた経験を持っていたことになる。西田は「私は数学を単なる論理に還元すると云ふ如き考に同意することはできない」（NKZ11-88）と述べて論文の文面上はヒルベルトを批判したが、園がその後も推し進めようとして中止した方向性を、ヒルベルトの中に読み込んで批判していたと考えられるのである。

小平邦彦は「大多数の数学者は、建前は形式主義でも本音は実在論」であること自体に、探究すべき課題があることを示唆した[36]。西田の孫弟子に当たる沢口昭聿は「形式的体系のもつ固有な循環的特性[37]」を指摘し、その公理が「自然的」と感じる場合は実在性があらかじめ考慮されていると喝破した。数学的ピュリタニズムを、他分野との交流を拒む孤立主義だと捉えると、孤立主義が有益だと考える数学者は今日では少数派ではないだろうか[38]。

西田の孫弟子の高木勘弌は、科学哲学が修正主義であるべきと主張し[39]、西田哲学が日本における科学哲学を準備したと積極的に評価した[40]。西田の修正主義的主張は、今日改めて注目されるべきである[41]。

3、永井博による数学の哲学

ヒルベルトとブラウアーによる数学基礎論論争は、「ヒルベルトの全面的勝利[42]」に終わったと解釈されることもある。この点から見れば西田によるヒルベルト批判は、今日では通用しない主張に見えるかもしれない。

また公理主義（形式主義）を推し進めるヒルベルトプログラムに対しては、その後K・ゲーデルによって不完全性定理が提示された。佐々木力は「ゲーデルの不完全性定理が現代の数学思想に及ぼした効果ははかりしれない[43]」と主張している。西田はゲーデルを取り上げたことはなく、日本にゲーデルが本格的に紹介される前に死去したと判断できる。

さらに、数学の基礎については、末綱恕一やゲーデルに師事した竹内外史が、G・ゲンツェンを手掛かりとして、論理学的思考を積み重ねる「数学基礎論」を展開した[44]。この「数学基礎論」が一定の業績として認められたのは戦後であり、西田の死後である。

西田による数学の哲学は、時代的制約からこれらの成果を反映していないので、もはや役割を終えたようにも見える。

しかしここでは違う見方を提示したい。西田による数学の哲学は、永井博に引き継がれたと見ることもできる。西田の弟子の下村寅太郎門下であり、永井は自身が西田の強い影響を受けていることを次のように述べる。

私自身に関していえば、かつて西田哲学に大きな関心を寄せ、というよりはこの哲学によって哲学そのものを志す第一の機縁を与えられ、その著作の大半を曲りなりにも勉強した——と思っている——が、もうながらく、いつの間にかそれから離れてしまっていることを認めざるを得ない。ただ、それにもかかわらず、自分自身の意識の内面を洗ってみると、そのどこか一隅に、この哲学のいくつかの基礎概念と、それらにまつわる強烈な一連の思想が重くよどんでいることに気づく。そしてそれらのものが、折にふれて、閃光のごとく意識の表層を襲うことのあるのも争えない事実なのである。(45)

永井の科学哲学には、西田哲学にまつわる「強烈な一連の思想が重くよどんでいる」のであった。これまでの西田研究で永井が積極的に取り上げられた例は見当たらないが、永井が当代の日本を代表する科学哲学者であったことは間違いない。

永井による数学の哲学は『数学の存在論的基礎』(初版が一九六一年、事実上の増補版が一九八六年)としてまとめられた。丁寧な論述で結論を急がず、数学者の思考に寄り添いつつ、ヒルベルトやカントール、デデキント、ゲーデル、ゲンツェン、竹内外史等を読み込んだ上で、永井は「形式主義そのものの基本理念が形式主義的には基礎づけられない(46)」という結論を得た。また永井は、ゲーデルの証明の中に「証明なしに前提されざるをえなかった若干の概念(47)」を指摘している。さらに論理学的な「数学基礎論」は、哲学的問題を「意識的に回避することによって数学としての立場を確保(48)」しようとしており、真に基礎論とは言えず、これを「数学基礎論」と呼ぶならば、「数学基礎論」の基礎の問題を哲学的に問うべきであると主張した。(49)ゲーデルを踏まえても、また「数学基礎論」を踏まえても、数学を非数学的存在から分離させれば、かえって数学は不安定な存在にならざるを得ないというのが永井の主張であった。

数学の哲学が今後どのように研究されるべきか、永井はその見通しについて次のように述べた。

数学的存在が……実在の世界から抽象された、存在の特殊形であることが示されるならば、それによって同時にわれわれは、数学的存在と存在の他の特殊形との存在論的関係を分析する必要に迫られるであろう。……これらの過程を通して具体化されるのは実在の世界そのものの基本構造であり、そこに露呈される真理は、勝義の世界真理そのものでなければならない。のみならず、その具体化の過程において同時に、真に実在的な世界のなかに現実的に定住する人間存在そのものの真実が自覚されるということができる。このような具体化・自覚の過程をはなれて、どこかに実在の世界や人間存在が存在するわけでは決してない(50)。

永井は「数学基礎論」の基礎の問題は、つまるところ「実在の世界そのものの基本構造」が問われることになる述べ、それは「真に実在的な世界のなかに現実に定在する人間存在そのものの真実が自覚される」ことにも通ずると主張する。「数学基礎論」の基礎を問うならば、「実在の世界」「現実」を問うことにもなるのである。

これは西田が「具体的現実」「真の日常性の世界」を重視したことに通ずるとは言えまいか。そうだとすれば、永井は最終的に西田と似た方向性を示したと言える。「抽象とか分析とか云ふことも、何処までも具体的現実の立場からでなければならない。抽象の為の抽象は何物でもない」(NKZ12-239)という西田の主張は、戦後の数学研究を踏まえても、なお価値を失っていない可能性が指摘できよう。

4、西田と「凡聖不二」

数学を「場所」で基礎づけることによって「数学のための数学」に対峙する西田の立ち位置は、どこにあったか。ここでは、高神覚昇と那須政隆の思想から、その手掛かりを得たい。

西田は一九〇二年二月二十四日の日記に「学問は畢竟lifeの為なり、lifeが第一等の事なり、lifeなき学問は無用なり」(NKZ17-74)と書いた。[51] 智山大学に通っていた頃の一九一八年、田辺元『数理哲学研究』の序文には、「数理の問題が乾燥無味にして人生問題と何等の関係もないと考へるのは適〻以て己が思索の膚浅粗大なるを示すに過ぎない」(NKZ13-196、THZ2-364)と書いた。これらの発想は、一九二二年まで智山大学に足掛け十年通うことでより強化されたと考えられる。

近代になって浄土真宗が席巻したことを受け、もっと世俗を重視しなければいけないという態度は、「凡聖不二」(密宗安心教示章)をキーワードとして、近代真言宗の基本的な目標となった。[52] 高神も那須も「凡聖不二」をしばしば強調する(TKS5-211、NSC3-334等)。井上円了門下の石川照勤を筆頭顧問とする智山大学は(CG1-521)、哲学を重視して西田を講師として招いた。「凡聖不二」と哲学の重視が同居したのが、智山大学であった。

西田が「真の現実の世界」を強調するように、高神は「わが真言密教は、理の宗教ではなくて事の宗教である。当為を中心とする理想の宗教ではなくて、存在を中心とする現実の宗教である」

（TKS5-47）と主張した。那須は「密教は、現実の当体を直ちに仏身と達観するのであるから、この身このまま仏と成り得る宗旨である」（NSC2-23）と主張した。「日常」の強調も同様であり、高神は「真に三密の修行に体達したるものは、その日常の生活がそのまま三密の修行となる」（TKS5-212）と述べ、那須は、「凡体即仏、娑婆即寂光浄土であるから、これを我々の日常生活の上に具現する」（NSC2-205）と述べた。

西田の「場所」は曼荼羅に由来するというのが本書のこれまでの分析であった。高神は「生滅変化つねなき現前事実の世界こそ、宛ら輪円具足の曼荼羅」（TKS8-247）と述べ、「現前事実の世界」が曼荼羅であると主張する。同時に曼荼羅は「宗教的真理の世界」（TKS5-146）を表現している。那須は「諸法曼荼羅の立場からすれば、無常迅速の世相そのものは宇宙法身の活動相であるから、世相そのままが真実究竟のもので、世相以外に求めるべき真実の世界もなく、また現実以外に至るべき浄土もないのである」（NSC2-129）と主張した。両者の曼荼羅の解釈にも「凡聖不二」を読み取ることができる。曼荼羅は宗教的真理の世界であると同時に、「現前事実の世界」であって「世相そのまま」の世界なのである。

西田哲学が一方で非常に難解で高度に抽象的であり、また非常に宗教的でありながら、一方で「真の日常性の世界」「真の現実の世界」を強調するのは、「凡聖不二」と軌を一にすると言える。西田は、「神と我々とは、多と一との絶対矛盾的自己同一の関係に於てあるのである」（NKZ9-215）と主張した。あるいは近代真言宗が強調した「凡聖不二」が、絶対矛盾的自己同一の原型だった可能性も考えられる[53]。

一九四〇年、西田は宗教と「日常生活」の関係について、次のように言った。

宗教と云へば、此日常経験の立場を離れて、神秘的直観の如きものとでも考へられるかも知らぬが、かゝる宗教は無用の長物たるに過ぎない。宗教とは我々の日常生活の根柢たる事実でなければならない。(NKZ10-120)

同様に学問と「日常生活」についても、次のように言った。

我々の自己は歴史的世界に於て生れ、歴史的発展の過程として意識せられて来たのである。……歴史的事実の世界は、かゝる立場に基礎附けられるものでなければならない。それは学問的に考へられる立場ではなく、我々の日常生活の立場が之を離れたものでないと共に、如何なる学問と云へども此立場に基礎附けられなければならない。(NKZ10-117)

西田は宗教も学問も同様に、「日常生活」を離れて成立するとは考えなかったのであった。西田哲学自身も「日常生活」を離れているとは考えていないのである。

一方で、「場所」が曼荼羅に由来するのであれば、数学を「場所」で基礎づけることは、数学を仏教で基礎づけることになる。これは非常に大きな意味を持つので、次にこの点を考察したい。

四、日本思想史上における西田の数学論

日本の古代中世における数学は、大きく分けて、算博士を頂点とする官僚機構の数学と仏教寺院の数学とがあった[54]。関孝和の登場によって、官僚による数学研究は飛躍的に進展した。仏教における数学は、吉田光由『塵劫記』の出現を契機とし、寺子屋を通じて庶民に広まった。近世仏教における数学は、理論的な高度化を求めるより、如何に庶民に算術を普及して社会貢献するか、その実践が重んじられたと考えられる[55]。

江戸時代の和算家が書いた数学書の序文は、多くは中国思想的な内容であった。佐々木力は「江戸時代においては、白石から象山まで、人間の数理認識が、朱子学の易学的形而上学の基礎の上で理解され、立派に正統的位置づけを与えられていた事実は留目されなければならない」と主張し[56]、この思想性を決定づけたのは関孝和とその弟子の建部賢弘であったとする[57]。和算書の序文は単なる形式であって思想的意味はないとする解釈もあるが[58]、そこに仏教風の形式が用いられたことは、ほとんどなかったと考えられる[59]。

近代に入って日本の和算家は、洋算（西洋数学）に切り替えた。通常、数学の歴史にはパラダイム転換はなかったと言われるが[60]、日本の数学にはこれがあったと考えられる[61]。明治維新を境として、

日本の数学は、表記法から研究の方法に至るまで大きな変革を遂げた。一方で、江戸時代では物理学や化学と違って、和算は部分的には同時代のヨーロッパ数学を先行する水準で研究されていたため[62]、明治以降、ヨーロッパに追いつくのは比較的容易であった[63]。

西田の師匠であった北条時敬は、西洋数学で養成された最初の世代であった。公案も透過するほど禅に打ち込んだ北条の姿勢は[64]、仏教と数学の関係を考える上で西田の先駆と言える。しかし北条はこれに関するまとまった論考を残すことはなかった。

西田は初期から晩年に至るまで数学に多大な関心を持った。それでいてその哲学は仏教性を多く含んでいた。西田の数学論は、仏教と数学の関係を事実上、問おうとした考究であった。

高神覚昇は「数学の問題は、いつか哲学の問題に転回するのである」(TKS3-168)と述べ、西田の影響もあって数学に一定の関心を持ち、華厳経から数学基礎論を論じることに挑戦したこともあった(TKS5-296～307)[65]。しかしこの試みは、高神の中であまり発展しなかった。同様に末綱恕一による華厳経から数学基礎論を論じる試みも、西田の影響を受けて展開されたが[66]、画期的な成果が得られたとは言い難い。これらの試みはかえって華厳経と数学基礎論の距離の遠さを示したと考えることもできる。

仏教と数学は、その理論的性質はあまり相性が良いとは言えないようである。仏教思想史の記述において関孝和以降の数学理論について言及されることはまずないと言ってよいし、数学理論史において僧侶の紹介はわずかである。日本史上、仏教と数学の関係をほぼ生涯にわたって哲学的に考え続けた人物は稀である。ここに西田哲学の一つの明白な特徴があると言ってよい。

明治の数学は、「国のため」の数学となった[67]。西田もこの点は否定しないであろうが、これとは別に、数学を「場所」で基礎づけようとした論考は、日本の数学のパラダイムを仏教哲学へ転換しようとした試みであったと言える。

O・シュペングラーは、『西洋の没落』で「(単数形の) 数学は存在しない、あるのは様々な数学のみである」(Es gibt keine Mathematik, es gibt nur Mathematiken.)[68]と述べ、文明ごとに様々な数学があることを強調した。かつての日本の数学界には「吾々が現在西洋数学を学び、研究するにつけても和算家の考へ方で考へてゐるに違ひない[69]」という指摘もあった。数学者の足立恒雄は、我々日本人が「そもそも言語体系、言い換えれば発想法がまったく異なる印欧語族の数学で満足することができるのか」という問題があり得ることを示唆している[70]。佐々木力は「数学という知的営みを文化としてとらえることの軽視してはならない意義[71]」を訴えた。近代以降の数学を日本の文化の中でどのように位置づけ、また基礎づけるのかは、未解決の問題と言ってよい。西田はこの未解決問題に「場所」で挑んだのであった。

終わりに

西田が晩年に主張した「矛盾的自己同一体」は高神覚昇による時空の理解を取り入れて整理した

ものと考えられる。これを数学の基礎に据えると、数学の社会性と歴史性を問うことになる。小倉金之助の数学思想は、西田の数学論を具体化した形になっており、彼の論考はヨーロッパに於ける数学の哲学に先行していた。

西田は自身の哲学について「経験的な、あまりに経験的な知識の立場」(NKZ8-541)に立っていると主張していた。集合論と群論を「場所」で基礎づけようとした西田の試論は、「抽象の為の抽象は何物でもない」(NKZ12-239)という立場から、数学を「真の日常性の世界」(NKZ8-69)に関連づけることが目的であった。これは「凡聖不二」を重視した近代真言宗と軌を一にしており、西田は数学にも「凡聖不二」を求めたと言える。

西田哲学は、一定の論理性をもって仏教思想を大きく取り入れた思想であり、そこからさらに数学を問い直す構造を持っていた。西田は日本人が一定の高度な数学を始めた関孝和以降、仏教と数学を関連させて考えた数少ない思想家であった。

ここで論じたのは西田の数学論の一部である。序章でも述べたように、西田は数学者であった北条時敬が育てた哲学者であり、数学と関係の深い思想家であった。西田の数学論はもっと注目されるべきであり、今後も様々な角度から検討されることが望まれる。

(注)

(1) 大橋良介「群論的世界―西田哲学の『世界』概念―」『思想』№八五七、岩波書店、一九九五年、野家啓一「解説―解題・年表―」『西田哲学選集』第二巻、燈影舎、一九九八年、同「科学哲学者としての西田幾多郎」『西田哲学会年報』第六巻、西田哲学会、二〇〇九年、松丸壽雄「西田と数学」『西田哲学会年報』二巻、西田哲学会、二〇〇五年。

（2）松丸嘉雄「西田と科学」『京都哲学撰書別巻　禅と京都哲学』燈影舎、二〇〇六年、九一頁。

（3）「午後五時西田幾多郎氏来宅自分一身上の変動に付懇談多時夜ニ至リ山本氏同会十時ニ至ル西田氏トハ尚十二時迄懇談ヲ続ケタリ同氏此夜泊ル」、西田幾多郎編『廓堂片影』教育研究会、一九三一年、六九五頁、一九二〇年四月十三日の北条の日記より。西田の日記には「夜北条に行き宿す」（NKZ17-374）とだけ記されている。この時、西田の妻は病気で倒れており、すぐ後に長男の謙が亡くなった。

（4）高瀬正仁『高木貞治とその時代　西欧近代の数学と日本』東京大学出版会、二〇一四年、第三章。

（5）一九三九年六月二十二日「高木貞二来」（NKZ17-598）とあるのは、心理学者の高木貞二だと思われるが、「高木貞治」の間違いの可能性もある。一九四一年十月七日に「高木来会」（NKZ17-645）という記述があるが、高木貞治であるか断定できない。海軍の高木惣吉とは面識があり、一九三九年二月十八日と九月十五日に会っているので（NKZ17-591、602）、こちらの「高木」の可能性もある。

（6）阿部博行『小倉金之助』法政大学出版局、一九九二年、一四四〜一四五頁。

（7）西田が智山大学で教えた那須政隆も両部の曼荼羅について論じているが、高神とは解釈が異なっている。西田が生前に読み得た『新時代の真言教学』（一九三九年）では、未来を描いたのが胎蔵曼荼羅で、過去を描いたのが金剛界曼荼羅としている（NSC2-82）。那須にも「時間と空間」（NSC2-60）について言及はあるが、これと両部曼荼羅が関係するとは考えていなかったようである。

（8）佐々木力『日本数学史』岩波書店、二〇二一年、六七三頁。

（9）小倉は田辺と青年時代から友人であったが（OKC7-236）、最初から話が合わなかったようである（OKC8-72）。阿部博行『小倉金之助』一〇九、二〇二頁等。田辺は西田を批判する文脈で、ミンコフスキー時空も批判していた（THZ12-226）。

（10）京都府中学校数学協議会編『数学教育資料』第一輯、山根好国発行、一九二四年。

（11）「平常底」は多くの人が関心を持つテーマなので稿を改めたいが、結論だけ言えば、高神の言う「宗教的実在たる仏」（TKS5-101）と同様と思われる。

（12）西田は一九〇一年五月六日の日記に「正念は数学の公理の如くに宇宙の大法なり。吾が之を曲げんとしたればとて曲ぐべきにあらず」（NKZ17-58）と書いており、これをもって西田は公理主義であったとする解釈が一部にあるが、第一に三十一歳の西田が日記に書いた一言をもって証拠とするのは根拠が弱く、第二にここで西田が書いている「公理」は「定理」の意味に理解した方が、座りの良い解釈だと思われる。

（13）ここで田辺は彌永昌吉『純粋数学の世界』弘文堂、一九四二年を参考文献に挙げるが、彌永は高木と同様に、抽象化重視の傾向を一時的な現象と見なしていた（同書五八頁）。また田辺は公理主義の限界を認めるが（THZ12-223）、これも位相数学によるさらなる抽象化で「自己突破的向上」（THZ12-311）が可能だと主張した。

（14）前掲、『数学教育資料』第一輯、九三頁。

（15）ダフィット・ヒルベルト「数学基礎論の諸問題」、『現代数学の系譜7　ヒルベルト　幾何学の基礎　クライン　エルランゲン・プログラム』共立出版、一九七〇年、邦訳二七二頁（David

Hilbert, *Probleme der Grundlegung der Mathematik*, 1928)。

(16) ダフィット・ヒルベルト『現代数学の系譜4　ヒルベルト　数学の問題』共立出版、一九六九年、邦訳一〇頁 (David Hilbert, *Grundlagen der Geometrie*, 1930)。

(17) 永井博『数理の存在論的基礎』創文社、一九六一年、二三一頁。永井は自身が西田の強い影響を受けていると述べた。永井博「西田哲学の体系が意味するもの——一つの視点から——」『哲学』第二〇号、日本哲学会、一九七〇年。永井は、「事実」と数学の関係を打ち切った発端はカントにあったと分析している。「カントは却つて学の力学的内容を曖昧にし、やがてこれを疎外せしめる結果になつた」。永井博『近代科学哲学の形成』創文社、一九五五年、三七三頁。

(18) 赤攝也「訳者覚えがき」、スティーブン・バーカー『数学の哲学』培風館、一九六八年、一七三頁。

(19) 佐々木力『科学革命の歴史構造』下巻、岩波書店、一九八五年、五七七頁。

(20) アンリ・ポアンカレ『科学の価値』岩波書店、一九七七年、邦訳一五〇頁 (Henri Poincaré, La Valeur de la science, 1905)。

(21) ヘルマン・ワイル『数学と自然科学の哲学』岩波書店、一九五九年、邦訳二四七頁 (Hermann Weyl, *Philosophy of Mathematics and Natural Science*, revised and augmented English edition based on a translation by Olaf Helmer, 1950)。

(22) Henri Lebesgue, Humbert et Jordan, Roberval et Ramus, *L'Enseignement mathématique*, Ser. 2, 3, 1957, 192-193.

(23) アンリ・ルベーグ『量の測度』みすず書房、一九七五年、邦訳一八四頁 (Henri Lebesgue, *Sur la Mesure des Grandeurs*, L'Enseignement Mathématique, Genène, 1956)。

(24) Felix Klein, *Vorlesung über die Entwicklung der Mathematik im 19. Jahrhundert, Ausgabe in einem Band*, Springer-Verlag, 1926, S.88.

(25) 高木貞治『数学の自由性』筑摩書房、二〇一〇年、二五七頁。

(26) 高瀬正仁「解説　軽妙な筆致で今日の課題を語る数学エッセイの世界」、前掲、高木『数学の自由性』三四二頁。

(27) Emil Artin, (Book Review) Éléments de mathématique. By N. Bourbaki, *Bulletin of the American Mathematical Society*, vol.59, 1953, p.479.

(28) 前掲『純粋数学の世界』八六頁。

(29) 末綱恕一『数学と数学史』弘文堂書房、一九四四年、二七頁。

(30) 秋月康夫『輓近代数学の展望』ダイヤモンド社、一九七〇年、一一三頁。

(31) 戦後では、岡潔による批判が有名である。岡は「数学に冬の季節が訪れた」と嘆いたり（大沢健夫『岡潔　多変数関数論の建設』現代数学社、二〇一四年、一九二〜一九三頁）、この様な数学は「人の住めるところではない」と批判したりした（岡潔『春宵十話』光文社、二〇〇六年、四一頁）。伊藤清も「抽象が具体から遊離してしまえば、発展も止まってしまう」と主張した（伊藤清『確率論と私』岩波書店、二〇一〇年、三〇頁）。

(32) ここから想起できるのが、E・フッサールの『ヨーロッパ諸学の危機と超越論的現象学』（中央公論新社、一九九五年、Edmund Husserl, *Die Krisis der europäischen und die transzendentalen Phänomenologie*, Martinus Nijhoff, Haag, 1954）である。フッサールの場合は、自然科学研究で用いられる数学と「生活世界」の関係が「不明確だとする落ち着かない感情」（同書九九頁）を問題として取り上げている。鈴木俊洋はフッサールの立場を「数学者への信頼にもとづく非修正主義をともなった直観主義」と分析している。鈴木俊洋『数学の現象学――数学的直観を扱うために生まれたフッサール現象学』法政大学出版局、二〇一三年、二二六頁。フッサールも数学を取り上げているが、第一に西田ほど数学に対するこだわりが強いようには見えず、第二にそもそも「生活」の捉え方が西田とは異なると言える。

(33) Emmy Noether, Abstrakter Aufbau der idealtheorie in algebrarischen Zahl- und Funktionenkörpern, *Mathematische Annalen*, Nr.96, 1927, S.26-61において、ネーターは園の名を三回上げている(S.27, 41, 58)。園からネーターへの影響について数学史家の評価は、上野健爾「日本の数学の流れ②園正造」『数学のたのしみ』二〇〇四年秋号、日本評論社、一六四頁、本田欣哉「園正造博士 数学者の肖像(七)」『数学セミナー』七巻八号、一九六八年、日本評論社、二一頁。西田が特に群、環、体に関心を寄せた理由も園との交流が要因と考えられる(NKZ19-344)。

(34) 秋月康夫「園正造先生をしのぶ」『数学セミナー』九巻二号、一九七〇年、日本評論社、八九頁。

(35) 前掲の上野と本田によれば、園は数理経済学の他、古代日本の暦の研究を行なったという。経済学の「園・レオンチェフ理論」は、園正造「価格変動に伴う分離可能財の需給変動」『国民経済雑誌』第七四巻第三号、神戸大学、一九四三年。

(36) 小平邦彦『怠け数学者の記』岩波書店、二〇〇〇年、一六六頁。

(37) 沢口昭聿『連続体の数理哲学』東海大学出版会、一九七七年、一六七頁。

(38) 中村郁「物理学から幾何学へ」『別冊・数理科学 現代幾何学の発展 トポロジー・モジュライ・微分幾何の魅力』サイエンス社、二〇一〇年では、物理学との交流によって数学の純粋理論が発展するケースがいくつもあったことを指摘している。

(39)高木勘弌『高木勘弌哲学論集』哲学懇話会、一九九六年、八五頁。
(40)同書二二六頁。
(41)高木勘弌は、田辺元の科学哲学が科学者にとって有意義でなかったことが大きな要因となり、哲学研究が「段々段々落ち目」になったと主張した(同書三〇六頁)。
(42)林晋「第Ⅱ部 解説」、ゲーデル『不完全性定理』岩波書店、二〇〇六年、二四〇頁。林は「不完全性定理を真剣に受け止める数学者は極めて少ない」(同書二七四頁)と主張し、「非修正主義」の立場であると言える。
(43)佐々木力「数学基礎論論争」、『岩波講座現代思想11精密科学の思想』岩波書店、一九九五年、三四頁。
(44)竹内は師であった末綱が、西田の行為的直観に賛同していた旨を紹介し、自身も「行為的直観というものが自然数の本質であると思う」と述べた。竹内外史『数学的世界観』紀伊國屋書店、一九八二年、一五四頁。
(45)永井博「西田哲学の体系が意味するもの――一つの視点から――」『哲学』第二〇号、日本哲学会、一九七〇年、七七~七八頁。永井における西田哲学の影響は今後の課題である。
(46)永井博『数理の存在論的基礎』、創文社、一九六一年、二三一頁。
(47)同書三〇一頁。永井は「ゲーデル数」において、「対応」が形式化されていないと主張する(同書二九七頁)。
(48)同書二七一頁。
(49)同書二四六頁。
(50)同書三三四頁。

（51）『善の研究』では「数学などの様な抽象的学問といはれて居る者でも、その基礎たる原理は我々の直覚即ち直接経験にあるのである」（NKZ1-37）と言っている。
（52）小室裕充『近代仏教史研究』同朋舎、一九八七年、二一二頁。
（53）高神は「金胎両部は二にして不二である」（TKS5-147）と述べており、本章図1「矛盾的自己同一体」（NKZ11-254）と合わせて考えると、「金胎不二」が「絶対矛盾的自己同一」の原型だった可能性もある。
（54）井上文夫『近世以前における日本の社会と数学——社会変動の視点から——』八千代出版、二〇〇二年、特に九七〜九八頁。前掲、佐々木『日本数学史』二一九頁では、中世後期には荘園経営のため算術を専門とした禅僧が出現したと述べる。
（55）その他、数学の問題と答えを木の板に記して神社や寺に奉納する「算額」も仏教と数学の接点であったと言える。深川英俊「算額について」『現代思想』vol.49-8（特集：和算の世界——『塵劫記』から折り紙、詰将棋まで…日本の数学文化、二〇二一年、青土社）。各地方を遊歴する「遊歴算家」も数学と仏教の接点をうかがわせる。鳴海風『江戸の天才数学者—世界を驚かせた和算家たち—』新潮社、二〇一二年、第七章参照。
（56）前掲『日本数学史』三六八頁。他にも、小川東『和算——江戸の数学文化』中央公論新社、二〇二一年、一六六〜一三六頁。
（57）前掲、佐々木『日本数学史』三二七頁。
（58）小川は「儒学の後ろ盾を得ることによって、数学の学問としての権威付けを得ようとしたというのが実際のところであろう」と主張する。前掲、小川『和算』一六八頁。
（59）一部には仏教と数学理論の接点もあり、例えば武田多則は僧侶であって和算家であった（日本学士院編『明治前日本数学史』第四巻、岩波書店、一九五九年、一四四頁)。その師匠であった和田寧は、一時期「増上寺の士」であったという(同書第五巻三三頁)。僧侶で和算家の門を叩いた者もいるが(同書第四巻一七八頁)、近世における仏教と数学の関係は、まだほとんど研究がない状態である。

(60)スチュワート・シャピロ『数学を哲学する』筑摩書房、二〇一二年、邦訳六三頁(Stewart Shapiro, *Thinking about Mathematics: The Philosophy of Mathematics*, Oxford University Press, 2000)。

(61)前掲、佐々木力『日本数学史』一〇~一六頁。

(62)「関孝和より安島直圓にいたる時期……この期間は実に日本独自の数学の確立時代であって、その間挙げられた業績のうちには、西洋において発見されたるものと時代を同じくし、あるひはこれに先んじたるものも三四に止まらぬのである」。前掲、『明治前日本数学史』第二巻五頁。また蘭学が解禁されても、測量術や航海術など一部を除いて、西洋数学が和算に与えた影響はごくわずかであった。同第四巻一六〇~一六一頁、第五巻四二二頁。

(63)「日本の数学一〇〇年史」編纂委員会編『日本の数学一〇〇年史』上巻、岩波書店、一九八三年、二〇一~二〇二頁。

(64)前掲、西田幾多郎編『廓堂片影』に掲載された北条の日記には「此朝公案第一款ヲ透過ス」(二四七頁)、「富士山ノ隻手ノ公案ヲ透過ス」(三五〇頁)などの記述がある。

(65)東京帝大の数学の教授であった辻正次が高神覚昇の幼馴染だったことも、動機の一つだったようである(TKS3-167~168)。高神覚昇『般若心経講義』角川学芸出版、一九六八年、三九~四〇頁。

(66) 末綱恕一『華厳経の世界』春秋社、一九五七年のうち、第二篇第七章「華厳の数論」などは、その典型である。「数を時間的に見れば序数であり、空間的に見れば基数であって、両者はいわゆる矛盾的自己同一の関係にある」(同書一三五〜一三六)という主張は西田の影響を想起させる。末綱恕一『数学の基礎』(岩波書店、一九五二年)では法蔵(賢首大師)について言及し(同書一七頁)、西田についても言及している(同書一四頁)。

(67) 「国のための数学」を主張した数学者の典型として、藤沢利喜太郎が挙げられる。前掲、佐々木力『日本数学史』五六二〜五六四頁。

(68) Oswald Spengler, *Der Untergang des Abedlandes*, Band 1, Deutscher Taschenbuch Verlag GmbH & Co. KG, 1972, S.82.

(69) 藤原松三郎『日本数学史要』(寶文館、一九五二年)における泉信一と平山諦による序文一頁。

(70) 足立恒雄『数とは何かそしてまた何であったか』共立出版、二〇一一年、一五二頁。

(71) 前掲、佐々木力『日本数学史』六八二頁。

第七章　物理学　西田哲学から湯川理論を導出する――中間子と素領域

「けふ湯川へ手紙を出して置いたから湯川が来たら例の額を見せてどれでも一二枚ほしいのをお取り下さいと云つて下さい」(NKZ19-248)
（一九四三年七月二十二日、西田が鎌倉から京都の自宅に住む娘の西田静子へ送った手紙。湯川が生涯自宅に飾った西田の書「歩々清風」の額は、この時に湯川が西田家からもらい受けたものと考えられる）

初めに

湯川秀樹は学生時代に西田幾多郎の授業を受け、生涯にわたって西田を非常に尊敬していた[1]。中間子の研究をしていた一九三四年の湯川の日記には、西田の『哲学の根本問題』を読んでいた旨が記されている[2]。後半生で主張した素領域は、その前身が三次元非局所場であり、一九四二年頃から考え始めたと述べていて（YHC3-51～53）、湯川が西田の自宅を訪問していた時期と重なっている[3]。オリヴィエ・ダリゴルによれば、中間子の概念を導出するに際し、「西田幾多郎に見られるような、日本思想の直観的な側面から発した」と湯川自身が述べたという。[4] 親交のあった梅原猛も「湯川先生の場の理論には、西田哲学の場所という概念の影響があるともいわれる[5]」と述べた。

湯川は「私などは考え込むほうが多くてあまり計算しませんが、それはむしろ例外です」(YHC5-279) と述べたこともあり、その物理学論は哲学的思索と共にあった。当時の数学と物理学は「数物」と呼ばれて分離しておらず、数学に関心の高い西田は物理学にも関心があった。西田は湯川から影響を受けた様子もあり (NKZ17-695、19-219)、湯川の思索は西田と共に行われたと見なすことも可能である。湯川は「哲学と理論物理学とは、大昔は一つであった。今では、ずいぶん遠く離れてしまった。しかし西田先生とお話ししている瞬間だけは、両者の距離が大部近くなっているような感じがした[6]」と述べた。

湯川による真言密教の再評価も戦後に於いて非常に早く、西田との関係を含めてその思想は幅広い。ここでは、湯川による中間子と素領域は、西田との交流によって西田哲学から発案した可能性はないのか、その二点に絞って考えてみたい。[7] つまり西田の「場所」が実際にどのように科学に応用されたのか、湯川理論を一つの可能性として捉えることで、応用という行為によってどのような直観を得られるかを示し、「場所」の論理の理解を深めたい。

一、湯川の思考の特徴

湯川は自身の物理学の主張について、強調していたことがあった。一つはあいまいな思考から出発すること、もう一つはイメージ的思考である。この点は物理学者の目にはあまり留まらないようであるが、哲学的観点から見ると非常に重要である。

まず湯川は、そもそも新たな理論を考えつくことについて、次のように述べている。

私は物理学のような学問、ことに理論物理学のような学問をやっているのですから、むろん数式をいっぱい使うわけですね。数式を使って、答えを実験とつき合してみて、ぴたりと合うようにしなければいかぬというのがたてまえで、それはそれでいいのですが、しかし、それはある理論のでき上った形がそうなっているのであって、新しい理論体系を生み出すときには、式だけですむことはけっしてないわけです。……はじめに、なにかもう少しあいまいさをもっているところから出発するよりしかたがない。……いかに機械設備が発達し、統計が活用されておっても、なにか新しいものが学問の世界に生まれてくるというときは、どうしたって、すぐに数字に直せぬ相当なあいまいさをもっている。(YHC 別巻 -49)

湯川は、理論物理学が数式と実験を突き合わせる学問であることを「たてまえ」であると言う。その前に、「もう少しあいまいさをもっているところから出発する」とか、新しい学問は「相当なあいまいさをもっている」ところから生まれてくると述べている。

では、この「あいまいさをもっている」思考とはどのような内容なのか。湯川は自らの思考を「イメージ的思考」と呼んで、次のように説明する。

私など物理の根本問題を考える時は、数学や言葉だけの操作でうまくゆくものではありません。私はいつも黒板へ絵を描くわけです。幾何学的に正確な図形ではなくて、ぼんやりとしたものです。しかしだれでも頭の中では同じことをしているのではなかろうか。つまり頭の中にいろんなイメージが現われ、言葉による思考もする、数式もある程度は、寝床の中でも暗やみでも考えられる。そういうものの組み合わせとして混沌としたものを、だんだん言葉による秩序へ、あるいは数による体系化へ変化させてゆく。そういうプロセスの結果としては、とかくイメージ的、図式的なものは表に出なくなってしまう。なにかひどく当り前のことのようですが、これまでの自然科学のたて前からは、文学とか美術とかいうものを含めたイメージ的思考というものは、とかく縁遠いものとして敬遠されてきました。しかしそれは自然科学と全く縁のないものではないのではないか。私の言いたいことは、たとえば現在の科学の細分化、抽象化の方向と違った一つの方向として、この種のこれまで日の当たらなかった側面へ光を当てることによって、公の権利が認められていなかった領域を開発するということが考えられるのではないか。そうすれば、納得の体系または相互理解の体系として、現在の科学よりももっと広いものを手に入れる可能性があるのではないかということです(8)。

湯川は、「黒板へ絵を描く」ことで物理学的思考の説明をしていた。そのような思考はこれまでの自然科学では「敬遠」されてきており、それは「科学の細分化」とは「違った一つの方向」なのである。このような思考によって、湯川は「現在の科学よりももっと広いものを手に入れる」ことを志向した。

湯川はこの引用の少し前で、「イメージ的思考」の例として「仏教でいう曼荼羅[9]」をあげている。西田哲学の「場所」の概念は「イメージ的思考」と言うことも可能であり、曼荼羅に由来する思想であることは第三章で分析した通りである。湯川のこの主張は、西田哲学と類似している。以上の二つ、つまり「あいまいさをもっている」思考と「イメージ的思考」は、恐らく湯川の中である程度重なっていたと思われるし、同じことを別な側面から説明しているとも言える。いずれにせよ、湯川の物理学的思考は、多分に哲学的思考であったことは重要である。

二、中間子と媒介者M

湯川が中間子の説明をする際、物理学の専門の論文は当然として[10]、一般向けに書いたものであっても、基本的には物理学的な説明に終始している。例えば一般向けに書いた「中間子について」（一九四八年八月、YHC2-29〜49）において、物理学的な着想の話しか述べていない。

湯川自身は中間子をどのように発想したのかという説明において、先の例で言えば「たてまえ」については述べるが、その前の「あいまいさをもっている」思考については、特に詳しく紹介していないと言える。

先に述べたように、中間子について考えた一九三四年の日記には、西田の『哲学の根本問題』についての記述がある。『哲学の根本問題』では、巻末に近づくと「媒介者」の概念が出てくる。「媒介者」について初めてまとまった説明をした箇所で、西田は次のように言った。

> 個物と個物とが相限定するといふことは働くといふことであり、働くといふには媒介者といふものが考へられなければならない。……個物的限定の方面を無視してかゝる場所的限定といふものを考へるならば、働くものの世界は物理的空間と考へられるものの如く、媒介者自身の自己限定の世界と考へられる、力の場と考へられる。物理的空間の世界といふものも、斯くして私の所謂自己自身を限定する世界の意味を有つたものである。併し物理的空間の世界といふ如きものは、唯個物的限定を無視することによつて考へられるものに過ぎない、非人格的なる媒介者の自己限定の世界たるに過ぎない。(NKZ7-163～164)

西田は「媒介者」を説明する際に、「物理的」な考えや「力の場」と対照させて説明している。「物理的空間の世界」は「個物的限定を無視する」、つまり個物的限定がなされているはずなのに、それを無視して最初から物質があるかのように考える世界である、という意味であろう。ここではどちらかと言えば「物理的空間の世界」は、「非人格的」と述べて、やや価値が低いかのような言い方になっている。しかし、西田が「物理的」と述べながら説明しているところを物理学者が読めば、目に留まると考えられる。

実は西田が「場所」の概念を提示する前にも、物理学的な思考をしていた。西田が「場所」を初めて特別な意味で述べたのは論文「内部知覚について」である（NKZ4-127）。その直前に書いた論文は「物理現象の背後にあるもの」であり、冒頭で「力の場」（NKZ4-48）について簡単に考察している。西田が「場所」の理論を提示するに際し、物理学的な「場」を一つの手掛かりにしていた様子を見ることができる。

「媒介者」の概念は『哲学の根本問題続編』（一九三四年）になると、冒頭で「個物と個物との媒介者M」（NKZ7-203）と表記されるようになる。「M」が何を意味するのか、西田はここでは説明していない。

西田は「我々の自己は唯個物と個物との媒介者Mの自己限定として考へられるのである」（NKZ7-382）と主張し、そのすぐ後に「物質の世界といふのは外部知覚的方向といつても、それが内部知覚的なるものを離れないかぎり考へられるものである」（NKZ7-382）と主張した。「媒介者Mの自己限定」は主に自己に関することではあるが、「物質の世界」への応用を含んで説明している。つまり自己も、「物質の世界」も同様に「媒介者Mの自己限定」として捉えていたのである。

西田は「個物と個物との媒介者Mの自己限定から、無数に自己同一的に自己自身を限定する個物的限定の意義を有つたものが考へられるのである、無数の個物eが成立するのである」（NKZ7-336）と主張した。「M」は「絶対者M」（NKZ8-257）でもあるので、本来は多種多様な性質や働きを持っているはずであるが、西田は媒介的性質に特に着目している。「媒介者M」がその媒介的性質を保ったまま、あるいは特定の媒介的性質に自己限定しつつ、物質として自己限定した場合はどうなるか。個物e_1と個物e_2を何等かの形で媒介する個物e_3が想定しうる。媒介者Mの自己限定の一つの形として、ある媒介的性質を持った未知の個物e_3が想定しうると言える。

湯川は「原子核の中で陽子とか中性子とかいうものを結び付けている力、すなわち核力なるものがある以上、それに相当してやはり何かエネルギーのやり取りがある」（YHC2-35）と考え、電気や光とは「本質的に違った形のエネルギーのやり取り」があり、やり取りの「単位になる粒子は……どうしてもある質量を持ったものでなければならない」（YHC2-36）と想定した。「この未知の素粒子をやり取りする」（YHC2-37）という現象を想定することで、陽子が中性子に変わったり、中性子が陽子に変わったりする現象を説明できると考えた。「力の媒介者はいつも電子」（YHC2-199）と考えられていたのに対し、新しい未知の媒介者、すなわち中間子を提唱したのである。媒介者Mの自己限定の一つの形として、ある媒介的性質を持った未知の個物e_3という中間子を考えたとしても、西田哲学の論理上のつじつまは合う。

湯川が物理学的思考に入る前に、「もう少しあいまいさをもっているところから出発」したのであれば、西田哲学の「媒介者M」から出発した可能性が考えられる。湯川自身は、中間子を名づける際に、どのような名前にするか様々に考え、「Mesotron」にしたという[11]（後にMesonと呼ばれる）。

湯川は中間子論研究のいきさつについて、次のように言っていた。

私自身、場の一般理論に関しては大学を出たころからハイゼンベルクとパウリの理論を勉強して、なんとか別な見通しのよい便利な理論をつくりたいと思い、多少やりかけたのであるが、何も結果は出てこなかった。そのうち、核力のほうをやり出し、中間子論のほうがうまくいきだしたので、そちらは始終気になっていたが非常な困難が予想されるので、場の概念を一般的に拡張しようとは思っていたのだが、場の概念を拡張すればまた他のいろいろな困難、とくに相対性理論との調和がむつかしくなるのであまり進まないままになっていた。（YHC3-19）

湯川は大学を出たころから「場の一般理論」に挑戦しようとしていたと述べる。中間子論は、「場の一般理論」のことが「始終気になっていた」状態で研究していたという。これが非局所場（Non-Local Field）となり、やがて素領域（Elementary Domain）の提唱へとつながる。湯川がこれを説明する際、黒板に丸を描くので「マルの理論」とも呼ばれた。

三、素領域と最小の「場所」――西田の円と湯川の「マル」

湯川が中間子を思いつくにあたって、その前段階の思考をあまり披露しなかったのに対し、素領域(Elementary Domain)の方は、その種の内容について豊富に語っている。先に引用した通り、湯川にとっては中間子の提唱も素領域に至るまでの通過点に過ぎず、最終の目的は素領域の提唱であった。素領域とは「空間的に、そして恐らくは時間的にもひろがった素粒子」(YHC3-39)と説明している。

当時の物理学では、素粒子を点、つまり無限小と考えると、素粒子同士が無限に近づきうることが問題になっていた。[12] 無限に近づくので互いに働く力は計算上、無限大になってしまう。また、様々な素粒子が発見されてくると、「形も大きさもない点がどうして数多くの違った種類の素粒子としての個性を持ち得るのか」(YHC2-185～186)ということも問題となった。

湯川はこの問題を解決するのに、「原因と結果を一緒にした何か全体」(YHC3-166)を想定しなければいけないと考えた。「将来はしかし原因結果を一緒にした一連の出来事が起る先天的な確率、先天的な可能性を問題にしなければならないのじゃないかと思うのである」(YHC3-167)とか、従来の物理学は「どうしても因果関係として見たり、時間・空間という形式で見たりしていた。しかしそういうものを一つ一つ脱却して行かなければ、われわれはもはや先へ進めないのかも知れない」（YHC3-167）と思考した。

湯川は、原子核の大きさの世界（10^{-13}cm以下・YHC10-408）について、不確定性原理を克服すべく、当初は三次元非局所場（Non-Local Field）を主張し、やがて時間軸を加えた四次元素領域を差分方程式で提示した。湯川は素領域について、「四次元的な意味でのエーテル」（YHC3-120）とも述べていた。湯川は、素粒子によって万物が構成されるとする従来の物理学に対し、「万物を受け入れる宿屋のようなもの」（YHC3-59）によって宇宙が構成される物理学を考えたのである。

では、これに類似する発想が西田にあったのか見てみたい。まず、西田は次のように言う。


時間空間の先験的形式があつて、それによつて世界が成立するのではない。時間空間は自己自身によつて有り、自己自身によつて働く世界の両方向として、作られて作る我々の働く自己によつて何処までも考えられるのである。（NKZ11-247）

これは時空間の概念を変更しようとする湯川が読んだのであれば、心強い主張に見えたであろう。これは論文「数学の哲学的基礎附け」の中の主張であり、鎌倉で湯川と議論したのちの主張なので、あるいは意気投合した内容を書いた可能性もある。西田は「物理の世界」の巻末で、「私は歴史的世界の根底に、多としても、一としても、超越的なる何物も考へない。何処までも多と一との矛盾的自己同一として、作られたものより作るものへの世界である」（NKZ11-58）と主張した。物理学的な概念も「作られて作る」ものであり、実験結果を無視して恣意的に作ることはできないが、同時に物理学的概念を先験的（超越論的）と考えて動かせないものとしない。時空間の概念も、従来の概念から根本的に問い直そうとするのが西田の立場である。

また、西田は「物は空間的性質を有つたものでなければならない、物は延長を有つたものでなければならない。無形なるものが空間によつて媒介せられると考へることはできない」（NKZ7-306～307）と述べており、無限小の物（つまり「点」）という発想を否定するかのような言い方をしている。「延長を有つ」と述べたり、「無形なるもの」を否定したりする言い方から、西田の言う「物」は無限小になるとは考えにくい。

西田は一九三五年の時点で「現実の世界Mx」がMx_3からMx_2、Mx_1を経てMx_0へ次第に「自己限定」してゆく図（NKZ8-235）を描いた（図1）。西田はこれを「一つのMxがMの自己限定として自己自身を限定し行くといふことは、右の図式の如く自己の底に自己を抜けることである」（NKZ8-236）と表現している。Mx_0は図の上では無限小のようにも見えるが、これは「空間的性質を有つ」「延長を有つ」ような物が於てある「場所」だとすれば、一定の大きさを持つようである。また、この「現実の世界Mx」は必ずしも物理学的現実の世界に限定されていないが、それを「包む」概念であると考えられる。「現実の世界Mx」が物理学的に自己限定するのであれば、Mx_0は一定の大きさを持つ最小単位の空間ないし空間的性質を持った個物であると言える。言い換えれば最小の「場所」の自己限定と考えられる。

時間論でこれに類似するのは「永遠の今の自己限定」である。西田はこれについて、「時の一々の点即ち瞬間が唯全体への関係として、自己否定即肯定的に全体を構成し行くのが時の形式である」(NKZ10-277)と述べ、瞬間の時間は「点」になると考えていたようである。また、次のようにも言う。

時間と云ふのは、一が多に於て自己自身を表現する形式である、一から多へである。表現せられるものが表現するものであり、自己自身を表現するものは、時間的なものでなければならない。時の一々の瞬間が無限の過去を負ひ未来を孕むと云ふことは、一々の瞬間が無限の過去未来を表現すると云ふことでなければならない、極微知覚的に全体的関係が一点に映されると

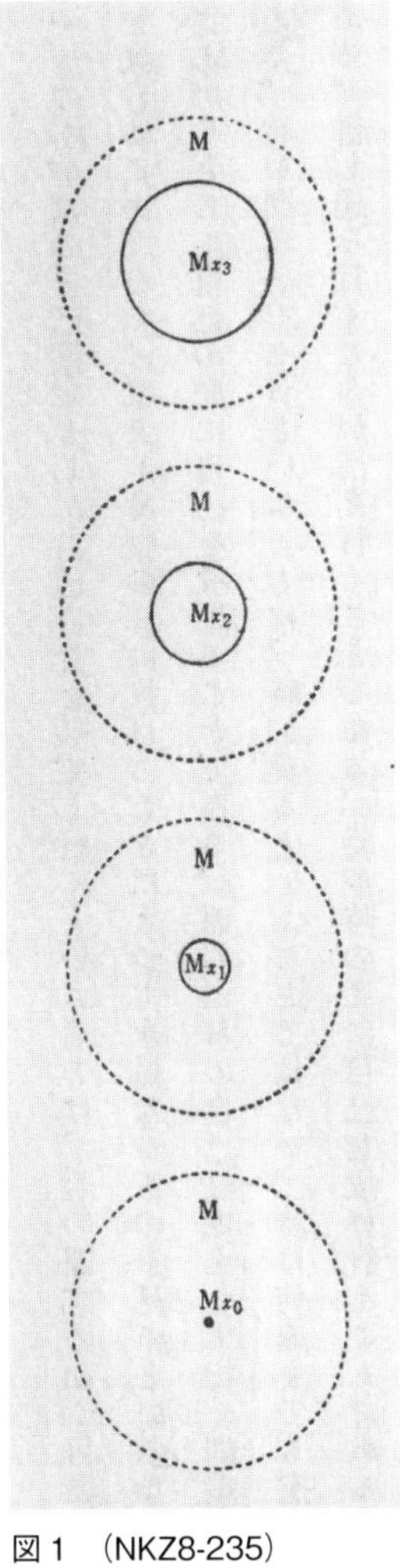

図 1　(NKZ8-235)

云ふことでなければならない。（NKZ10-286～287）

西田は「時の一々の瞬間」は「極微知覚的」に「一点に映される」と述べた。永遠の今の自己限定は、どうやら無限小の一点のようである。西田は、今日のプランク時間のように、非常に短いが一定の幅を持った時間が最小時間単位だとは考えなかった。[13]

一方の湯川は「現在というのはなにか?·」と問い、「時間の幅がある」（YHC2-325）と主張している。時間については、西田をそのまま取り入れたのではなく、一定の改変をした上で湯川は取り入れたと解釈しなければならない。

また、西田が先の引用文を書いたのは一九四一年九月であり、京都の自宅で湯川と面会した後であった。先の引用の中の「極微知覚的」という表現は、この後に湯川が出版し、西田も引用した湯川『極微の世界』（岩波書店、一九四二年、NKZ10-345）を連想させる。あるいは面会したときに、既に湯川から「極微」（YHC3-244）について、著書の構想を聞いていた可能性もある。[14]先に述べたように湯川は三次元非局所所場について考え始めたのは一九四二年頃であると述べており（YHC3-51～53）、西田と面会していた時期であった。

また西田は次のように言う。

Moといふのは Mx の亡び行く箇所であり、又生れる箇所である。Ma Mb Mc……はいづれも Mo から始まりM_0に終つて行くのである。それはM_xの中心であり又周辺である。M_xはいづれもM_0の芽を含んで居る。新しい世界の発展には何処かが中心となる。（NKZ8-266）

M_0は、「現実の世界M_x」が生まれ、滅びゆく「箇所」である。言い換えれば「すべてがそこからそこへ」（NKZ9-3、333）とも言える。別の説明では「M_0はM_λの滅び行く所なると共に、又その新に始まる所である」（NKZ8-262）とも言っており、M_0は「所」である。M_0とM_{x0}はどのように異なるのか西田は説明していないが、上記のように「M_xはいづれもM_0の芽を含んで居る」と言っているので、M_{x0}はM_0の性質を少なくとも潜在的には有していると判断できる。つまりM_{x0}はただ小さいだけではなく、多くの可能性を含んだ最小単位である。

湯川は「吾々が自然の奥底へ更に深く進んで行けば、そこには何等かの『存在の法則』があるだけで、因果的な見方も目的論的な見方も、共にその姿を失ってしまうのではないでしょうか」（YHC8-254）と考えた。「将来はしかし原因結果を一緒にした一連の出来事が起る先天的な確率、先天的な可能性を問題にしなければならないのじゃないかと思うのである」（YHC3-167）と主張し、「先天的確率」（YHC8-246）という概念を提示している。「先天的な可能性」「先天的確率」は「一連の出来事が起る」ことを想定しており、「新しい世界の発展には何処かが中心となる」と述べて現実の世界M_xが「生れる箇所」であるM_0の概念と類似する。「一連の出来事が起る」（湯川）と「新しい世界の発展」（西田）は同様の内容をそれぞれの言い方で表現していると考えられる。

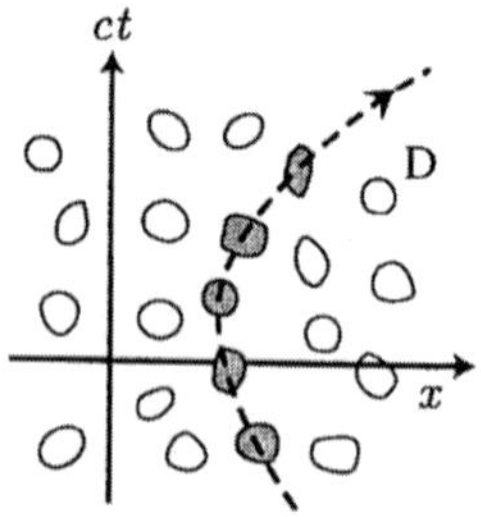

図２

西田は「個物と個物との媒介者Ｍは……非連続の連続と考へられる」（NKZ7-311）と述べた。湯川の素領域は、我々には連続した時空間のように見えても、極微の世界では非連続の時空間だと想定している（図２）[15]。従来は時空間の中を素粒子が移動していると考えていた現象について、素領域が順々に励起するという捉え方でその運動を説明しようとした。湯川は電光掲示板が次々に点滅することで何かが移動しているように見えることになぞらえて説明しており（YHC9-280～281）、物質やエネルギーが持つ「連続・不連続の二重性」（YHC2-127）を最小時空間に当てはめたのである。

西田は「絶対矛盾的自己同一の世界に於ては、単に偶然的と云ふものはない。如何に瞬間的と考へられる出来事でも、絶対現在の自己限定として、それぞれに充足理由を有つてゐなければならない。すべてが絶対の非連続の連続でなければならない」（NKZ10-410）と述べた。ここで述べた「偶然的」ではない「充足理由」とは、もし確率的概念についての別の表現であるならば、湯川の「一連の出来事が起る先天的な確率」と類似する。「すべてが絶対の非連続の連続でなければならない」とは、すべてが絶対者Ｍの非連続の連続である、という意味に解釈するなら、「連続・不連続の二重性」（YHC2-127）を主張した湯川の素領域に近くなる。素領域とは、媒介者Ｍが物理学的に自己限定し、更に時空間の大きさも最小単位に自己限定しつつ、その「偶然的」ではない性質、つまり「先天的確率」を持っている状態なのではないか。それは最小の「場所」の自己限定として、「新しい世界の発展」の中心となり得、「絶対の非連続の連続」と言い得るものなのである。

湯川は一九四三年二月に『「場」の概念と『素粒子』の概念の対立を、現在よりも一層高い立場で統一すること」（YHC8-232）を目指すと述べている。また、湯川は非局所場から素領域へ思考を進めるにあたって、「きっかけになったのは、一つは一般相対論の精神を、素粒子の探究に新しい形で復活させようとしたことであり、もう一つは長い間、忘れていた荘子を想い起こすことであった」（YHC7-65）と後年説明したこともある。一般相対性理論を生かし、荘子も生かし、いろいろな理論や思想を生かそうとしたのも湯川の素領域論の特徴である。これは西田の「場所」の論理が持つ「包むといふ意義」（NKZ11-73）を連想させる。西田は「新なる実在の把握を求めた。これがデカルト哲学の課題であった。……カントは此の問題を打切つたに過ぎない」（NKZ11-157）と述べ、カント哲学に見られる「打切つた」態度を批判した。量子力学もまた、重力を無視し、古典力学との無矛盾性を「打切つた」ことで有用性を獲得した理論であり、様々な思考を「打切つた」理論であると言える。湯川はこれに対して、西田と同様に「包む」態度を取ったのである。

しかし、残念ながら湯川の素領域論はその後の物理学の主流にはならなかった。物理学説史として様々な解釈が可能であるが[16]、湯川の理論は未完成のまま放置されていると見るのが妥当であろう。

湯川は三次元非局所場から四次元素領域へ思考を広げた。一方で西田の「場所」は「場所的に云はば平面的に考へる」（NKZ5-453）と述べるように二次元に落とし込む。最初から三次元以上で考えようとしたことで、湯川はこの理論の構築を難しくしてしまった可能性がある。

また、湯川は自身の理論について「背後に4次元連続体としてのMinkowski空間を想定している点で、まだ不徹底であるのかも知れない[17]」と主張しており、西田の言う「非連続の連続」(NKZ7-14)の概念を物理学的にもっと深める必要があると認識していた可能性がある。「非連続の連続」という概念は、湯川が中間子を考える際に読んでいた西田の『哲学の根本問題』に登場する。「非連続の連続」をどのような数式に落とし込むのか、また物理的実体としてどのように捉えたらよいのか。あるいはここに、湯川の問題意識を引き継ぎつつ、さらに発展させる鍵があるのかもしれない。

終わりに

以上は、もし湯川が西田哲学を手掛かりにして(あるいは西田と共に思考して)物理学理論を導出したのであればどのような思考であったのか、という考察である。西田以外にも手掛かりにした概念や思想があった可能性は否定しないし、新たな一次資料の発掘によって、別な面が強調されることもありうる。ここで示したのは、西田哲学には湯川理論を導出する可能性があるということである。

湯川理論が西田哲学から導出されたものであるならば、哲学の問題として何が言えるか。それは、西田の「場所」の論理が既に物理学に応用されていたということである。「場所」の論理は論理であるなら、科学にも応用可能であることが期待されるであろう。「場所」の論理が持つ「包むといふ意義」は、誰もが知る科学者によって既に科学に応用されていたことになる。

中期西田の「述語的論理主義」（NKZ5-58）は、論理としては素朴である。より完成度の高まった後期西田の論理は、どのようなものと言えるのか。それを例えば科学に応用するという行為によって直観できるとするならば、湯川はその実例を示したのではないか。先に示したように「場所」の論理自体が、物理学を一部参照しながら作られてきた経緯も忘れてはならないであろう。

（注）

（1）湯川秀樹『旅人』角川書店、一九六〇年、一九一〜二頁。湯川は西田についての和歌も複数残している（YHC7-302、別巻・年譜10）。その他、湯川が素領域を説明するために黒板に丸を描く姿は、西田が「場所」を説明するために黒板に丸を描く姿とよく似ていたという指摘もある。高林武彦「湯川博士と創造性」桑原武夫・井上健・小沼通二編『湯川秀樹』日本放送出版協会、一九八四年、一七〇頁。

（2）小沼通二編『湯川秀樹日記——昭和九年：中間子論への道』朝日新聞社、二〇〇七年、三一頁。

（3）西田の日記には、「湯川」が一九四一年四月十二日と十八日京都の自宅を「来訪」しており（NKZ17-637）、一九四三年には鎌倉の自宅を三月十七日「湯川秀樹来訪」（NKZ17-661）、六月三十日と七月五日「湯川来訪」とある（NKZ17-667〜668）。

（4）オリヴィエ・ダリゴル「湯川秀樹と朝永振一郎――日本における理論物理学の研究――」『岩波講座現代思想11精密科学の思想』岩波書店、一九九五年、二二六頁。
（5）梅原猛「創造の人・湯川先生」前掲『湯川秀樹』一〇頁。
（6）前掲『旅人』、一九二頁。
（7）西田と湯川の双方向的な影響関係について、主に思想面から見た分析は、「西田幾多郎と湯川秀樹」と題して、第五十一回比較思想学会（於・天理大学）で、二〇二四年六月二十九日に発表した。西田と湯川の関係については本章と合わせて二部作を予定しており、併せて参照されることを希望する。
（8）湯川秀樹『創造への飛躍』講談社、二〇一〇年、一五二頁。
（9）同書、一五一頁。
（10）学術論文では核力とベータ崩壊を一括して説明する形式をとっている（YHC10-75～91）。
（11）大阪大学総合学術博物館湯川記念室監修、細谷裕『湯川秀樹博士と大阪大学――ノーベル賞はかくして生まれた』大阪大学出版会、二〇二一年、八八～八九頁。
（12）湯川・朝永生誕百年企画展委員会編、佐藤文隆監修『新編素粒子の世界を拓く――湯川・朝永から南部・小林・益川へ』京都大学学術出版会、二〇〇八年、一六五頁。この書は、湯川の中間子論が日本的な思想から生まれたとする解釈に対し、理由を明記せずに否定している（同書二〇〇頁）。
（13）西田は別のところで、「現在とは、過去と未来とから決定せられ、一瞬も止まることなき、把握すべからざる一点と考へられる」（NKZ10-363）と述べつつ、同じ文脈で「現在とは、何時も我々が物を作り作られる行為的直観の場所である」（NKZ10-364）と言う。現在とは「一点」であり、「場所」でもある。一点とは時間から見た場合で、場所とは空間から見た場合であると考えられる。
(14) 田辺元は一九二四年七月の『カントの目的論』序文で、「私は一般に当為といふものはかならず極微 infinitesimal の現実を含まずしては成立しないものであると思ふ」(THZ3-57)と述べ、当為論の文脈で「極微」の概念を提示した。この言い方から田辺の「極微」は無限小を意味しており、西田と湯川とは意味合いが異なると言える。
(15) 田中正「湯川博士の物理学」『素粒子論研究』第一〇三巻第六号、素粒子論研究編集部、二〇〇一年、一六六頁。湯川自身がこの図を描いた例は、筆者には未見である。
(16)「点というものだけでは素粒子は理解できない」(YHC2-174)という湯川の主張は、一次元の「ひも」を想定するところから現在の超弦理論(超ひも理論)に発展したという解釈もある。川合光「湯川博士の素粒子論と超弦理論」(湯川秀樹『創造への飛躍』講談社、二〇一〇年所収)はこの解釈である。因果力学的単体分割理論(Causal Dynamical Triangulation, CDT)は、10^{-35}m の大きさを論じ、湯川の素領域(10^{-13}cm)とは大きさが全く異なり、丸ではなく三角形を基本形とするが、最小時空間単位という意味では湯川の素領域の後裔に位置づける解釈も可能である。
(17) 湯川秀樹・片山泰久『岩波講座　現代の物理医学の基礎11　素粒子論』岩波書店、一九七四年、六〇九頁。

第八章　経済学　働く人の哲学

「抽象的なホモ・エコノミクスの社会と云ふものがあるのではない。具体的には、主体的形成によって、種々なる経済社会が構成せられるのである」（NKZ10-308）

（西田『哲学論文集　第四』より）

初めに

かつて西田哲学の研究者で、松下幸之助の理念に理解を持つ、ロバート・ワーゴ（Robert Joseph John Wargo）という研究者がいた。ミシガン大学で西田哲学の研究によって博士号を取得し、ＰＨＰ研究所で松下幸之助の理念を海外に紹介する業務などを担当したのち、二〇一二年末に亡くなっている。ワーゴは、ＰＨＰ研究所の中では、西田哲学と松下の理念には一定の類似性があると主張し続けたことで知られている。[1]

西田を経済に引き付ける解釈は、かつて梯《かけはし》明秀《あきひで》がマルクス主義の立場から試みたものなどがあったが[2]、概して日本でマルクス主義が隆盛だった時代において、経済哲学からの西田研究は少なかった。さらに冷戦構造の崩壊以降、マルクス主義が減退するに従って、日本では主にマルクス主義が担っていた経済哲学の研究自体も同時に低調になった。筆者は、マルクス主義に関心は持たないが、経済哲学の重要性を強く認識し、西田哲学も経済哲学から解釈することが可能だと考えている。

西田が仏教の影響下にあったのは事実だが、それは前近代的な仏教ではなく、近代仏教として捉えるべきである。その中でも高嶋米峰を中心にした新仏教運動は重要な思想の一つである。西田をまた、京大に呼んだ松本文三郎、親友であった鈴木大拙は雑誌『新仏教』に多くの寄稿が見られ[3]、西田もまた、その思想的特徴が新仏教運動と一致している。新仏教運動の特徴は様々に捉えうるが、ここではさしあたり、現世的、超宗派、キリスト教の肯定、近代資本主義における都市生活者の宗教、戒律よりも言説重視、無僧無寺院無儀式主義などの特徴を確認しておけばよいであろう。この観点から考えれば、西田は新仏教の特徴を共有している思想家である。

新仏教の思想を昭和において引き継いだ高神覚昇は、真言宗智山派の僧侶であった。一九三五年から友松圓諦と共に全日本真理運動を起し、都市生活者に対して経済活動を通じた生きる意味を問い続けた思想家である。智山大学で西田に師事したほか、西田の弟子であった野崎廣義にも師事して大きな影響を受けていた。ここでは、西田と松下の思想を比較するに際し、この高神を加えて三者比較とし、その比較をより有意義なものにしてゆきたい。

松下の思想は、思想史的な系譜で見れば、新仏教運動・真理運動の後裔に位置づけることが妥当だというのが、筆者によるこれまでの研究成果である。[4] また、松下は多くの西田の弟子と接点を持った人物であった。交流を持った人物として、鈴木成高、高坂正顕、高山岩男、出口常順、松田照應、三辺長治をあげることができる。[5]

西田、高神、松下の三者に共通する基本的な点は、日本において近代資本主義が始まった時代を生きたということである。より正確に言えば、経済問題に関心を持たざるをえなかったという点で共通している。西田は後述するように経済問題についても関心を持っていたことは、もっと注目されてよいように思われる。西田と松下は、生家が米相場によって家運が没落したことも、共通した環境として指摘できる。

しかし、ここで試みることは、こうした歴史的事実の詳細を調査することではない。ここでは三者の思想の比較を通じ、三者の「哲学」に一定の共通性を見出してゆきたい。三者は確かに、世俗でいう職業がはっきり異なっている。にもかかわらず、三者の思想は全く相いれないものではなく、ある一定の共通性を持っている。またその共通性があるが故に、三者の異質性は、単なる無関係からくる異質性ではなく、より意味のある異質性として確認できるというのが、本章の主張である。以下では、共通性についてより強く意識しながら、三者の比較を試みたい。

一、予備的考察

1、三者の事実関係の整理

本稿の目的に沿って、三者についてまず簡単に整理しておきたい。まず西田哲学の出発点は、そもそもアカデミックな哲学研究とは別なところにあったことは確認しておくべきであろう。「哲学の動機は『驚き』ではなくして深い人生の悲哀でなければならない」(NKZ6-116) とか、「私は従来の考へ方といふものを根柢から変じて見なければ新らしい哲学の発展といふものはできない様に思はれる」(NKZ18-497) と述べる西田は、「哲学の動機」において、アリストテレスとは別な出発点を選んでいる。また、次のようにも言っている。

大学の先生といふやうな者は真に人生を知つたものかどうか疑はれて仕方がない　涙を以てパンを食うた事のない人の人生観はいか程価値のあるものであらうか。(NKZ18-143)

エラキ学者達の説を聞くよりも山間の禅僧か真実なる訓戒をきく方価値ある様に覚ゆ。(NKZ18-66)

このように述べる西田の哲学は「人生を本として学問すべし」(NKZ17-94)と考えるものであり、当初は「人生の落伍者となつた様に感じた」(NKZ12-170)、あるいは「一生下級の教師に甘んじて厚く道を養ひ深く学を研む」(NKZ17-99)つもりであったことは強調されてよい。彼はアカデミックなキャリアだけを歩んだ哲学者ではなく、むしろこれまでの哲学研究を踏まえつつも、そもそも全く別なところから話をしようとした思想家ではなかったか。

ここでは『哲学の根本問題』以降から『哲学論文集　第五』までを主に取り上げたい。それ以前の西田の思想とこの時代の西田の思想とは相違する点もあるほか、『哲学論文集　第六』『哲学論文集　第七』は、本章の主題からやや離れるので、ここでは部分的にしか取り上げない。

高神覚昇は、真言宗智山派の僧侶であり、東大寺に留学経験があって、密教と共に華厳の思想も修めている。一九三四年にＮＨＫのラジオ番組『聖典講義』に出演し、「般若心経講義」を放送して一躍注目を集めた仏教啓蒙家であった。ラジオの反響を受けて、新仏教運動を引き継ぐべく、翌年に友松圓諦と共に全日本真理運動を起し、都市に住む労働者に生きる意味を見出すように啓蒙し続けた人物である。この放送原稿を基にした『般若心経講義』は今日に至るまで広く読まれるロングセラーとなっている。

また、一九四一年三月三十一日に新義、古義すべての真言宗の宗派が合同した合同真言宗が成立した。[6] 高神はこの合同真言宗において、一九四二年十二月三日に真言文化協会の理事長に就任している。[7] 豊山派の富田斅純《とみたこうじゅん》が会長を務めたこの協会は、密教文化の研究、出版、映画制作、真言文化功労者の表彰を目的としていた。真言宗の僧侶としての高神は、若くして戦時中の合同真言宗で頭角を現したと判断できる。[8] この啓蒙活動の一環として、高神が一九四一年三月二十五日にラジオ出演した際、松下幸之助はその講話の内容を激賞したこともあった。[9]

松下幸之助は、ここでは実業家ではなく、一般に大きな影響力を持った思想家として取り上げたい。一九六八年に刊行された『道をひらく』は生前の松下がことあるごとに感じたり考えたりしたことをつづったものであり、累計部数が五六〇万部を超える。これは自らの考えを述べた書としては、戦後日本で最も多く読まれた書と言える。この他にも松下は生前に四〇冊余りの書を世に出しており、現在まで累計部数は約一七〇〇万部以上である。にもかかわらず、戦後日本の思想について考える際、松下が取り上げられることは非常に稀であった。松下を取り上げることは、戦後日本で、広く国民に読まれながら、アカデミックな研究で看過されてきた思想を考察することを意味している。

松下の思想の要諦を一言で言えば、それは働く意味を見出そうとする思想である。家運の没落により九歳で親元を離れ、丁稚奉公として働き始めた松下は、自分の境遇について「泣けて仕方がなかった」と言っている。[10] その時の松下ほど過酷な状況ではないにしろ、近代資本主義下では、人は生きるためには働かざるを得ない。金銭を獲得する労働を通じてしか、人は生きることが許されないのが近代資本主義である。その労働に積極的意味を見出し、働くことこそ喜びであり、「真の幸福」だと説いたのが松下であった。[11] 働かざるを得ない境遇において、人はその働きの中に積極的な意義を見出しうるのである。そして、この点において、西田、高神、松下の思想は共通している。

2、誰でも哲学者である

西田が哲学者であることはよいとして、真言宗の僧である高神や実業家である松下を哲学者の一種と考えることに違和感を覚える人もいるであろう。しかし、西田は誰でも哲学者であると考えていた。例えば次のように言っている。

> 如何なる人も生きるかぎり、一種の世界観を有つて居るのである、如何なる人も哲学者である。(NKZ8-365)

> 哲学の問題は、我々の深い生命の自覚から起るのである……生命の自覚のある所、そこに世界観がなければならない。我々自身に固有な物の見方、考へ方がなければならない。人は世界観なくして生きるものではない。(NKZ11-186～187)

西田の考えにしたがえば、人は誰でも哲学者である。誰でも訓練を受ければ哲学者になれると言っているのではなく、誰であっても、現に哲学者であると言っているのである。「我々自身に固有な物の見方、考へ方」がなければ、そこに「世界観」がないことになる。しかし、人は「生きる限り」必ず「世界観」を持っている。

恐らくは、こうした西田の考えを高神は引き継いだのであろう。高神もまた、次のように言っている。

信解とは単に見聞だけでは得られない。思惟すること、哲学することによって、即ち深く考えることによって生ずるのです。哲学の必要なのはそれです。だが哲学といえば、ひとは多く自分たちとは全く無関係な、一種特別な専門の学問でもあるように思っています。尤も現今の哲学者のうちには、ことさらそういう風に難しく説明しているものもあるが、しかし哲学本来の面目は哲学することです。哲学的態度、哲学する心が必要でないと果していいうる人がありましょうか。哲学を学ぶとは、哲学の難しい述語を学ぶことではない。哲学することを習うことであり、哲学する心を涵養することです。どんなことに対しても、あわてず騒がず、ゆっくり心を落付けて考える人でありたいものです。ものの皮相だけを見ずに、進んでその根本を、真髄を摑むように努力したいものです。(TKS6-75～76)

両者の考えにしたがえば、松下もまた〝哲学者〟の一人に数えることができよう。少なくとも松下は多くの言葉を今日に残しているので[12]、我々は彼の言葉から彼の「物の見方、考へ方」、あるいは「世界観」、すなわち彼の「哲学」を分析することが可能である。

3、経済思想としての西田哲学

西田は経済にも関心を持った思想家であった。西田の思想は、「働く」という概念を重視していることからも明白なように、経済思想としての面を持っている。以下、西田の哲学から二点を抽出したい。

①生産と消費

西田は、経済行動としての生産と消費についても関心を払っている。例えば以下のように述べている。

健全な社会といふのは、生産者が消費者であり、消費者が生産者である社会でなければならない。それが真に生きた社会である。然らざれば、それは単なる自己矛盾として亡び行くの外ない。併し唯それだけでは、社会は尚創造的とは云はれない。創造的と云ふには、客観的制作、歴史的形成といふものが中心とならなければならない。生産とは歴史的形成の意義でなければならない。消費といふのは歴史的身体的消費でなければならない、直観的でなければならない。

(NKZ8-447)

ここでは、資本家＝消費者、労働者＝生産者という西洋思想が暗黙のうちに前提にしている構図を積極的に再構築しようとする西田の意図が見える。つまりアリストテレスの描く世界では、支配階級は働かないまま消費だけをしながら哲学をし、奴隷階級は生産するばかりでわずかしか消費せず、哲学する余裕も与えられなかった[13]。西洋哲学はこの図式を今日まで引きずっている場合が多い。それゆえ、西洋における哲学は、しばしば一部の選ばれた者だけの営みであると解釈されてしまう。哲学が「驚異」より始まるのなら、毎日疲労困憊するまで働き、驚くだけの肉体的・精神的余裕のない奴隷に哲学を始めることは難しい。西田は、日本における自身の「人生」から哲学を始めたのであるから、この図式に違和感を覚えるのは当然である。「生産者が消費者であり、消費者が生産者である社会」とは、階級なき社会であって、誰もが働きつつ消費する奴隷なき社会である。西田はこれを「健全」とか「真に生きた社会」であるとし、「創造的」な社会の必要条件と考えたのであった。

②「経済機構」「経済組織」

さらに西田は経済組織についても述べるところがある。西田自身は営利企業で勤務したことはなかったが、次のように述べている。

> 経済機構といふ如きも、私の所謂社会的・歴史的限定として成立するものでなければならな

い、人格的行動の意味を含んだものでなければならない。(NKZ7-75)

無論ジッテ(=しきたり)とかジットリッヒカイト(=倫理)とかいふのも、我々の作つたものと考へることもできるであらう。併しそれは単に個人が作つたものではない。そこには社会的・歴史的行動といふ如きものが考へられねばならないであらう、経済組織といふ如きものに就いても爾云ふことができる。(NKZ7-248)

実在的には、単なる共同社会といふものもなければ、単なる利益社会といふものもない。社会が何処までも自己形成的に発展すればする程、矛盾的自己同一的となるのである。(NKZ9-286)

西田が考える「経済機構」「経済組織」は、個人が理性によって合理的に作ったものではない。それは「人格的」でしきたりや倫理を含むような社会的歴史的存在である。資本主義社会といえども、利益だけで構成された社会ではなく、もちろん「単なる共同社会」でもない。西田は営利企業や資本主義社会の中にも、「人格的行動の意味」を見てゆこうとするのである。

企業が利益の獲得だけを目的にしているのであれば経済学だけが必要で経営学は要らない、というのは、かつて経営学の常套句であった。実際の営利企業は、利益以外の様々なことも考え、また行動している。人が集まって共同で行動している以上、営利企業の中にも何かしらの文化が発生するのは自然なことである。営利企業が社会の中にいる以上、社会の文化や歴史とも無関係ではいられない。

以上のことから、西田の哲学は広い意味での経済思想の面も含んでおり、経済問題にも関心を持っていることが分かった。以下、この点を注視して掘り下げていきたい。

二、働くことの意味

1、「我働く、ゆえに我あり」「我行為する、ゆえに我あり」

西田が哲学の根本問題と考えたのは、「我思う、ゆえに我あり」であった。宙に浮いたような意識である「我」が考えるだけで、「我」は存在していると考えるのは、西田にはどうにも納得がいかなかったようである。この思考は少なくとも、日本人の肌感覚のような実感には合わないものである。私が存在していると確実に言えるためには、私は「思う」ないし「考える」だけでよいのか。西田は、そのために必要なことは「働く」こと、「行為」することだと考えたのであった。

ここでは西田の言う「働く」を、特に「労働」に引き付けて考えたい。西田はしばしば「働く」を「労働」と言い換えている。

実践といふことは、制作といふことでなければならない。我々が働くといふことは、物を作るといふことでなければならない。制作を離れて実践といふものはない。実践は労働であり、創造である。(NKZ8-422)

我々が行為する、働くと云ふことは、表現作用的に物を作ることである。而してそれは我と物とが絶対否定を通じて相媒介することである。表現作用的な歴史的世界に於て、人と物とが弁証法的に相限定するのである。故に我々が此世界に於て生きることは、労働であり、苦労である。(NKZ9-33 ~ 34)

さらには「働く」の例として「大工が家を建てる」(NKZ10-45) や「工場の仕事」(NKZ9-256) を挙げていることもあるし、働いた結果作られる「物」として「芸術品から商品に至るまで」(NKZ7-359) が西田の考察の範囲に入っていることを明示している。また、より明白に「労働者」(NKZ8-417) について考察していることもあるので、西田の言う「働く」を通常の意味の「労働」に重点を置いて解釈しても差し支えないはずである。

働くことと自己の存在証明について、西田が述べるところは多い。例えば以下のように言っている。

実在界は私が働くといふことから始まるのである。単なる知的対象の世界は、要するに夢幻の世界とも考へることができる。単に我々の意識に現ずるものは夢であるかも知れない。私が考へるといふことから客観界といふものが始まるとも考へられるであらう。併しその場合、私が考へるといふことは、人格的自己の行動でなければならぬ。人格的行動の一種として思惟といふものが考へられるのである。コギド・エルゴ・スムのスムは働く自己の自己存在でなければならない。(NKZ7-8)

従来の哲学がその根柢に於て何処までも主知主義的立場を脱して居ないと考へられると共に、我々の自己といふものの考へ方が何処までも個人主義的であつたと思ふ。先づ私と物とが対立する、それから汝といふものが考へられる、かういふのが従来の考へ方である。……而して斯く自己といふものが単に個人的に考へられたといふことは、行為する所に真に我々の自己があると考へなかつたのによると思ふ。私が考へる故に私があるのでなく、私が行為するが故に私があるのである。(NKZ7-174)

我々の真の自己といふものは行為的でなければならない。現実に知る自己と考へられるものも、行為的自己の意味を有つたものでなければならない。……ギリシヤ人の世界は行為の世界ではなかつた。それは見られたものの世界であつて、働くものの世界でなかった。(NKZ7-

177）[14]

西田はこれまでの西洋哲学の致命的欠点を、「働く自己」の欠如と見る。これまでの西洋哲学全般に対して、西田が不満を述べる発言はことのほか多い[15]。西田は、意識だけが宙に浮いたような西洋哲学の「我」に対して、肉体を持ち、生きて働いている「我」を想定しようとする。西田の立場は「我働く、ゆえに我あり」である。

続いて、これと類似する高神と松下の言説を見てみよう。西田の言わんとすることは、次の二者の発言と同じではないかと思われる。

働かなくても生活できるといって働かない者は、全く罪悪である。働くことほど人間を高尚にするものはない。少くとも働くことを外にして、われわれは自己の人間としての価値を保つことはできないのである。働くことこそ、人間の光栄あるつとめである。しかも働くことは、一方において身体を鍛錬することであり、それは又、他面人を作ることである。働くことによって、人間は身体が磨かれ心が鍛えられてゆくのである。仕事に悦びを以て働くことほど、愉快なことはない、仕合せなことはない。しかも疲労少くして、しかも愉快に働く秘訣は、仕事に喜びをもつことである。（TKS6-49）

所詮、反省によって自覚が生れ、自覚によって努力も自ずと湧いて来るのである。しかもその努力こそ、畢竟働くことに外ならないとおもう。……古人は『働く』とは、はたを楽にすることだと訓えている。たしかにそうだ。『はたらく』とはまさしく『はたを楽にすること』である。しかもはたを楽にして、始めて自分も楽になるのである。（TKS6-54～55）

大部分は、汗水をたらして、ある程度の地位なり、仕事なりをした人の心の中には、そこで一つのまた新たなる人生観というものが生まれてくる。いわゆる社会奉仕とでもいいますか、社会とともに存在するというようなことがわかってくると思うのです。……そこに初めて、その人が社会の一員として、いわゆる一人前のものの考え方に到達するのです。ある程度の仕事も一方では持っているし、一方では社会に対して自己の存在というものはどういうものであるかということもわかってくる。(16)

高神と松下の主張は明瞭で分かりやすい。働くことは、自他共に認めるような形で自己の存在を確かめる行為でもある。働くことが自己の存在証明になるという考えは、我々日本人の日常の感覚に合致するところであろう。青年や壮年期の人間が仕事を得ることができない場合、生活する上で金銭が不足するということだけが問題なのではなく、仕事がないことで社会における自己の存在も軽くなってしまうことになる。働けるのに働かない者は、それだけで世間から不審な目で見られたりすることもあり、肩身の狭い思いもしたりするであろう。逆に、働いて社会の一員になることによって、我々は社会における「我あり」の実感を得ることができる。西田の言う「実在界は私が働くといふことから始まる」(NKZ7-8)とは、まさにこの意味ではないか。

しかし、働くということは楽しいことばかりではない。西田も言う通り、それは「労苦」の面を含んでいる。

2、初め、人生は苦である

働くことを重視した西田ではあったが、働くことを単に楽で楽しいこととは考えていなかった。先の引用にもあった通り「我々が此世界に於て生きることは、労働であり、苦労である」(NKZ9-34)と言う。あるいは以下のように言っている。

此世界は労苦の世界である。……矛盾が現実の生命の事実なるが故に、我々に無限の努力があり、無限の労苦がある。無限の当為もそこから出て来るのである。矛盾は人生の事実であるのである。(NKZ9-9～10)

矛盾が「人生の事実」であるが故に、我々には「無限の労苦」があるというのが西田の考えである。同様に高神は以下のように述べている。

苦の認識こそ人生を知る第一歩です。苦への自覚が契機となって、ここにはじめてしっかりとした地上の生活がうち建てられてゆくのです。だから人間苦を味わないひとの人生観は、きわめて浅薄です。皮相的です。人間苦になやんだ人にしてはじめて人生がわかるのです。(TKS6-180)

これは西田と同じ主張であると言えるだろう。先にも引用した通り、「涙を以てパンを食うた事のない人の人生観はいか程価値のあるものであらうか」(NKZ18-143)と西田は述べていた。人生は苦であり、その苦労を乗り越えることは生きる上での必要条件である。

松下は例えば次のように言っている。

新入社員として会社に入り、それから何十年か勤務する。その過程においては、いろいろの困難にぶつかったり、煩悶したりすることも起こってくるでしょう。特に責任ある地位につき、部下をもつというような立場に立てば立つほど、そうした問題は増えてくると思います。それはお互いが仕事をしていく上で避けられないことです。ただ、問題は、そのときにどの程度悩み、どの程度苦しむかということです。その程度によっては、悩みや困難に負けてしまう人もあれば、そういうものを克服してさらに大きく成長していく人もいます。(17)

働くことで人は「困難にぶつかったり、煩悶したりする」。しかしそれを「克服して」「大きく成長」できると松下は述べている。彼の思想は、困難の存在を指摘することよりも、それを超えて成長していくことの大切さを強調する場合が多い。人生は「労苦」の連続であることを当然のことと認めつつ、その超越の重要性を説くのである。次にこの点を見てゆきたい。

3、働きつつ見る、働きつつ学ぶ

働くことは、自己の存在証明であり、それは一般的に言えばある種の「学び」を伴うものである。働くことを通じて、人は人生における重要な何ものかを学び取ることができる。

西田はこれより一歩進めて、働くことが、学びそのものと考えている。彼はこの「学び」をしばしば「見る」と言い換えている。人が何か「見る」ということは、何かを認識ないし、理解していることであり、知見を広げたり堅固にしていったりしているとも言える。西田は以下のように言っている。

主客合一の立場に於ては、知即行である、フィヒテの云つた如く働くことが知ることである。

(NKZ4-28)

我々が現実の世界に於て働くといふ時、我々の行為は単なる運動でもなければ単なる意識でもない。我々は一歩一歩に物を見て行くのである。(NKZ7-343)

見るといふことと働くといふこととが矛盾的自己同一として、形成することが見ることであり、見ることから働くと云ふことができる。(NKZ9-168)

私の見ると云ふのは無作用的作用型的に働くことである。(NKZ10-51)

何処までも自己自身を限定する事実として、我々の自己の存在をも事実として限定せんとする絶対現在の自己限定の尖端に於て、物と我との矛盾的自己同一的に、即ち行為的直観的に我々の自己の自覚と云ふものが成立するのである。そこには真に見ることが即働くことであり、働くことが即見ることである。(NKZ10-86)

我々の自覚に於て、働くことが知ることであり、事実が事実自身を知る。……而もそれは単に内からと云ふのではなく、我々の自己は外から呼起されるものでなければならない。(NKZ10-375)

我々の自己が矛盾的自己同一的世界の個物として、創造的世界の創造的要素として働く所に、我々の自己が実存するのであり、かかる矛盾的自己同一の過程を直観と云ふのである。即ち我々の自己が、矛盾的自己同一的に、物となつて働き、物となつて見る所に、我々の直観があるのである。（NKZ10-451）

西田の場合は、働くことで何か学べるものがあると考えるよりは、人間が真に何かを「見る」あるいは「知る」ことは、働くことであると考え、真の意味で「働く」ことが「即見ること」と考える。そこに一切の働きがなければ、一切の「見る」「知る」という行為もありえない。働くことと知ることは、同じことの裏と表のように西田は見ている。これを西田は「行為的直観」と術語化している。

働くことは一種の行動である。西田も「行為的直観」と言うように、「働く」を「行為」としばしば言い換えている。この言い換えが可能ならば、高神は頻繁にこの問題を取り上げている。

知恵の眼を覆い隠す垢をとり除くようにつとめて、絶えずその仕事に努力し、精進することが肝腎です。なんといっても智目と行足の並行です。知恵を眼とし実行を足として、絶えず努力してゆけば、必ず成功の彼岸に到達するのです。……なすことで学べ、といいます。事上磨錬といいます。人格と技術、技術と人格とをつねに合致せしめてゆくこと、それが私どもによ

って一番大切なことです。(TKS6-43)

元来人間は、脚なくて頭だけで歩けるものではありませんが、同様に頭なくて脚だけでも歩けるものでもありません。頭と足とによって始めてそこに正しい人間の歩みがあるというきわめて平凡なことをわれらはいま一応お互に考え直してみる必要があるかと思います。(TKS6-221)

心の垢をとりはらい、智慧の眼を覆い隠す垢をとり除いて、絶えず努力しつづける事が肝腎である。なんといっても智慧を眼とし、実行を養うことである。智目と行足である。所詮、人生の理想への道は、自覚と努力である。それより外によき方法はないのである。『なすことで学べ』、事上磨錬ということばがある。人格と技術、技術と人格の二つとを、つねに一つに合致せしめてゆくこと、それが私どもにとって一番大切なことである。(TKS7-289)

高神は「仕事に努力し、精進する」ことを「行足」や「実行」と言い換える。西田の言う「行為的直観」を「なすことで学べ」という当為の言い方で分かりやすく言い換えている。あるいは、元々真言宗の僧侶として持っていた知識を用いて、西田の哲学をこのように解釈したのかもしれない。

また、高神は八正道について説明する際に次のようにも言う。

この八道のうちで最も肝腎なのは、なんといっても「正見」と「正精進」とである。正見とは正しい見方、正しい人生観世界観である。何を正しく見るか。それは仏教の根本原理である「因縁」の原理をはっきり認識することである。次に正精進とは正しい努力である。因縁の原理をあきらめて、われわれの日常の生活の上にしっかりあらわして行くことが、苦を離脱して、さとりへ赴く唯一の方法である。……何事も「知る」だけではいけない。「行う」ことがなければ、ほんとうにものを活かしてゆくことはできない。(TKS7-317～318)

八正道のうち、あえて「見る」と「精進」を強調していることから考えても、高神の思想は西田と方向性を同じくしていると言える。

同様のことを、松下はより端的に述べている。

自分の体験から申しますと、働きつつ学ぶといいますか、これがいちばんいいと思うんですね。学問をするということも結構ですけれど、やはり実地の体験の場をもって、学びつつ実験をしていくということです。社会といいますか、会社といいますか、職場といいますか、そういうところはいわば道場ですから、人間形成の上に非常に役に立つんじゃないかと思うんです。

私は学校に行っておりませんけど、それでも多少ともやってこられたのは、実社会の中で庶民生活をしていた、それがいつも道場であり、体験を重ねつつ人々からいろいろ教えてもらってきたからです。それである程度仕事もできたわけです。(MKH15-18)

三者とも日々の仕事の中に悟りやある種の気づき、ないし学びがあることを捉えようとする。近代資本主義の労働に仏教の修行と同等の意味を認める思想は、高嶋米峰が切り拓いた新仏教の思想であり、友松圓諦、高神覚昇が全日本真理運動を興して世に広めた思想であった。高嶋が跋を書いた清泉芳巌『禅話　働きながら悟る』(大東出版社、一九三七年)はその題名が、三者の共有した思想を明瞭に現している。西田はこれを「行為的直観」と呼んで現に我々が行っていることとし、またそれをより普遍化しようとする。高神と松下は、これを当為の主張としている。存在と当為の相違はあれ、三者の思考は同じ方向性を有している。これをやや抽象化し、一般化した思想について、次節で述べる。

4、自己が否定されることによって自己が生きる

働くことは「労苦」ないし「困難」に直面するというのが三者の基本的な考えである。仏教の生老病死のうち、生きる苦しみを下敷きにした思想であったと考えられるが、ここではその掘り下げは控えよう。ここで重要なのは次の点である。苦痛を超越し、何かを「見る」あるいは「智慧」を

得たり、学んだりすることは可能であり、また大切なことであった。これをより一般化した考えを三者はそれぞれ持っていた。
まず西田は次のように言っている。

自己を失ふことは自己を見出すことである。(NKZ7-232)

行為的自己としての我々は、自己自身を否定すべく生れるのである。(NKZ8-65)

自己を否定することなくして、自己を否定するものを否定することができない。(NKZ8-361)

人間が人間自身を否定する所に、真に人間の生きる途があるのである。(NKZ9-56)

自己自身の否定を条件として自己が成立する。(NKZ10-498)

私が汝を認めることによつて私であり、汝が私を認めることによつて汝であるといふことは、私は私自身を否定することによつて私であり、汝は汝自身を否定することによつて汝である、

我々は互に自己否定によつて我々である。（NKZ7-272）

西田は「自己」の「否定」に「人間の生きる途」や「自己が成立する」ことを見た。苦労することによって学ぶ、ということを抽象化したと考えることができる。人は働く際に、自分の時間を捨て、それを労働の時間に当てなければならない。職場の規則に合わせることで自己を「否定」し、自分の趣味嗜好も「否定」しなければならない。場合によっては、仕事を通じて他者や社会から「自己」の成果は「否定」される。しかしそこに「自己が成立する」のである。

西田が頻繁に述べる「物となつて働き、物となつて見る」（NKZ10-451）は、学問的野心から発案したと言うよりは、彼自身のこれまでの人生からにじみ出た実感と言うべきものであろう。「馬鹿か勢力を有する時代いたし方無之候」（NKZ18-39）と諦観せざるを得ない状態だったり、「家内病気につき……何やらかやら些細の家事に心を砕かねばならぬので閉口いたし候」（NKZ18-218）という家庭内の事情を抱えたり、まさに黙々と働く生活が西田には長く続いた。こうした彼の人生と哲学は、決して無関係ではないはずである。

高神も同様の内容を、独自の表現によって述べている。

おのれに死んで、おのれに生きることこそ、宗教的生活の眼目です。宗教は一切の否定であると同時に一切の肯定です。大なる否定によってこそ、始めて大なる肯定が生れるのです。空即是色を悟るには、どうしても一度は色即是空の体験を経なければなりません。空に徹することによって、始めて有を活かすことができるのです。死に徹してこそ、生を活かしうるのです。死を諦めてこそ、生を明らめることができるのです。（TKS6-84）

逆境の時には、割合に失敗は少いものです。勿論、逆境の場合は、たいていの人は意気銷沈し、元気沮喪するものですが、これとても考えようによっては、逆境必ずしも悲観するに足らぬのです。逆境これ反省の契機です。艱難こそ人生の貴い試練です。そう考えることが、人生に対するほんとうの諦めです。それが人生への正しい認識です。まことに『人間万事塞翁が馬』です。順逆二境に心を動かさず、順境に処して傲らず、逆境に処してたじろがず、順逆をものの裏表と考えて、人生に処するところにほんとうの力強い生活が生れて来るのです。しかもそこにこそ、人生の生き甲斐があるのです。（TKS6-208～209）

退一歩こそは、進一歩である。懺悔はやがて明るい希望を生み、逞しい努力（精進―原文）となって、人間の生活を浄化してゆくのである。（TKS9-33）

松下はこれと同様の内容を、「いい意味でのあきらめ」として、次のように述べる。

人間というものは、どんな時代に生まれあわせても、その時代に応じて活動し、自分を生かしていくことができるものです。しかし、ある特定の仕事をなすということは、やはりその仕事をなすにふさわしい時代に生まれあわせなければ、できないでしょう。人間は、一面では自分の意志で道を求めることができるけれども、反面、自分の意志以外の大きな力の作用によって動かされてもいる。それは否定できない事実です。私は、お互いにこのことをよく知ることが大切だと思います。そうすることによって、そこに非常に力強いものが生まれてくるのではないかと思うのです。

……ですから、自分の意志で歩んでいくことは、それはそれで大事にしつつ、あわせてそれと同じように、あるいはそれ以上に、いい意味でのあきらめというか諦観をもち、与えられた環境に腹をすえて没入していく。そういう生き方をとることができれば、長い人生においてさまざまな問題に直面し、困難に出会ったようなときにも、基本的には大きく動揺せずにすむのではないでしょうか。[18]

松下は「いい意味での諦め」を持つことで「非常に力強いものが生まれてくる」と考える。これは高神の言う「おのれに死んで、おのれに生きる」（TKS6-84）の言い換えとも受け取れるし、西田の言う「自己を失ふことは自己を見出すことである」（NKZ7-232）と同様であるとも言える。

さらにビジネスの中における具体的な出来事を念頭に置きながら、松下は以下のように述べることもある。

非常に無理解というか、非常識ともいえるような先生のもとで修業した人の中からは、名人といわれる人が出る場合が多いようです。当然ほめられていいことに対してでも、めちゃくちゃに言われる。〝ばかばかしい。もうやめてしまおう〟と思う場合が何度もある。しかし、それでも耐えしのびつつ辛抱してやっていく。そして何ものかをみずから会得した人に、先生を超えるような名人が出てくるということでしょう。これは非常に面白い点だと思いますが、そういうこともまた人間の妙味といえるのではないでしょうか(19)。

(お客様から――引用者)いろいろ文句言われれば、やはり文句言われるだけのどこかにそれだけの理由がある。難しいお得意、厳しいお得意、そういうお得意を持っているメーカーは非常に仕事が困難のように見えますけれども、なおかつそれを辛抱して、その人たちをさらに満足せしめるべく努力していったならば、非常にこっちの腕が、こっちの考えが非常に進歩いたしまして、そうしてぐんぐんと力が伸びていくんです。これは個人と師匠と、弟子と師匠の場合と同じこと(であります――引用者)(20)。

いずれもまた、自己が否定されることによって自己が生きるという思想が示されている。松下はここに「人間の妙味」を見たのであった。

以上までをここでまとめておきたい。近代資本主義社会において、よほど裕福な人でない限り、人は労働を通じてしか生きていけない。まず、働くとは、好むと好まざるとにかかわらず、生きる上でしなければならないことである。しかしこれは生活の糧を得るためだけの辛いものだと割り切らずに、そこに仏教的な修行、報身の世界があるとしたのが新仏教の思想であった。働くことは一面苦痛であるが、そこには何かを見、学び、悟るものがある。「人生の目的は人生に対して真摯なる仕事(を)する(こと)によつて解せられる」(NKZ18-249)と考える。これを抽象化すれば、「自己自身の否定を条件として自己が成立する」(NKZ10-498)と言える。西田、高神、松下の三者に共通するのは、この点である。

終わりに

以上、三者の共通点を見てきた。それでも三者がそれぞれ異なる立場で、それぞれの思想を展開していた事実をどのように踏まえるべきなのか最後に考えたい。

まず西田の哲学は、通常の「哲学者」と呼ばれる人の哲学であり、「原論的哲学」ともいうべきものである。哲学の純粋理論であり、抽象性一般性を追求しようとする。これに対して高神の「哲学」は「啓蒙的哲学」とも言うべきもので、「原論的哲学」の思いきった要約や言い換えを行ない、一般への啓蒙を強く意識した表現になっている。また時に啓蒙される大衆からの要請に積極的に応えるものであり、この点で「原論的哲学」とは著しく異なっている。松下の「哲学」は「実践的哲学」とも呼ぶべきものであり、「啓蒙的哲学」から触発を受けつつ、日々の生活に即した思考となっている。この立場の哲学は、必ずしも「原論的哲学」との接点は多くはない。むしろ「原論的哲学」と不用意に接点を持てば、日々の実践にそぐわない机上の空論に堕する可能性もある。この「実践的哲学」の要請をなるべく正確に踏まえつつ、如何に「原論的哲学」を噛み砕くかが、「啓蒙的哲学」の要諦である。

以上を仏教風に言えば、「実践的哲学」から「原論的哲学」へ行くことが出世間であり、その逆が出々世間とも言える。「実践的哲学」はその領域にだけ留まるならば、あまり思考が広がったり深まったりせずに、堂々巡りになる可能性もある。逆に「原論的哲学」がその領域に留まるならば、隠遁的となって、その営みは社会から理解されず、支持も失って存在すら危ぶまれることになる。大切なことはそれぞれがそれぞれの領域の大切さを念頭に置きつつ、緩やかに交流を持つことであろう。どちらの領域も単独で存在することはできず、どちらにとってもお互いの存在は不可欠なはずである。しかし両者の使用する言語はあまりにも異なっており、この両者を結ぶ「啓蒙的哲学」が独自の領域として必要不可欠である。

哲学は経済学や経営学などに応用されてビジネスパーソンに働きかけるのみならず、一定の抽象性を保ったまま通俗化し、実地で展開されうる。哲学が哲学者だけの営みではなく、西田が言うように誰もが既に哲学者であるゆえんである。「我々の仕事とは何か」という問いは、通常のビジネスパーソンでも日常的に発する問いであり、また株主や顧客など、周囲から問われることでもある。この点で言えば、ビジネスの実践現場は哲学的問いに満ちている。

これまでにも「臨床哲学」や「応用哲学」の試みがあり、本稿もその試みに賛成を惜しまないつもりである。[21] しかし、これらは本稿で言う「啓蒙的哲学」のレベルであって、庶民の日々の生活や世界観に沿った「実践的哲学」のレベルが十分に考慮されていないように見える。通常の人にとって、生きるにはまず働かなければならず、生きている時間の中で一番頭を使い、最も神経をすり減らす時間が働いている時間なのだから、哲学的問いもまた、働くことに対する問いを発すべきではないだろうか。アカデミックな研究ではほとんど考察の対象にならないが、この問いかけは既に日本のビジネス界で幅広く行なわれている営みである。[22]

さらに付言すれば、これらの思想が実際に苦労をした人間の主張であることは重要である。行為によって直観できる様相を、西田は「行為的直観」と呼んだ。西田は初期から主観と客観が未分の状態を重視していたことは広く知られている。従来の経済科学の根本的な問題は、主観不在の客観しかないことである。分かりやすく言えば、実際に経済活動で苦労したことがない人間が経済科学を研究しても、何も有意義なことを「直観」できていないのではないか。逆に言えば、経済科学の研究は、そうした人々の苦労を追体験することが大前提として不可欠なのである。金融工学も実験経済学も、この批判を逃れられないはずである。

なお、西田は人間論として「人間は他に比して偉大なのである」(NKZ8-430)と述べる。時間論としては「我々の自己は、……無限なる過去を負うて此の世界に生れ、無限なる未来を有することによつて生きる」(NKZ10-485)と説き、宇宙論として、「歴史的現実は……所謂相反するものの調和といふ如き意味に於て限定せられたものでなければならない」(NKZ8-377)とし、言語論としては「言語の中に実在の形がある」(NKZ10-228)と主張する。こうした人間観、時間観、宇宙観、言語観は、高神と松下にも類似のものをそれぞれ見出すことができる。紙幅の都合でここでは論じられないが、三者の共通性は、こうした内容にも及んでいる。

(注)
(1) ワーゴのこの仮説については、拙著『戦前のラジオ放送と松下幸之助―宗教系ラジオ知識人と日本の実業思想を繋ぐもの』(PHP研究所、二〇一一年)三〇二～三〇五頁で取り上げた。ワーゴ自身が西田と松下の思想の類似性について文章で論じたのは、ロバート・ワーゴ「松下幸之助の合理的・人間主義的経営」、PHP総合研究所第一研究本部編・発行『松下幸之助研究』二〇〇〇年冬季号、三〇頁～三五頁のみである。
(2) 梯明秀『西田・田辺両哲学と私の立場』、梯明秀経済哲学著作集第五巻、未来社、一九八七年。
(3) 松本文三郎の寄稿は、『新仏教』第一巻二六六～二六七頁、第四巻八五三頁、第八巻五五～五七頁等。松本は、新仏教徒同志会発足時はベルリン滞在中であった。京都大学附属図書館所蔵の『新仏教』は「松本文三郎寄贈本」の印が押してあるものもある(第七巻目次一頁など)。鈴木大拙は初期から寄稿も多く、『新仏教』第一巻一九八〜二〇一頁、同二四二〜二四四頁、同二五五〜二五六頁、二九二〜二九三頁等。鈴木も、発足時はアメリカ滞在中であった。なお、鈴木はPHP研究所の発足時には、PHP友の会の「本部役員」になっている（PHP研究所内部資料『本部役員名簿』）。

（4）前掲『戦前のラジオ放送と松下幸之助』参照。

（5）鈴木成高、高坂正顕と松下の交流については、例えば『PHP』第五〇号、一九五一年九月、PHP研究所発行、二頁に掲載された松下の「人間宣言」に対し、両者が批評を試みている。同第五二号（同年十一月発行）一二、二六頁。鈴木は、その後、同一六二号（一九六一年十一月発行）九二〜九三頁に「平衡感覚」を寄稿、高坂は同二一一号（一九六五年一二月発行）一八〜二〇頁に、「人間に対する信頼」などを寄稿している。

高山岩男は松下幸之助が一九五二年に創始した新政治経済運動（後に松下政経塾設立につながる運動）の幹部を務めていた。新政治経済研究会『新政経ニュース』創刊号、一九五二年八月十五日発行、九面に「研究参与」として高山の名がある。一九五四年二月三日、東京の日本クラブで開かれた「関東第一六回研究参与会」において、「研究の順序及び担当の決定」が行われ、高山は「教育制度改正」を担当することになった。同第四七号、一九五四年四月十一日発行、七面。

三辺長治は第四高等学校時代の西田の弟子であり、後に文部次官を務めた。西田は三辺について、「どうも厄介な事（＝教学刷新評議会への参加―引用者）を仰せつかって困つてゐます（文部）次官の三辺といふのが四高出で知つて居るもの故情誼からつい断りきれませぬでした」(NKZ18-551) と述べている。上田久『続 祖父 西田幾多郎』南窓社、一九八三年、一七七〜一七八頁も参照。この三辺は、創成期の一九四六年から約八年、PHP研究所で有償の顧問を務めていた（ＰＨＰ研究所内部資料『本部役員名簿』など）。三辺から松下へのアドバイスは、『ＰＨＰ新聞』第一二号、一九四八年四月十五日、ＰＨＰ友の会本部発行、四面、三辺長治「『素直な心』を普及しよう」など。

その他、幸之助が懇意にした人物では、四天王寺管長を務めた出口常順も京都帝国大学文学部で西田に師事しており（出口善子『笙の風 出口常順の生涯』東方出版、二〇一八年、一四七頁）、成田山大阪別院明王院で主監を長く務めた松田照應は智山大学で西田に師事した（第五章参照）。

（6）今井幹雄『真言宗昭和の事件史』東方出版、一九九一年、一七〜一八頁。この合同真言宗は、一九四五年十二月二十四日に「合同崩壊・分派各立決定」となった（同書二四頁）。

（7）同書二〇頁。

（8）真言宗のメディアである『六大新報』は、高神が遷化した際、一般物故者欄で高神の死を一〇行も用いて報道した（『六大新報』第二一二三号、一九四八年三月発行、七面）。当時、通常の仏教者の遷化は一、二行程度の報道であり、大僧正が遷化すると、一般物故者欄とは別枠で一〇行程度報道していた。

（9）前掲『戦前のラジオ放送と松下幸之助』二八九〜二九三頁。

（10）松下幸之助『私の行き方考え方―わが半生の記録』ＰＨＰ研究所、一九八六年、一九頁。

（11）松下の言う「真の幸福」については、松下幸之助『ＰＨＰのことば』ＰＨＰ研究所、一九七五年、二六四頁など。

（12）生前の松下が残した講話や対談の音声は、現在ＰＨＰ研究所に約三〇〇〇本のテープで残されている。これを文字に起こす作業は、現在もＰＨＰ研究所で継続されている。このうちの約二割が、前掲『松下幸之助発言集』として既刊である。

（13）アリストテレスによる奴隷制の肯定は、一九二三年に長谷川如是閑が「アリストテレスの妄語」で厳しく批判するなど、大正時代には既に議論になっていた。『長谷川如是閑選集』第一巻、栗田出版会、一九六九年、一一七～一一九頁。

（14）その他にも、西田のこの種の発言は多い。

「我々の真の自己といふべきものは働く自己といふものであり、真の実在といふものは行動的自己の対象と考へねばならぬ」（NKZ7-5）

「我々は働くことによつて真の自己を見出すのである。そこに我々の真の自覚があるのである」（NKZ8-54）

「個人は唯働くことによつて存在するのである」（NKZ8-149）

「我々が働くと云ふことは、唯、意識的に欲するとか、決心するとか云ふことでなく、我々が此の世界に於て物を作ること、我々の働きが此の世界の事件となると云ふことでなければならない。我々の真の自己は、そこに実在するのである」（NKZ10-350 ～ 351）

（15）例えば、次のように言う。

「私は従来の哲学では、……抽象的に客観的世界の構造が考へられたと思ふのである」（NKZ9-239）

「従来の哲学に於ては真に意志と云ふものが考へられてゐないと云つてよい。従つて真に行為と云ふものが考へられてゐない」（NKZ10-22）

「先づ考へる自己そのもの、主観そのものが、深く反省せられなければならない。これが従来の哲学に欠けて居るのである」（NKZ11-74 ～ 75）

「従来の哲学に於ては、自覚的意識の独自性、その根本性と云ふものが深く考へられてゐない」

(NKZ11-137)。

(16) 松下幸之助『繁栄のための考え方』実業之日本社、一九六四年、七九～八〇頁。

(17) 松下幸之助『社員心得帖』ＰＨＰ研究所、二〇〇一年、一七頁。

(18) 松下幸之助『人生心得帖』ＰＨＰ研究所、二〇〇一年、八九～九二頁。

(19) 前掲『社員心得帖』三〇～三二頁。

(20) 速記録No. 0067（一九五八年四月四日、「昭和三十三年度大学卒入社式　社長訓話」、ＰＨＰ研究所所蔵資料）三五～三六頁。

(21) 鷲田清一『哲学の使い方』岩波書店、二〇一四年、戸田山和久・出口康夫編『応用哲学を学ぶ人のために』世界思想社、二〇一一年など。

(22) さしあたり、ここでは月刊誌『ＰＨＰ』（ＰＨＰ研究所）や『致知』（致知出版社）、『理念と経営』（コスモ教育出版）などの直販誌の存在を指摘したい。特に後者二誌は書店では全く扱っていないこともあって、アカデミズムの研究対象になりにくい。

第八章補遺　経済科学への批判

「学問といふものは、それ自身が精神を有つたものであるのである。自然科学の如きものでも、さうなのである。学問といふものは、我々の精神が事物の内に生きることである。斯くして始めて日本的学問といふものができる。数学の如きものでも、イギリス的、フランス的、ドイツ的などといふのは、皆か丶る意味に於てなのである」（NKZ12-388）

（西田『日本文化の問題』附録「学問的方法」より）

初めに

西田哲学を経済哲学として見た場合について、第八章でその一部を考察した。西田哲学と経済活動、あるいは西田哲学と経済科学の関係は、まだまだ問うべきことが多い。ここでは西田哲学が如何に経済と親和的であるかをまず確認し、そこから経済科学に対して何が問えるかを取り上げたい。ここで取り上げる問題は、本当は経済学に限定された問題ではなく、哲学を含むほぼすべての学問に共通する問題である。すなわちヨーロッパ中心主義的学問観の相対化、あるいはそこからの脱却である。西田が「日本の論理」を求めた理由は、狭い意味での「哲学」だけの問題ではない。それは経済学においても同様のことが問われるべきであり、今後の世界情勢の中で、日本に限らず各国でより多く問われることになると予想される問題である。

一、西田哲学と経済の親和性

西田の哲学は、「働く」ことを重視し、「我々は働くことによつて真の自己を見出すのである。そこに我々の真の自覚があるのである」（NKZ8-54）とか、「物となつて働き、物となつて見る所に、我々の直観があるのである」（NKZ10-451）と主張した。あるいは、「真の現実の世界は我々を包む世界でなければならない、我々が之に於て働く世界でなければならない。行動の世界でなければならない」（NKZ7-217）と述べた。

「物となつて見、物となつて作る所に、真の芸術があるのである」（NKZ10-109）という主張もあるなど、西田の「働く」は芸術作品を作るようなイメージがある。「技術と云ふことは我々の自己が物となつて働くことである、自己が物となり物が自己となることである。見ることによつて働き、働くことによつて見る、行為的直観的と云ふことができる」（NKZ10-158）という主張も、物と対峙して技術を駆使して「働く」イメージを想起させる。

西田の「働く」は、産業で言えば第二次産業が最も相性が良いようである。「ベルグソンの直観を音楽的と形容するならば、私の行為的直観といふのは造形的とも云ひ得るであらう」（NKZ8-379）という言い方も、西田が何か物体を作っているイメージを持っていたことを思わせる。一方で第一次産業、つまり農林水産業のような自然を直接相手にするイメージは西田からは感じにくい。「私に対するものは、山も、川も、木も、石も、すべて汝の意味を有つのである」（NKZ7-59）とか、「山も川も表現的でなければならない」（NKZ7-71）などの表現もあるが、概してこの種の発言は多くはない。あるいは「環境が人間を作り、人間が環境を作る」（NKZ8-474）とか、「環境が主体を限定し、主体が環境を限定する」（NKZ8-488）など、第一次産業に応用可能な原理論が展開されるのみである。農林水産業は、何かの生物の命を受け取ることで、我々人間の命をつなぎ、また、生活を支えていることを意識しやすいが、西田には人間のために人間以外の生命を奪うことについての考察が豊富にあるとは言えないようである。また季節を意識して働くことは多くの第一次産業で不可欠だと思われる（特に日本では不可欠である）が、西田の言う「働く」に季節性は感じられない。

西田は「生物的生命の世界といふのは真の弁証法的一般者の自己限定の世界ではない、真の具体的世界ではない。動物は真の現在といふものを有たない」（NKZ7-293）と述べる。この意味ではより原始的な農林水産業は、西田の言う「真の弁証法的一般者の自己限定の世界」から遠いようである。「生物的生命は、唯合目的的と考へられる。生物的身体は尚自然物と考へられる。之に反し我々の生命は制作的でなければならない」（NKZ8-471～472）という主張から、より「制作」の面が強い農林水産業、例えば近代化された農業は西田の世界により近づくと考えられる。

また「働く」において、人と相対することは、必ずしも豊富に論じていない。「私が働くといふことは私と汝とが相対し相限定することであり、それは彼となることである」(NKZ8-57)という言及がわずかにある程度で、西田は「汝」の問題にも関心を持ち、中期以降論じているが、これと「働く」はあまり直接的に結びつけていなかった。つまりサービス業のような第三次産業は(芸術家は別として)あまり念頭に置いていなかったようである。「働く」という場合、まず人と関わるより、「物」に対峙するのが西田の基本形のようである。

さらにこれと関連して、西田哲学では「私と汝」はどこか通じ合っているようである。この点は中期以降一貫しており、中期の時点で「私の底に汝があり、汝の底に私がある、私は私の底を通じて汝へ、汝は汝の底を通じて私へ結合するのである」(NKZ6-381)と述べていた。後期になってから「私と汝とは表現を通じて相交わると考へられるのである」(NKZ7-126)という主張は、何かしらの方法で分かり合える「私と汝」を想定していたことが分かる。全く話が通じない「汝」や、戦争のような苛烈な状況における人間対人間という構図は、西田の考察の対象外だったと言える。あるいは西田は「我々は実に死すべく生れるのである。而も我々の死の底にあるものは、単に我々を殺すものではなくして、我々を生むものである、我々を生むと共に殺すもの殺すと共に生むものである」(NKZ7-87)と言うなど、西田にとって「殺す」と「生む」は表裏一体となっている。西田は、パンデミックやジェノサイドのように、無慈悲に多くの人命が損なわれる状況は想定していないようである。この意味では、L・ウィトゲンシュタインや毛沢東のような、戦争経験者の哲学とは、質的に異なると言える。

西田哲学とは一定の平和が確保された状況における都市労働者を主に念頭に置いた思想だと言えるのではないか。それも第二次産業が、西田哲学と最も相性が良いようである。西田が暮らした明治末から昭和初期にかけての京都は人口が急激に増え、ものづくり産業都市へと著しく発展していく過程にあった。[1]西田が住んだ百万遍の周辺も、西田が転居してきた明治末期は水田が広がっていたが、昭和初期までには多くの住宅が建った。[2]西田が「働く」の具体例として家屋を建てることや「大工」をしばしば例に挙げるのも（NKZ7-274、8-34、9-151、10-351、14-268 等）、実際に西田の家の周辺では盛んに家屋の建築が行われていたことと関係があると考えられる。西田が京都高等工芸学校で教壇に立ち、職人志望の学生を教えていたことも関連が想起できる。[3]

二、従来の哲学に対して

近代日本における哲学研究について、西田は次のように言う。

我国に於ては、明治の二十年頃までは、専らイギリスの経験学派の哲学が行はれたが、二十年頃からドイツ哲学が入つて来た。それ以来、ドイツ哲学が主流となつた。而して四十年頃か

らは新カント学派の哲学が盛んになつた。我国の哲学も全く認識論的となつた。（NKZ11-177～178）

その次に輸入された現象学は知識論的であり、ハイデガーは主観的自己の立場であると述べ、「私は今や近世の主観主義的哲学が行詰つて、その根柢から考へ直さねばならぬ時期にあると思ふものである」（NKZ11-178）と主張した。

西田が「物となつて働く」を強調するとき、しばしばカントや新カント派と対峙していた。西田は「カント学派の立場に於ては、事実とは自己自身を限定するものではない。主観的形式によつて構成せられたものである。併し私の立場から云へば、……物と自己とが矛盾的自己同一的に一なる所に、事実が事実自身を限定するのである」（NKZ11-112）と述べる。新カント派は、主観によって「事実」が決まるとするのに対し、西田は「物と自己」が「一になる」ことを重視する。

それまでの哲学に対して西田が最も不満だったのは、「自己」のあり方であった。身体もなく意識だけが宙に浮いたような単体の「自己」を想定して、西洋哲学は展開されていると西田は考えた。西田は「単に宙に浮いた了解の世界といふものがあるのではない」（NKZ8-158）と強調する。西田は「近来の実存哲学と云ふものも、実存と云つても、要するに意識的自己の立場から実存を論ずるに過ぎないのであらう。主観主義的立場を脱したものではない」（NKZ10-406）と批判した。また「従来の認識論は意識の立場から出立する。現象学は云ふまでもなく、カント哲学といへども意識の立場を脱却したものではない」(NKZ8-399)とも述べている。これは古代ギリシアにまで遡っても同じであると主張し、「ギリシヤ人の世界は行為の世界ではなかつた。それは見られたものの世界であつて、働くものの世界ではなかつた。アリストテレスの哲学についても爾云ふことができる」(NKZ7-177)と述べた。(4)

西田は「この世界は之を主観主義の立場から見ることもできる。所謂理想主義の人々がそれである。特に近代に於てカント哲学はかかる立場に立つものと云ふことができる」(NKZ7-217〜218)と述べた。理想主義とは、ここでは新カント派やベルグソン等を指している。また、「論理的に実在を論じた従来の形而上学者といへども畢竟単なる客観主義の立場を脱してゐない。ヘーゲルといへどもかかる立場を脱し得たとは云はれない」(NKZ7-218)と主張する。西田はカントの主観主義とヘーゲルの客観主義に対し、「私の立場は、之に反し世界から自己を考へるのである。……絶対的客観主義である」(NKZ10-510)と述べた。西田は、カントとヘーゲルいずれにも違和感がぬぐえなかったのである。

こうした違和感は、日本人が欧米の哲学を学び始めた頃、誰もが多かれ少なかれ覚えるものだと思う。しかし学生としてこれらの哲学と長く接し、違和感を忘れるほど修練を積むと、人は哲学の「専門家」になる。西田は初学の頃の違和感を忘却せず、ずっと大切に温め続けたのではないか。西田は二十八歳で「若しカントの云ふ如くなれは心ノ欲スル所ニ従フテ規ヲコヘスと云ふ如き聖人は有徳の人と称する能はさるに至るへし　これ頗る理に違ふものゝ如し」(NKZ18-47)と書き、三十二歳で「今の西洋の倫理学といふ者は全く知識的研究にして　議論は精密であるが人心の深きsoul-experienceに着目する者一もなし　全く自己の脚根下を忘却し去る　パンや水の成分を分析したるも（の）あれどもパンや水の味をとく者なし」（NKZ18-59～60）と述べた。七十歳では「西洋文化の立場から考へる人は、東洋文化を神秘的とか象徴的とか考へる。併しそれは西洋文化の立場を唯一の立場と考へるに由るのであつて、我々は今日深く我々の文化の根柢に立ち返つて考へて見なければならない」（NKZ10-263～264）と述べた。七十四歳で「日本精神に論理がないといふがそれは西洋論理がないといふ事だ　生命ある所そこに論理ありだ」（NKZ19-377）と主張した。

これは明治以降、西洋から日本へ輸入した全ての学問に同様のことが言えるはずである。木岡伸夫は自身の哲学研究について「誇張するなら、西洋哲学の公理系そのものに異を唱える類の振る舞いであった、ということも不可能ではない」と述べ[5]、「明治以降、日本の近代化過程で『哲学』に携わった人々は、好むと否とにかかわらず、西洋と日本の〈あいだ〉に身を置かねばならなかった、と考えられる[6]」と主張する。同様に経済学者の荒川章義は「近代経済学という学問を最初に勉強し始めたとき、わたしはこの学問にそなわった多くの性質に非常に面食らったのであった」と述べ[7]、近代経済学が十八世紀ヨーロッパ啓蒙思想の特徴を引きずっていることを指摘した[8]。哲学と経済学のいずれであっても、我々日本人は西洋発祥の学問に対して一定の距離感を覚えるのである。戦後の日本ではこうした距離感は軽視されてきた。しかし文化相対主義やポストコロニアリズムが常識となった今日では、こうした距離感を無視する方が逆に問題なのである[9]。

三、経済学の科学性

西田は自然科学を「歴史」に引き付けることを強調する。西田は「科学者は一般に世界は物質の世界から始まると考へるが、我々の歴史の世界といふものは単に物質の世界から始まると云ふことはできない」(NKZ7-413)と主張する。さらに「今日我々が物質の世界と考へるものは今日の科学に於て考へられる物質の世界である、今日の現在に於て考へられる一般的限定の世界である。私が自然は歴史に於てあるといふ所以である」(NKZ7-414)と述べる。自然科学が「物質」だと判断している場合、その判断は「歴史に於てある」と言える。西田はこれを「社会的・歴史的限定」であって、「物質」が先にあって社会や歴史を「限定」しているのではない。西田は「経済機構といふ如きも、私の所謂社会的・歴史的限定として成立するものでなければならない」(NKZ7-72)とも表現する。それが「物質」であるという判断は社会や歴史が「限定」しているのと述べた。現にある経済団体の活動や様態も、そこで働く人が行う経済行動も、「社会的・歴史的限定」に於いてである。またそれを観察して経済現象を読み取ろうとする経済学者の研究もまた、「社会的・歴史的限定」に於いてあると言える。全くの中立的普遍的科学という立場は経済現象を分析する場合でも、単純にはあり得ないのであって、それは多くの場合、特定の社会や歴史的段階に於いて推奨されている分析方法であり、観察方法である。西田は自然科学や数学もまた、同様に考えている。

現代の経済学は、自分たちの科学が何の「社会的・歴史的限定」に基づいているのか、その根本を問おうとしない。言い換えれば経済科学は何の科学観に基づいているのか検証していない。自分たちの依拠している科学が人類普遍であると無条件に信じすぎているようである。少なくとも本当にそう言えるのか、根本から問われなければならないはずである。[10] 西田は「欧州人には従来自分等の文化が唯一つ最も進んだ最高の文化だと考へる傾向がある。他の民族も進歩発展すれば、自分等と同じものにならねばならぬと考へる傾向がある。併し私はそれは狭量な自負であると考へる」(NKZ12-390 ~ 391)と述べた。この「狭量な自負」は現在の経済科学にもそのまま当てはまる。

西田は一九三八年に次のように言った。

> 例へばアダム・スミスは哲学者であり、その経済学は彼の大きな体系の一部であつた。マルクスの経済学に哲学的な背景があることはいふまでもない。そこで日本の経済学はやはり日本的哲学を背景にせねばならぬと思ふ。……日本の生きた伝統を摑んで、新たな哲学ができて始めて新しい日本経済学が出来るのではなからうか。日本の学問・文化はこの立場から、こゝに着眼して行かねば出来ないと思ふ。(NKZ14-401 ~ 402)

西田は「日本経済学」を確立するには、「日本の生きた伝統を摑んで、新たな哲学」を確立しなければならないと考えた。スミスやマルクスの背景に彼らの哲学があったように、「日本の経済学はやはり日本的哲学を背景にせねばならぬ」と考えたのである。

このように主張する一方で西田は、日本文化の特殊性を誇張することを批判する。「今日最も流行る言葉で浅薄軽率なものは『日本科学』と云ふ言葉である」(NKZ14-400) とさえ述べた。西田の目標は当時主張されていた「日本科学」とは異なっている。[11] 当時考えられた「日本科学」は、「日本の生きた伝統を摑んで、新たな哲学」を確立した上での科学ではないと判断していた。

また西田独自の意味の日本科学や日本経済学の確立も、彼にとっては通過点でしかない。西田はその先に、東洋と西洋に共通する「原文化」(NKZ14-405) を見出したいと述べている。[12] 西田は「一層深い根柢を見出さねば東洋と西洋とが一つになつた世界文化は考へられない」(NKZ14-406) とか、「今迄は世界の色々な文化は割に無関係で動いて来たが、今日では世界がレアールになつた。それでどう動いて行かねばならぬかといふに、文化の原型的に一つに結び附いて行く、これが文化の行く先であるのではないかと思ふ」(NKZ14-416) と主張した。この西田の観点から考えれば、従来の経済学はその科学観の根底に於いて、ポストコロニアリズムすら考慮されていない。西田の問題意識の二歩手前といった状態である。

終わりに

以上の考察で、西田哲学が経済と親和的な一面があることと、その西田哲学から見れば現在の経済科学は非常に皮相的な科学観の上に立っていることが明瞭になったと思う。そしてもう一つ問題なのは、これと表裏一体で経済学が「真の日常性の世界」から乖離していることである。例えば第八章で論じたような世界について、今日の経済学が問うことはない。行為によってはじめて直観できる世界ではなく、「単に宙に浮いた了解の世界」(NKZ8-158)を描いている。科学観を問わない姿勢は、現実を問わない姿勢と同時に進んでいる。言い換えれば、科学的とされる特定の方法に合致する経済現象だけを分析する傾向が過度に進んでいる。皮相的な科学観に振り回されて人々の経済生活を見失っていると言えば言いすぎであろうか。数学史家の佐々木力は人間に病気があるように学問にも病気があると述べた[13]。現在の経済科学では、財政学、金融論、企業分析、経済史等、アメリカ式科学以外の研究を研究と認めない人も少なくない。病膏肓に入る状態である。

西田の主張は、ほぼそのまま今日の経済科学にも当てはまると言える。意識だけが宙に浮いたような「自己」が、血の通った人々の生活や行為を分析することができるであろうか。その立場で研究する「科学」は、何を産み出しているのであろうか。今日の経済学は、根本から反省されなければならない。その根本は、西田哲学を踏まえるなら、通常の経済学者が想定する水準より、さらに二段階深くなければならない。

（注）

（1）「京都では大正から昭和初期にかけて市域の拡張と人口増加が続いたが、その背景の一つには急速な工業化があった。そのため流入人口の多くが職工であり、京都は人口増だけでなく、人口の流動化も進んだ」。有賀健『京都　未完の産業都市のゆくえ』新潮社、二〇二三年、一一四頁。その他同書は、京都では自営業者が店舗兼自宅に住み、職場と住宅の分離が進まなかったこと（八五頁）、京都のものづくり産業は高付加価値商品に特化した傾向にあったこと（八六〜八八頁）等も指摘している。つまり、西田が京都に住んでいた明治末から昭和初期は、京都が目覚ましく経済発展していた時期であり、職工が多く流入し、高付加価値商品が次々と生まれていく時代であった。

（2）立命館大学アートリサーチセンターによるウェブサイト「近代京都オーバーレイマップ」https://www.arc.ritsumei.ac.jp/archive01/theater/html/ModernKyoto/ 参照。

（3）京都高等工芸学校について一定の研究があるが、本書では十分に調査していない。緒方康二「明治とデザイン：京都高等工芸学校図案科の創立」『夙川学院短期大学研究紀要』第七巻、夙川学院短期大学、一九八二年、宮島久雄「京都高等工芸学校図案科初十年の成績：浅井忠と武田五一」『デザイン理論』第三五巻、意匠学会、一九九六年など、創立当初の色染科・機織科・図案科のうち、図案科に関する研究が先行している様子である。

（4）納富信留は「アンティステネス哲学の最大の特徴は、幸福や善の達成を『労苦』に見る立場である」と述べ、ギリシア哲学にも「労苦」を重視する立場があったことを紹介している。納富信留

『ギリシア哲学史』筑摩書房、二〇二二年、四一五頁。

（5）木岡伸夫『瞬間と刹那――二つのミュトロギー』春秋社、二〇二二年、九頁。

（6）同書二九一頁。

（7）荒川章義『思想史のなかの近代経済学　その思想的・形式的基盤』中央公論社、一九九九年、一九五頁。

（8）同書一七頁。

（9）音楽学では、西洋ともアフリカとも違う日本音楽の特徴に関する研究には一定の蓄積がある。最近の研究として中村明一『日本音楽の構造』アルテスパブリッシング、二〇二四年。

（10）隠岐さや香は、「私たちが『自然科学』と捉えているものすら、実は全く統一性のない、バラバラのものではないか、単に歴史的な偶然により一つのカテゴリーにまとめられているだけではないか」という問題を提起している。隠岐さや香『文系と理系はなぜ分かれたのか』星海社、二〇一八年、二一四頁。自然科学ですら統一的な性質はないとすれば、経済科学はどのような科学を目指しているのかが問われなければならないはずである。経済学者の間では、「経済学は医学と同様に不確実科学である」という表現がしばしば使われるが、医学でも医学がどのような学問なのか、あまり問われていないという指摘がある。杉岡良彦『医学とはどのような学問か　医学概論・医学哲学講義』春秋社、二〇一九年、二〇二～二〇三頁。

（11）戦時下の「日本科学」ブームについて、特に参考になったのは、河村豊「戦時下日本の科学史研究　―その量的・質的特徴についての考察―」『IL SAGGIATORE』No.45、サジアトーレ同人、二〇一八年。西田が当時の状況の中で何を特に意識して、ここで「日本科学」を批判したのかは、今後の課題である。

(12) 西田はここで「原文化」の概念について、ゲーテを手掛かりに主張している。西田は『善の研究』(一九一一年)で既にゲーテが主張した本源的現象(Urphänomen)を哲学に援用したが(NKZ1-86)、シュペングラーは一九一八年に、哲学者としてのゲーテはあまり知られておらず、西ヨーロッパ形而上学におけるその位置づけについては全く理解されていないと主張した(Oswald Spengler, *Der Untergang des Abedlandes*, Band 1, Deutscher Taschenbuch Verlag GmbH & Co. KG, 1972, S. 68)。シュペングラーの言うとおりだとすれば、西田によるゲーテの哲学への応用は当時のドイツより先行していた可能性もある。

(13) 川喜田愛郎・佐々木力『医学史と数学史の対話』中央公論社、一九九二年、一三頁。

終章

「私の哲学は従来の哲学と大分考へ方が違ひますので一通り私の考へ方の大体を御了解し置き下さる方よろしいと存じます」（NKZ19-395）

（一九四五年三月九日、菅圓吉〔立教大学教授〕宛の西田のはがき）

本書の到達点と課題

従来の西田研究において真言密教は、大きな盲点であった。西田哲学は「神秘的直観」（NKZ19-368）の哲学であるとか、「神秘説」（NKZ19-392）であるといった誤解は、誤解でありつつもどこか西田に密教的側面があることを認識していたと考えることもできる。にもかかわらず、それが仏教に引き付けて掘り下げられることがなかった。

日本人の思想を日本人が日本の考え方で読む研究は、戦後、かなりの遠回りを強いられてきた。西田哲学が当時のヨーロッパ哲学の問題状況に参入する哲学であるという解釈も、一部には該当する面もあるが、西田が「新なる考を組織するに当つて、既成哲学を利用するに過ぎない」（NKZ10-437）と述べたことは、もっと重んじられるべきである。

さらに言えば近代以降の日本固有の区分けである理系・文系の壁が、西田のような総合的な知性の理解を難しくしてきた。西田を理解するには、これらの思い込みや壁を撤去し、虚心坦懐に西田と向き合わなければならない。本書もまた、それを十分にできていないかもしれないが、そのような態度でなければ西田を理解できないことは本書の論述で確認できたと思う。

ここで巻頭の問いに戻りたい。西田は「私の場所の論理を媒介として仏教思想と科学的近代精神との結合といふことは私の最も念願とする所であり　最終の目的とする所で御座います」（NKZ19-249）と述べた。この言葉を理解するのに、第一に「場所」の論理とは何か、第二に西田の言う「仏教思想」とは何か、第三に西田の言う「科学的近代精神」とは何か、これらの問いに答えなければならないと述べた。

「場所」の論理は曼荼羅に由来しており、これによって西田は「自覚」の問題に一定の解決を得た。西田は「私が私であるといふ自覚は既に場所の意義を有する。私が私に於てあることを意味するのである」（NKZ5-62）と主張したのである。西田は真言密教と接点を持つことで、図像学的思考を手に入れ、「自覚」を「我即大日」の即身成仏に引き付けたと言える。西田は「世界の根元としての絶対的一者の立場に於ては、世界は動静一如である、絶対無の自己限定である。我々の自己の生命、我々の自己の存在そのものは、之に基く。我々の自己はそこから生れる。そこに我々の自己は

宗教的である」（NKZ10-401）と述べた。「絶対的一者」は大日如来を存在論的に捉えたものと想定してよいであろう。それは近代真言宗の思想であって、今日のオーソドックスな真言宗（現代真言宗）とは異なる。西田は、サンスクリット語による研究やチベット密教の研究が始まる前、前近代的な教学がかろうじて健在だった時代の真言密教を取り入れたのである。

哲学は言説の営みであり、真言密教で言えばそれは教相に該当する。西田は一部図像学的思考を取り入れており、この意味では事相も取り入れたことになる。しかし教相にしろ事相にしろ、西田が取り入れたのは一部であり、例えば真言密教の戒律や儀式全般、仏像や声明などは取り入れていない。西田哲学は、真言密教そのものでは決してないし、またそれを目指したわけでもない。それは真言密教と比べてどのような意義と限界を有するのか。仏教から哲学的側面だけを抽出するということは、そもそもどのように解釈すればよいのか。一部分を取り入れただけでは不十分であるという批判はもっともらしいが、そもそもすべての面において十全な理解を要求することは非現実的であるし、一部分だけでも有意義であると考えなければ密教的ではないとも言える。また、西田は智山派の弟子たちを教育することで、現に真言密教に大きな影響を与えた。西田に関して考えれば、哲学が宗教に対して如何に貢献したのか、という問いも立てることができる。これは容易に答えが出ないので今後の課題としたい。ここでは西田が取り入れた思想は、真言密教であったという事実がまず重要だと考える。これで、第一と第二の問いにはおおよそ答えられたと思う。

第三の問いである「科学的近代精神」とは何かという問題に対し、西田は現に科学がどうなっているか記述的に答えるのではなく、どうあるべきかという規範的な議論を展開した。西田が行った考察は、やはり「場所的論理の立場から、科学を考へ直す」(NKZ10-468)、つまり仏教の立場からあるべき科学とは何かを考え直すことであった。それは場所の論理を媒介として仏教思想と結合させて見出される科学であり、結合という行為によって直観できる科学である。

では、仏教思想と科学的近代精神が結合すれば、そこに何が見出されるのか。

第一に、湯川が素領域論で試みた如く、「包む」方向の重要性である。科学がその方法論として(仏教風に言えば方便として)、何かを排除するのは有意義な場合もあるだろう。ある要素を無視し、ある存在をないものと仮定することで思考が明瞭になり、科学的分析が進むことは当然であろう。しかしそのような排除をしたまま走り続けることは、方便を釈迦の教えそのものと誤解することと同様である。今日、方法論上の方便でしかない排除の論理が自己目的化し、排除が常態になっている科学はないであろうか。量子力学は重力とマクロ的な時空間を無視した方便上の理論である。古典物理学は主観と客観を方便として分離している。科学の方法論において、「包む」の価値はもっと認識されてよい。西田が「包む」を時間論と関係させて論じたように、「包む」ためには歴史が必要であり、科学にも単純な進歩史観ではないようなより重厚な歴史観が必要である。

第二に、西田は科学の「於てある場所」を考えたことである。これも二つに分けることができ、一つは数学論で論じた如く、「真の日常性の世界」(NKZ8-69)の重視という点である。西田は「思惟と云つても、身体がないのではない。理性と云つても、歴史的実在の世界を離れて宙に浮ぶのではない」（NKZ8-326）と述べ、西欧の思惟や理性に於ける身体性のなさや「宙に浮ぶ」ような思考を批判した。「経験的な、あまりに経験的な知識の立場」（NKZ8-541）は、経済に関する考察にも生かされていた。科学があって後に日常生活があるのではなく、「真の日常性の世界」に於いて科学が存在するのである。

仏教風に言えば、二〇世紀以降の科学は出世間をしたまま、出々世間せずに還ってこない科学になっていなかったか。例えば経済学は現に人々がどのように経済生活を送っているかを軽視し、「真の日常性の世界」を無視して学問的方法論だけを逞しくしていった歴史がある。あるいは特定の方法がうまく当てはまる経済現象だけに特化して研究する傾向があった。ヒルベルトの形式主義もまた方便であり、その限定性を強く意識する限りにおいて「真の日常性の世界」に奉仕し得ると考えるべきである。

科学の「於てある場所」としてもう一つ重要なのは、西田が強調した「自然界の根柢に社会的・歴史的限定といふ如きものを考へる」（NKZ7-72）という捉え方である。西田は「自然は歴史に於てある」（NKZ7-414）とか、「生物的世界、物質的世界を歴史の世界に於てあると考へる」（NKZ8-149）主張した。西田はO・シュペングラーを参考にしながら「数の世界」（NKZ8-334）も基本的には同様と考えた。

現在、我々が数学や自然科学と思っているものも、西欧諸国が生み出したものだとすれば、歴史や地域性を超越して人類普遍であると無条件に判断するわけにはいかない。これを無反省に人類普遍だと主張する姿勢は、帝国主義的とさえ言える。戦争に強い国々が社会のルールを決め、自然をどのように把握するのかというルールも決め、さらには何が数学として正しいと見なすかというルールをも決めたのであれば、そこに深刻な反省が必要である。

西田は曼荼羅に由来する「場所」の論理を主張した。西欧起源ではない論理を主張したという意味では、西田の立場はポストコロニアリズムと方向性が合う面を持っていた[1]。西田は「私の世界といふのは、世界市民的な抽象的一般的世界を意味するものではない」(NKZ8-519)と述べ、「幾多の種と種とが対立し相争ふ……歴史的現実としての世界」(NKZ8-520)と主張した。これに対して、例えば「科学としての政治学[2]」や「普遍主義的観念[3]」について主張した丸山眞男の方が、西欧諸国による帝国主義に歩調を合わせている。丸山が示した方向は、基本的にはN・ジワンゴが述べたように「自分たちの過去を何の達成もない一つの荒野だと思わせ、その荒野から自らを引き離すことを願望させる[4]」ことである。あるいは丸山の態度は、F・ファノンが主張した「植民地原住民のいわゆる依存コンプレックス[5]」に類似している。一方、P・ルジャンドルが「西洋性と優先的に結びつけられた現今の近代性は、いずれみずからの影の部分に突き当たらざるをえない[6]」と主張したように、西田は当初からこの影を積極的に見て論理として提示しようとしたと言える。

一方で西田は文化相対主義に留まらない主張もしていた。西田は「私は最も国家主義的な時代と考へられる今日を、最も世界主義的な時代と考へるのである。今日程、世界といふものが現実的なる時代はなかつたのである」(NKZ8-520)と考えた。西田は世界について、「世界は生産作用的に又創造作用的に結合し行くのである。階級闘争も、民族闘争も、行先はこの外にないのである」(NKZ9-113)と述べた。

世界の性質については「顕しもせず隠しもせず唯符合によつて知らす世界」(NKZ10-91)とか「世界は動静一如である」(NKZ10-401)とか、「歴史的世界の形成力と考へられるものは、すべてデモーニッシュといふ性質を有つてゐなければならない」(NKZ10-126)など、様々に描写する。あるいは「歴史の世界は主観客観の相互限定から始まる」(NKZ7-413)とか、「渦巻の世界」(NKZ7-194)と述べるとき、それは各文化が並立的に存在している静的な構造ではない。

また、西田による「科学的真理の如きは完全なる真理とはいへない」(NKZ1-37)という主張は『善の研究』から一貫していた。「近世物理学的実在の考が真に哲学に入って来たのは、私はカントに始まると思ふ」(NKZ7-77～78)と述べ、カント哲学によって人々は「科学的といふことに固着し過ぎた」(NKZ7-84)と批判した。カントを厳しく批判し続けた西田は、しかし最晩年に「私はカント哲学を私の場所的論理の中に包容し得ると思ふ」(NKZ11-388)と述べた。西田は「場所」の論理の立場からカントを批判しつつ、最後にはこれを包含しようとした。この態度は科学に対しても同様であったと言える。

一方で、西田は仏教にも一部不満があった。西田は「創造的世界は一面に絶対否定の世界、生滅の世界でなければならない。仏教は此の否定面のみ着目して、それが逆に即創造的世界でなければならないことを考えなかつた」(NKZ10-498)と述べた。「仏教思想と科学的近代精神との結合」は、適切に行えば仏教の方にも良い変化をもたらすはずである。しかし、西田は仏教のあるべき姿を豊富に論じたとは言えない。仏教が科学を問い直すと共に、科学の方からも仏教を有効な形で問い直すことができれば、そこに良い相乗効果が期待できるはずである。西田はその入り口を提示しただけで終わった。その続きは、後世を生きる我々に託されている。西田は「場所」の論理の完成について「それは将来の天才を俟たなければならない」(NKZ7-181)と書いた。

西田哲学と日本的なるもの

西田は日中・太平洋戦争について一貫して不安視したり、反対したりする姿勢であった[7]。西田について戦争を推し進めた側の人間だと断定して糾弾した廣松渉の主張は、そもそも西田の読み込みが全く不十分なうえに、幾重にも筋違いであった[8]。その中でも特に問題なのは、廣松が西田と西田の弟子たちの相違について、関心が低すぎた点である。これについても既に多くの指摘があるように、京都学派は全くもって一枚岩ではなく、西田の生前に最も頻繁に本人に向かって直接批判したのは田辺元であろう。

京都帝大における西田の弟子たちは、自らの哲学を主張した。そのなかで西田哲学が持つ密教性を引き継いだ弟子は、どうやらいなかったと判断できる。それは密教の重要性に気づかなかったというだけではなく、仮に重要性に気づいていても、戦前において在家の思想家が密教について学ぶ手段はかなり限られていた。上知令によって壊滅的な被害を受けた密教は、発信力が非常に弱くなり、当時における在家向けの密教の書は数も限られた。西田はそうした状況において、自分に学恩を強く感じる多くの密教僧を弟子に持つことができた。「哲学をやるのは鉱山を掘るようなものだ。自分はたまたま山を掘りあてたにすぎない(9)」という西田の言葉は、その人生において「たまたま」密教と密接な関係を持つことができたという意味に解釈できる。

日本思想の中心は何処にあるのかという問いに対して、かつては神道中心観が通説のようになっていたが、松下幸之助による『神道大系』の発刊によって神道の研究が進み、神道中心観は説得力を失った。儒教中心観も鎌倉新仏教中心観も、この意味では大同小異である。やはり日本思想における密教の重要性は注目されるべきであり、これを「たまたま」でも把握し得た西田は、日本思想史上における一級の思想家であったことは間違いない。西田は密教が日本史上おそらく最も不遇の時代であった近代において、その重要性に気づいたのであった。

西田の主張にある種のナショナリズムが入っていること、彼が仏教を中心とした日本的なるものに関心があったことは事実である。以下、これについて捕捉的考察をしておきたい。

西田は「私は私の所謂無の思想を以て我国文化を特徴附けて見たいと思ふ」(NKZ7-440)とか、「仏教哲学、心の哲理と云ふものに於て、無の論理と云ふものを見出し得ると思ふ。而してそれは東洋的世界観の論理と云ふことができる。日本精神と云ふのは、その純に且つ動的なるものであらう。唯それが未だ論理的に形式化せられてゐない」(NKZ11-86)と述べていた。この場合の「無」

は「絶対無」のことであると思われ、西田は「絶対無即絶対有」(NKZ10-510)とか「絶対の無なるが故に絶対の有である」(NKZ11-398)とも述べている。有無が成立する根底である絶対無(絶対有)に日本文化の特徴を見た西田は、これを「論理的に形式化」することを目指した。

西田は絶対無について、「絶対無を媒介とすると云ふことは、絶対的一者の自己表現を媒介とすると云ふことでなければならない。それは万法すすみて自己を修証すると云ふことでなければならない(物となつて見、物となつて働く)。それは自然法爾と云ふことでなければならない」(NKZ10-475)と主張した。絶対無を媒介とすることは「物となつて見、物となつて働く」ことである。あるいは「無基底的に自覚の論理、否、絶対無の論理」(NKZ11-86)と言う時もあり、絶対無の論理とは自覚の論理である。物となって働くことで没入し、自己がなくなる状態こそが真の自己であるという主張は、第二章で確認した通りである。西田は自己がなくなることで自己など「ない」と結論付けるのではなく、真の自己が「ある」という方向に落とし込む。従って西田の主張は絶対無と呼ぶより、絶対有の方が表記としては分かりやすいであろう。西田は「世界に没入するといふことは、身体がなくなるといふことではない、単に一般的になることではない。却つてそれが深くなることである」(NKZ8-325)と主張した。

科学については、「科学的知識は一面に何処までも直観的なると共に一面に何処までも自覚的でなければならない」(NKZ10-563)とか、「すべて自然科学的知識は、世界の自己表現的過程としての、我々の身体的自己の自覚に基くのである」(NKZ11-51)と述べ、科学的知識は「自覚」に基づかなければいけないとする。それは言い換えれば、「科学的知識の根柢には、我々が物となつて見、物となつて聞くと云ふことがなければならない」(NKZ11-438)ということであり、それは自覚の論理であり、科学もまた「我々が物となつて見、物となつて聞く」ことによって成立する。それは自覚の論理であり、絶対無を媒介としていることと同じである。西田は、没入することで自己が無くなり、真の自己が見出されることに日本文化の特徴や科学の基礎を見出したのであった[10]。

「物となつて見、物となつて働く」は、「木樵り水汲む其間《ひま》も唯光明真言を唱ふれば如来の本誓空しからざる」(密宗安心教示章)など、世俗的な労働によって即身成仏が可能であると主張した近代真言宗の主張に近く、そこからさらに発展して光明真言すらも必要としないという那須政隆の主張、つまり世俗の生活に没入することで仏になれる、いや、既に仏そのものである、という主張により近い。西田の言う「日本精神」も「平常底」という言葉も、このような観点から理解されるべきであろう。西田はこれを「論理的に形式化」することを目指したのであった。

那須政隆の修行無用論のような主張は、教学的にも論争になったことは第二章で述べた。「凡聖不二」を強調し、在俗の者が日々を一所懸命に生きる姿がそれ自体仏であるという主張は、初期西田による純粋経験が善であるとする考えにも類似する。最澄が『山家学生式』で「真俗一貫」を述べたように、日本仏教は伝統的に聖と俗の区別を比較的曖昧にしてきた[11]。西田がここに日本文化の特徴を見ているのは、ヨーロッパと比べているように見えて、実は中国やインドと比べていると言うべきかもしれない。西田の言う「日本精神」は、後期水戸学や教育勅語のような、神主儒従、忠孝一本といった思想ではなく、また本居宣長や平田篤胤らの国学の方向でもない。それは密教的であって、「凡聖不二」であり「物となつて見、物となつて働く」（NKZ10-353）であったと言える。近代日本において抑圧され、看過された「日本精神」であり、日本の帝国主義が見落とした日本思想であった[12]。

現代に於ける西田哲学

西田はO・シュペングラー『西洋の没落』をしばしば強く意識していた。西田は「人間が何処までも非宗教的に、人間的立場に徹すること、文化的方向に行くことは、世界が世界自身を否定することであり、人間が人間自身を失うことである。これが文芸復興以来、ヨーロッパ文化の方向であつたのである。西洋文化の没落など唱へられるに至つた所以である」（NKZ11-460）と主張した。

シュペングラーと西田の共通点は、ドイツ学というだけではなく、数学から出発している点である。シュペングラーは「（単数形の）数学は存在しない、あるのは様々な数学のみである[13]」と主張した。これに対し、西田の出発点は「（単数形の）論理は存在しない、あるのは様々な論理のみである」と言い換えることができる。ヨーロッパが「非宗教的」になり、「人間が人間自身を失うこと」になり、第一次世界大戦によって没落した後、何が世界に貢献しうる論理となるのか、西田はこれを求めたのであった。西田が「日本的世界は勝義に於ての万国史的世界であるのである」

（NKZ11-188）と述べた所以である。西田は様々な論理があるという立場から日本の論理を求め、それが世界に貢献しうる、あるいは貢献しなければならないと述べたのである。

第二次世界大戦の後、ヨーロッパは確かに世界の覇者の地位を降りたが、世界は米ソの興隆と対立の時代になった。日本国内の思想もマルクス主義か、さもなければアメリカ式の思考が説得力を増す状態になった。やがてソ連が崩壊して一強になったように見えたアメリカも、二十一世紀に入ってもはや「世界の警察」の役割を担えなくなった。世界の権力が分散化した今日では、政治・経済においても欧米中心的な普遍の概念は通用しなくなっている。哲学・思想においては、構造主義の登場以降、既に欧米中心観は相対化されている。英米的な分析哲学も、フランス現代思想も、ドイツ語圏発祥の現象学も、決して手放しで人類普遍の思想と見なすことはできない。どの文化圏にも無条件で通用する普遍的哲学があると考えるのは、もはや幻想である。(14)

ここに改めて、我々日本人は日本的なる思考とは何かという問題と向き合わなければならなくなった。結局、我々は西田に戻らざるを得なくなった。西田は早すぎた思想家だったのである。「先づ我々の物の見方、考へ方の論理的自覚がなければならない」（NKZ10-264）という立場から「日本には日本の論理がなければならない」（NKZ11-188）と述べたその主張は、今日の我々にとって逃げることが許されない課題となった。

それは「日本には日本の外交上の言い分がある」という意味ではなく、歴史と文化を反映した思考のあり方がある、という意味である。そしてそれは、世界中の各国各地域で同様のことを問うことができ、中国には中国の論理があり、インドネシアにはインドネシアの論理があると言えるだろう。西田の問いは、世界に広がりうる問いなのである。本当の人類普遍の思想とは、それらが出そろった後に生まれるものではないか。

一方で西田は、日本を特別視していた面もある。西田は「深い大きな伝統を有する国民のみ世界歴史的に生きると云ふことができる。生々発展の伝統を有する我国民は思を此に致さなければならない」(NKZ8-537〜538)と考えた。これは自国びいきの平等性を欠いた姿なのか、それとも平等に考えれば日本には「深い大きな伝統」があると判断したのか。西田は密教を取り入れており、彼の言う「日本精神」は密教を意識していたことは先に述べた。密教はインドで生まれ、中国で洗練され、日本で発展した。国際的に熟成された思想がたまたま日本にあるならば、これを世界のために提示することは、狭い自国中心主義とは異なる態度である。空海の『秘密曼荼羅十住心論』は、空海なりの「世界哲学」を述べていたと解釈することもできよう。この点については、さらなる考察が必要だと思うので、本書の記述もここまでにしておきたい。

(注)

(1)西田は日本の帝国主義を推し進めた側であると長い間誤解されてきたが、戦前は下村寅太郎が述べたように「極右的な立場からなされた執拗な西田哲学攻撃」(NKZ12-470)があった。これについては荒井正雄「西田幾多郎の『世界的世界』論——昭和一〇年代日本の思想状況と西田の国家観」『哲学と教育』五七号、愛知教育大学哲学会、二〇〇九年が詳しい。

（2）丸山眞男『増補版 現代政治の思想と行動』未来社、一九六四年、三五一頁。丸山の「科学としての政治学」が日本思想史として致命的に問題なのは、伊藤仁斎、荻生徂徠の思想は医学と密接な関係にあり、本居宣長は医者であったが、丸山が医学という明治前日本科学を完全に無視しつつ、一方では政治学に科学を求めるという根本的錯綜を犯したところである。仁斎学と徂徠学が如何に医学と密接な関係にあったのかは、向静静著『医学と儒学――近世東アジアの医の交流――』人文書院、二〇二三年。

（3）丸山眞男『忠誠と反逆　転形期日本の精神史的位相』筑摩書房、一九九二年、一七七頁。

（4）グギ・ワ・ジワンゴ『精神の非植民地化』第三書房、一九八七年、邦訳一四頁（Ngũgĩ wa Thiong'o, *Decolonising the Mind: The Politics of Language in African Literature*, Heinemann Educational, 1986）。

（5）フランツ・ファノン『黒い皮膚・白い仮面』みすず書房、一九七〇年、邦訳六四頁（Frantz Fanon, *Peau Noire, Masques Blancs*, Ed du Seuil, 1952）。

（6）ピエール・ルジャンドル（Pierre Legendre）『西洋が西洋について見ないでいること――法・言語・イメージ〔日本講演集〕』以文社、二〇〇四年、五頁。ルジャンドルは、西洋の文化が排除しようとしている内容として、「土地や植物、鉱物、あるいは動物を擬人化し、そこに霊性を付与するといったこと」や「多神教や汎神論」をあげている（一六三頁）。

（7）西田は一九三七年十月五日、堀維孝宛の手紙で「どうも戦争は何処まで行くかその結果勝つとしてもどうなるか」（NKZ18-619）と日中戦争の行く末を不安視し、一九四二年六月七日、原田熊雄宛の手紙で「世界大戦実に其停止する所を知らず……我国などこの大波に乗つて一歩を誤られば大変なことゝなるとおもひます」（NKZ19-199～200）と述べた。一九四五年一月四日、岩波茂雄宛の手紙では「本当に今年位にて各国民が反省してもらひたいとおもひます　これでは全く獅子や虎や猛獣の世界です　人間の世界ではありませぬ」（NKZ19-374）と書いた。実弟の憑次郎を日露戦争で亡くして以降（NKZ18-64～65）、西田は一貫して戦争には好意的でなかったと見るべきであろう。次の注も参照。

（8）廣松渉『〈近代の超克〉論』講談社、一九八九年。同書で廣松は西田を全面的に批判しているが、新聞に掲載された西田の言葉を重要な典拠として挙げたり（同書二〇八～二〇九頁）、西田の著作からの引用が九ヶ所しかなかったり、基本的な点で難点が多い。廣松の主張については、酒井直樹・磯前純一編『「近代の超克」と京都学派——近代性・帝国・普遍性』以文社、二〇一〇年が詳しく、特に同書所収の、藤田正勝「座談会「近代の超克」の思想喪失——近代とその超克をめぐる対立」が決定的な論駁をしていると言える。青地伯水「『世界史的立場』と『モラリッシュ・エネルギー』——京都学派右派による近代の超克」同編『京都の中のドイツ』春風社、二〇一一年や、朝倉友海「西田哲学の問い直しを迫る陰画——許祐盛『西田哲学研究』を手がかりに」『未来哲学』第六号、ぷねうま舎、二〇二三年も西田批判に対する反論として同様に有意義である。

（9）上田薫「京大にはいったころ」下村寅太郎編『西田幾多郎』岩波書店、一九七一年、二九〇頁。

（10）西田にはその他、皇室について、「皇室は過去未来を包む絶対現在として、我々は之に於て生れ、之に於て働き、之に於て死して行くのである」（NKZ10-333）とか、「個と全と、何処までも相反するものも一に、即ち絶対矛盾的自己同一的に、皇室を中心として万物一如的に、何処までも創造的に、生々発展的に、天壌無窮と云ふことが、我々日本人の歴史的生命の自覚であらう」

（NKZ11-187）などの発言もある。前者の引用はその後に「世界形成に乗り出すのが我国民の使命」（NKZ10-334）と述べ、後者は「万国史的世界」（NKZ11-188）を説き、いずれも日本から世界への貢献を説いている点で共通している。皇室に関しては、ほとんど唐突に言及しており、分量も非常に少ない。内容もあまり重厚な主張と言えず、言論統制下において体制へ配慮があった可能性の他は検閲の過程で付け加わった可能性等が考えられる。西田の原稿が当局によって改稿されていた事実は、大橋良介『京都学派と日本海軍――新史料「大島メモ」をめぐって』ＰＨＰ研究所、二〇〇一年が詳しい。

（11）末木文美士『日本仏教入門』角川書店、二〇一四年、一四六、二〇二、二五一頁。

（12）真言宗にも戦争協力があり、一九四一年三月三十一日に新古すべての真言宗宗派が合同した「合同真言宗」が典型的な例として指摘されることが多い。しかし那須政隆によると学僧の間では比較的話がまとまりやすかったが、宗政家の間では「セクト的執着」があって動きが取れなかったという。那須政隆「巨匠倉持大僧正猊下！」三学院法類会企画『倉持秀峰大僧正追憶集』三学院、一九七七年、一四二頁。真言宗の戦争協力に関する分析は、小室裕充『近代仏教史研究』同朋舎、一九八七年が高神覚昇論も含めて一部で試みているが、概して研究は少ない。那須政隆が批判し続けた先輩格の僧侶は事相家の高井観海であった（『那須政隆師「真言密教の哲学」』ＵＳＳ出版、〔昭和四〇年代の那須政隆の法話ＣＤ集〕ＣＤ1第1章〔トラック2〕一六分一〇秒あたりから）。

（13）Oswald Spengler, *Der Untergang des Abedlandes*, Band 1, Deutscher Taschenbuch Verlag GmbH & Co. KG, 1972, S.82.

（14）納富信留の次の指摘は重要である。「（欧米における）世界哲学が本当にその名に値するものであれば、むしろアメリカやヨーロッパでの哲学のあり方に違和感を差し向け、それを相対化したり批判したりする役割を果たすものでなければなりません。今のところ、欧米での世界哲学の試みがその域に達していないのは、その内部にいる欧米の研究者たちには本当の外部を見ることが難しいからではないでしょうか」。納富信留『世界哲学のすすめ』筑摩書房、二〇二四年、三四頁。

あとがき

学術書としては前著になる『戦前のラジオ放送と松下幸之助』は、二〇一一年に刊行された。「仏教型経済思想」という概念を打ち出したこの書は、経済学や経営学よりも日本仏教論や宗教学から意外にも高い評価を得ることができた。その後の私の研究も自然にそちらへ傾くようになり、その中でも、日本仏教論の末木文美士先生の知遇を得たのは大きな転機となった。

本書は、比較思想学会における査読付き論文から主に構成されている。比較思想学会への入会を誘ってくださったのは、末木先生である。ある程度論文が書きたまったところで書籍にしようと思っていたが、私が思っていたよりも早く、末木先生から書籍化の誘いがあり、春秋社に渡りをつけて下さった。末木先生と出会っていなければ、私が西田研究をこのような形で進めることもなく、出版もなかった。ちょうど善財童子が悟りを開きたくて旅に出たように、私も様々な学問分野を渡り歩いているうちに末木先生という善知識に出会うことができた。これまでのご厚意に対し、どのようにお礼を申し上げればよいのか、私はまだ適切な言葉を見つけられていない。

当時、国際日本文化研究センター教授であった末木先生のお誘いで、私は共同研究「日本仏教の比較思想的研究」に二〇一四年から二年間、共同研究員として加えていただいた。この研究会をきつかけに藤田正勝先生とも面識を得て、京都大学文学部による「日本哲学史フォーラム」に通うようになり、西田研究の見識を大いに広げることができた。本書に西田研究の価値があるとすれば、同フォーラムの創始者である藤田先生と、現在運営を担当されている上原麻有子先生のご努力の賜物である。

本書の各章の初出は以下のとおりである。

序章（書き下ろし）
第一部　真言宗智山派と西田哲学
第一章　なぜ西田研究にとって真言宗智山派が重要なのか（『未来哲学』第六号論文「西田哲学と近代の真言宗」の前半部分）
第二章　那須政隆の真言教学との比較（『比較思想研究』第四六号論文「近代真言宗の教学と西田哲学」）
第三章「場所」の論理と高神覚昇（『比較思想研究』第四七号論文「西田哲学の『場所』と高神覚昇」）
第四章「永遠の今」と「悲哀」（『未来哲学』第六号論文「西田哲学と近代の真言宗」の後半部分）
第五章　京都学派と智山学派（『比較思想研究』第四八号論文「西田哲学の二つの継承」）
第五章補遺　野崎廣義論（中外日報社第一九回涙骨賞奨励賞受賞作「野崎廣義とその哲学」）

第二部　「科学を考へ直す」

第六章　数学　密教から何が問えるか（『比較思想研究』第四九号論文「西田哲学と現代数学の基礎」）

第七章　物理学　西田哲学から湯川理論を導出する（書き下ろし、比較思想学会二〇二四年六月発表「西田幾多郎と湯川秀樹」の姉妹編）

第八章　経済学　働く人の哲学（末木文美士編『比較思想から見た日本仏教』山喜房佛書林、二〇一五年所収「西田幾多郎、高神覚昇、松下幸之助の三者の思想の類似性」）

第八章補遺　経済科学への批判（書き下ろし）

終章（書き下ろし）

それぞれ独立した論文なので、一書にすると説明が重複している個所があることは、お許しをいただきたい。また、各々発表時から加筆したり再構成したりしている。中外日報社、北樹出版、ぷねうま舎、山喜房佛書林各社には、この場を借りて改めてお礼申し上げたい。

西田哲学について私が最初に知ったのは、獨協大学における松丸壽雄先生の講義であった。松丸先生が、カントやヘーゲルと同等の哲学者として西田の名を出しておられたことは、強く印象に残っている。哲学ほど入り口を間違うと道に迷う学問も他にないと思うが、私にとって哲学の入り口が松丸先生であったことは今から思うと非常に幸運であった。

私が本格的に西田研究を始めるきっかけとなった人物は、英語圏における西田研究のパイオニアであった故・ロバート・ワーゴ氏である。ワーゴ氏が学生時代、京都大学に留学に来ると、当時は西田に関する講義が一つもなかったという。一方で「ヨーロッパの四流五流の思想家」（ワーゴ氏の表現）については、暗記するほどの勢いで日本人は研究していた。この状況について、ワーゴ氏は腹が立って仕方がなかったそうである。日本には西田という優れた哲学者がいたのに、日本人自身がその価値を全く理解していないと主張していた。ワーゴ氏の思いは、今回の私の研究の原動力となった。

科学論については、修士課程を過ごした京都大学大学院人間・環境学研究科が重要であったと思う。故・足利健亮先生が当時、理系と文系の壁を越えて学ぶべきだと言われていて、経済思想史で在籍していた私も相対性理論や図形科学の講義やゼミ等を履修した。本書にこの方面の研究の価値があるならば、足利先生の理想を微力ながら引き継いでいることになるかと思う。

これまでの研究を振り返ると、私は博士論文『渋沢栄一儒学思想の研究』（二〇〇〇年）で儒教を扱い、『戦前のラジオ放送と松下幸之助』（二〇一一年）では鎌倉新仏教中心観によって大乗仏教を扱った。本書は密教がテーマである。儒教、大乗仏教（顕教）、密教の順で研究をしてきたのは、意図したわけではないものの、弘法大師と同じような道をたどった。これをお導きと呼ぶのに、私の信心は貧弱である。ちなみに家の宗派は高野派である。

第三章でも触れたように、西田が「場所」という単語を初めて特別な意味で用いたのは、一九二四年である。今年は「場所」生誕一〇〇年に当たる。ちょうど一〇〇年目に「場所」について正面から論じた書籍が初めて世に出ることも何かの因縁かもしれない。

本書は春秋社の豊嶋悠吾氏によって書籍化が進められた。ここに心より御礼申し上げたい。この種の書籍を世に出してくださることは、多少は日本の出版事情を知っている者として、この上ない感謝の念を抱いていることを最後に付言しておきたい。

二〇二四年一〇月　京都

坂本慎一

人名索引

（西田幾多郎は除く、姓を優先、日本語の発音であいうえお順）

さ

た

な

は

ま

や

ら

わ

【著者紹介】

坂本慎一（さかもと　しんいち）
1971 年、福岡県生まれ。獨協大学外国語学部ドイツ語学科卒業、京都大学大学院人間・環境学研究科修士課程修了、大阪市立大学大学院経済学研究科後期博士課程修了、博士（経済学）。現在、株式会社 PHP 研究所に勤務。
著書に『玉音放送をプロデュースした男　下村宏』（PHP 研究所、2010 年）、『戦前のラジオ放送と松下幸之助』（PHP 研究所、2011 年）、『ラジオの戦争責任』（法蔵館文庫、2022 年）ほか。

西田哲学の仏教と科学
――「場所的論理の立場から、科学を考へ直す」

2024年 11 月 20 日　第 1 刷発行

著　　者	坂本慎一
発 行 者	小林公二
発 行 所	株式会社 春秋社
	〒101-0021　東京都千代田区外神田2-18-6
	電話　03-3255-9611（営業）
	03-3255-9614（編集）
	振替　00180-6-24861
	https://www.shunjusha.co.jp/
装 幀 者	鈴木伸弘
印刷・製本	萩原印刷株式会社

ISBN978-4-393-31145-5　　定価はカバー等に表示してあります